Klaus Kinold
Architekturphotographien
Photographs of Architecture

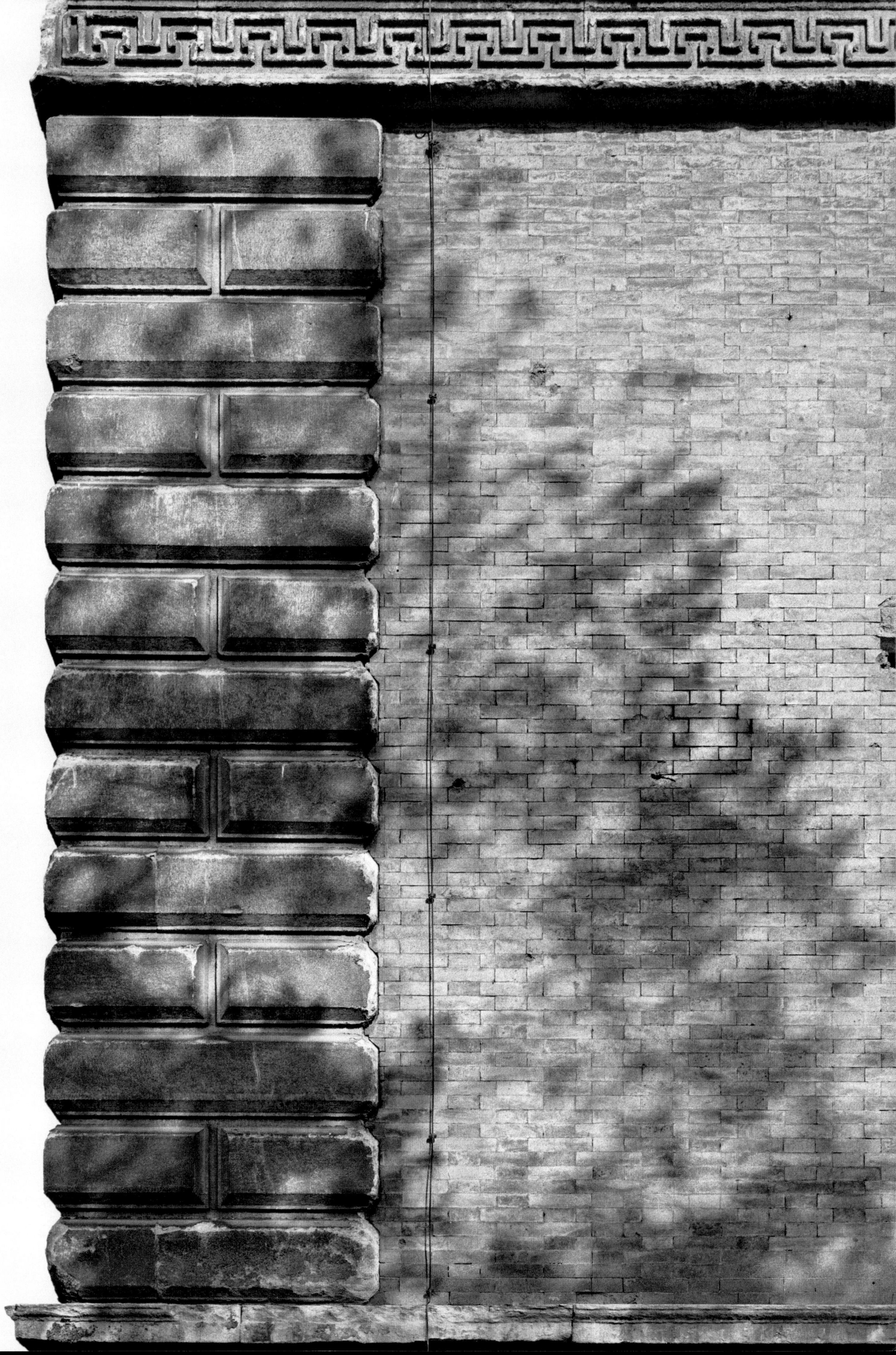

Klaus Kinold
Architekturphotographien
Photographs of Architecture

Essay

Wolfgang Pehnt

Edition Axel Menges

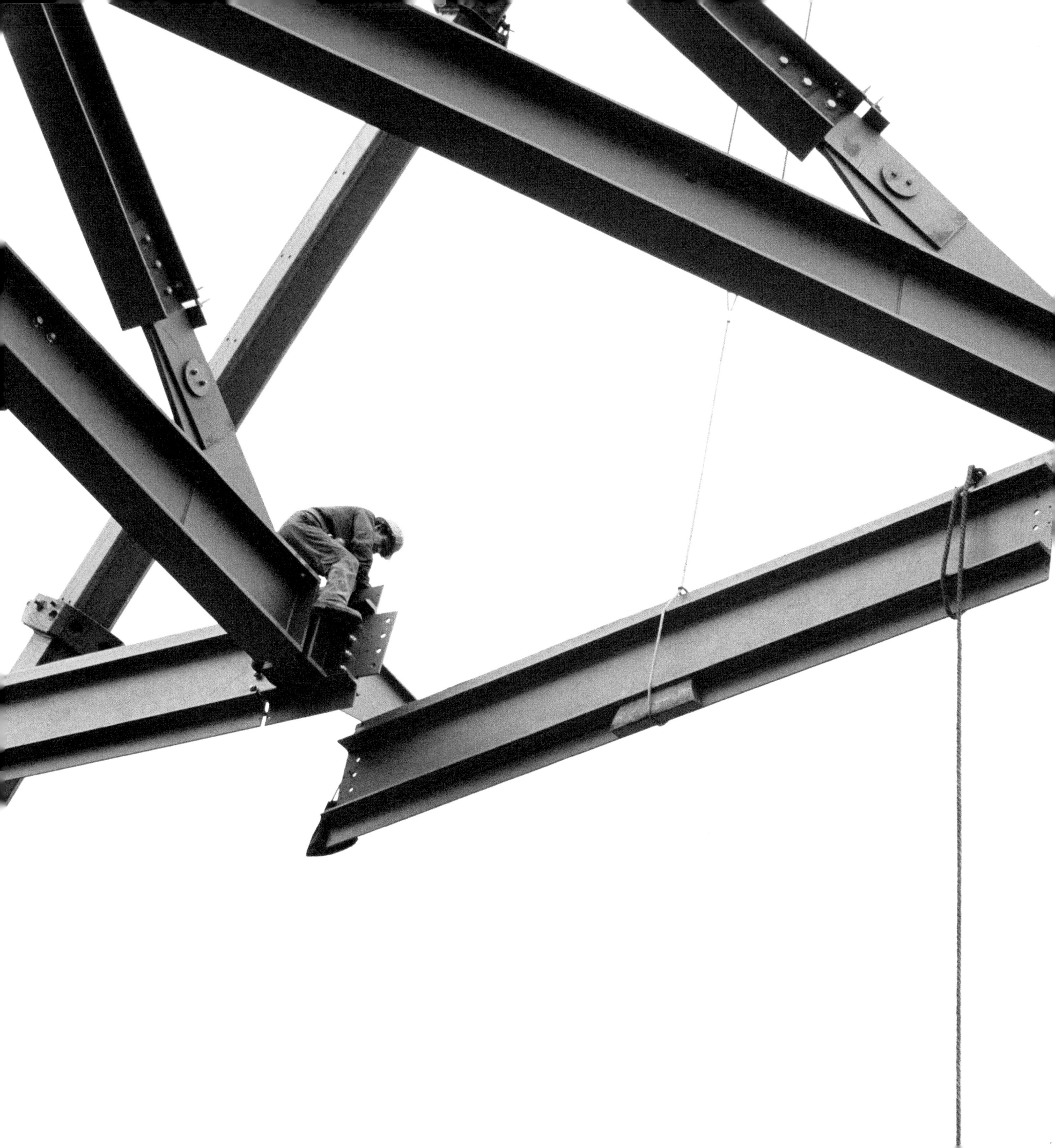

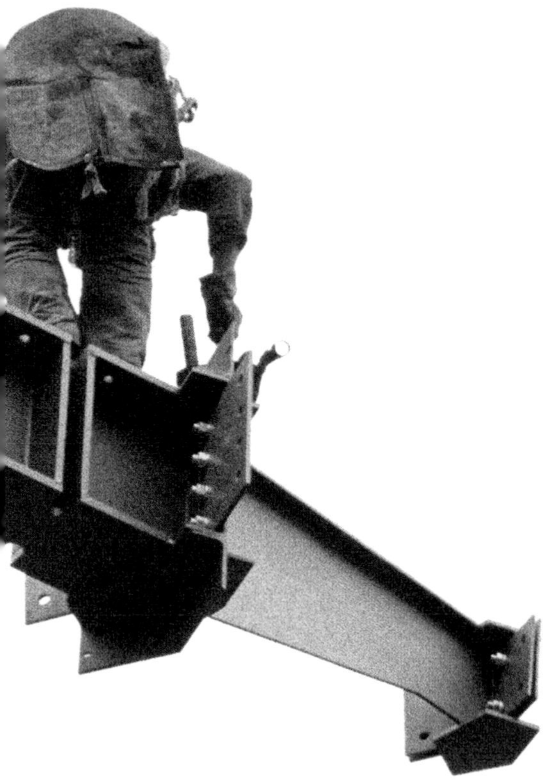

Inhalt

Contents

Architekten|Architects

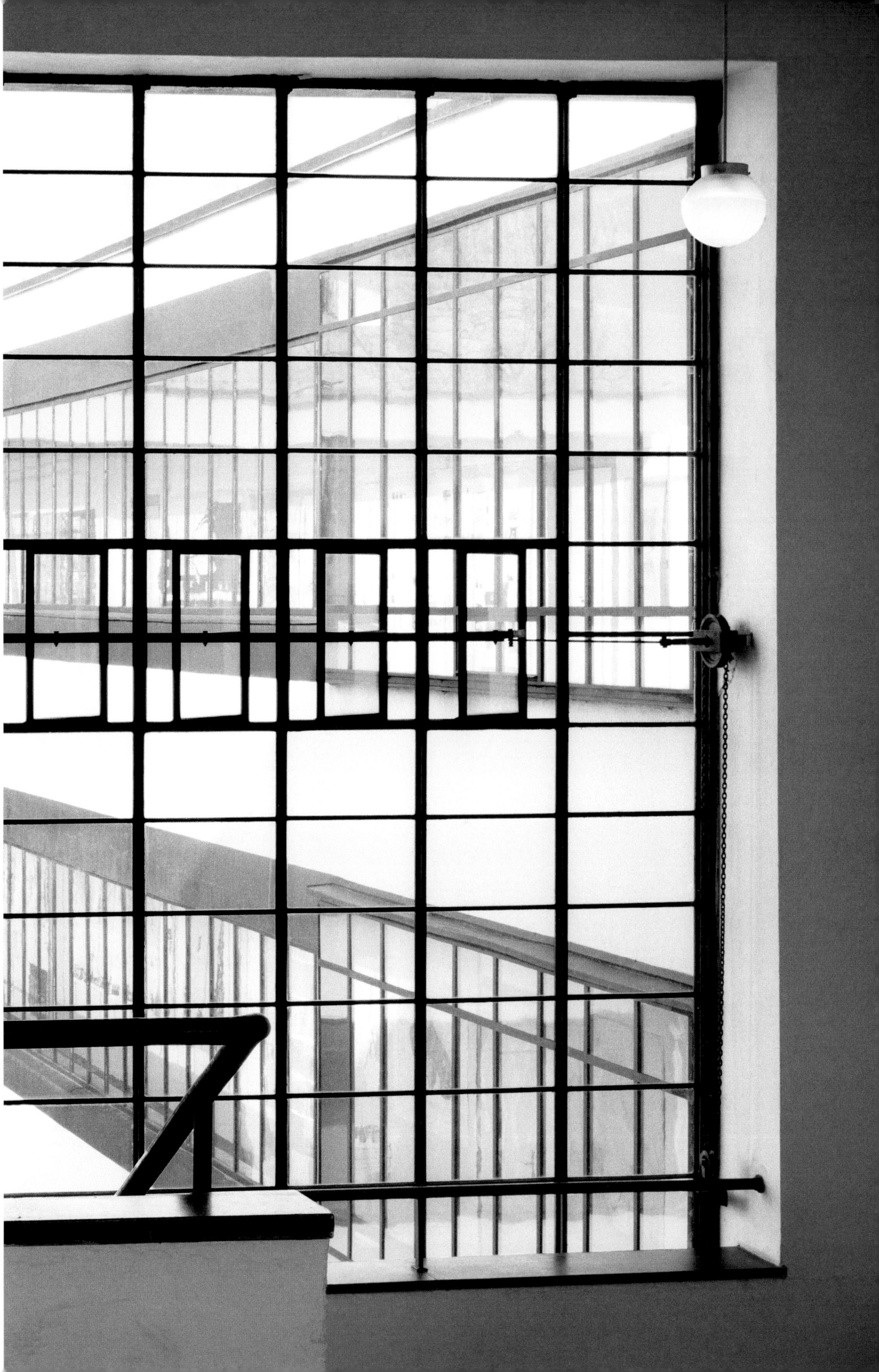

Walter Gropius

Bauhausgebäude,
Dessau, Deutschland

Bauhaus building,
Dessau, Germany

Photo 1992

Wolfgang Pehnt

Treue zum Gegenstand

Klaus Kinold – Das Lebenswerk eines Architekturphotographen

Bis vor kurzem galt: Die Medien, die der gebauten Architektur vorausgehen, sind Zeichnung oder Modell. Das Medium, das der gebauten Architektur *folgt*, ist die Photographie. Die Zeichnung – Skizze, Plan, Riß, Schnitt – und das Modell sind die Werkzeuge der Konzeption. Sie leiten den Entwurf ein, spielen die Möglichkeiten durch und legen schließlich den Bau fest, bevor er zur Realität geworden ist. Die Photographie dagegen war das Instrument der Rezeption. Mit ihr, der Nachfolgerin der Architekturvedute, der Xylographie, des Kupfer- und Stahlstichs und der Lithographie, begann das Bauwerk seine Karriere im Gedächtnis der Mit- und Nachwelt. Die Photographie zeigte, was da war.

Insofern ist der Ausspruch des Münchner Architekturphotographen Klaus Kinold »Ich will Architektur zeigen, wie sie ist«[1] zwar sein persönliches Bekenntnis zur Objektivität. Aber er formuliert auch eine Kernkompetenz des Architekturphotographen überhaupt, die Selbstverständlichkeit seines Tuns, den Dienstleistungscharakter: nämlich zu zeigen, was da ist. Bauten in entlegenen Weltteilen, die wir womöglich nie mit eigenen Augen geschaut haben, die präkolumbianischen Ruinen von Machu Picchu oder das nordindische Taj Mahal, sind uns dank des Mediums Photographie besser vertraut als die Pfarrkirche des eigenen Wohnviertels, die nie das Interesse eines Fachphotographen gefunden hat.

Ganz bei sich selber, jungfräulich sozusagen, war der Bau nur, nachdem Zeichnung und Modell ihr Werk getan hatten und bevor die Linse des Photographen sich auf ihn richtete. Vorher gehörte er nur dem einen, der ihn ersann, und den wenigen, die sich von Berufs wegen mit den Planrollen beschäftigen mußten. Nachher gehört die Architektur allen, die sie bewohnen, benutzen oder auch nur wahrnehmen. Berufungsinstanz für die Nachwelt war die Photographie, die – als Auftragsarbeit für Architekt oder Bauherrn – oft in der Zeitfuge zwischen Planung und Ingebrauchnahme entstand: dann, wenn der Bau fertig gestellt, aber noch nicht durch Nutzung und Abnutzung beeinträchtigt war.

Daraus erwuchs den Photographen eine Verantwortung, die ein gewissenhafter Angehöriger dieser Profession wie Klaus Kinold immer sehr stark empfunden hat. Denn seine Aufnahmen halten mit möglichst großer Sachlichkeit und Genauigkeit fest, in welchem Zustand der Bau sich einmal befunden hat; wie er gemeint war, bevor die Nachwelt ihre Eingriffe vorgenommen hat. »Eine Art erneuten Lesens der Bauten«[2] ist jederzeit möglich. Man kann die Bilder befragen, wenn es gilt, Veränderungen rückgängig zu machen, Originalzustände wiederherzustellen, dem Werk wieder zu seinem Recht zu verhelfen.

Mit der Treue zum Gegenstand folgt Kinold einer alten Tradition der Photographie und der Architekturphotographie im besonderen. Ihre »kompromißlose Wahrhaftigkeit und Genauigkeit« rühmten Zeitgenossen schon den Daguerreotypien nach.[3] Was sich auf den versilberten, lichtempfindlich gemachten Kupferplatten abzeichnete, war ein Inventar des Vorhandenen. Architektur war

1 Titel von Ausstellung und Katalog der Kunsthalle Bielefeld, 1993.

2 Hubertus von Amelunxen, »Jenseits der Zwanziger Jahre – Diesseits der Photographie«, in: Ulrich Deimel, Petra Wittmar, *Jene zwanziger Jahre. Those Twenties*, Ostfildern 2003, S. 6.

3 Zit. nach: Fritz Binder, »Photographie – Partnerin der Wissenschaft«, in: *»In unnachahmlicher Treue«. Photographie im 19. Jahrhundert*, Ausstellungskatalog, Josef-Haubrich-Kunsthalle, Köln 1979, S. 131.

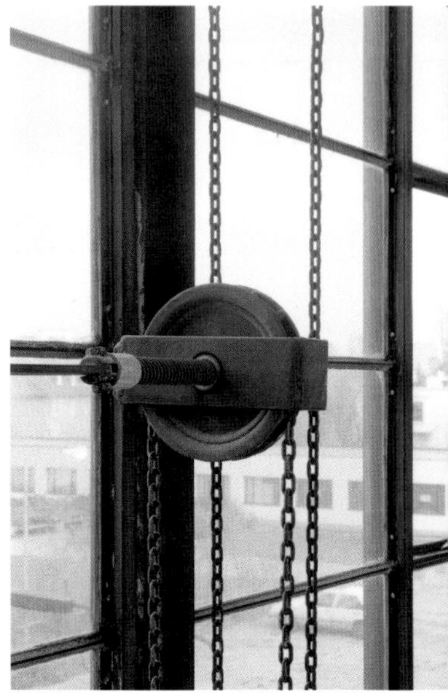

eines der wichtigsten Themen schon der frühen Unikate, nicht zuletzt weil sie still hielt – angesichts der langen Belichtungszeiten eine wichtige Eigenschaft. Die erste Photographie überhaupt – ihr Urheber Joseph Nicéphore Niépce nannte sie »Heliographie« – zeigte die Schatten eines Gehöfts bei Chalon-sur-Saône. Die wissenschaftliche Meßbildphotographie, die sich zu Ende des 19. Jahrhunderts entwickelte, zog eine logische und radikalisierende Folgerung aus den Möglichkeiten, die bereits in der frühen dokumentarischen Photographie angelegt waren. Ausschlaggebend war der Wunsch nach einer perfekten Übereinstimmung von Wirklichkeit und Wiedergabe. Photographien wurden zu unentbehrlichen dokumentarischen Hilfsmitteln der Rekonstruktion und der Denkmalpflege.

Zeiten der Manipulation

Heute sind die Zuständigkeiten zwischen den Medien der Vorwegnahme, der Zeichnung und dem Plan, und der Dokumentation, der Vedute und der Photographie, nicht mehr so eindeutig aufgeteilt. Die scheinbare Selbstverständlichkeit, daß eine Architekturphotographie das Vorhandene zeigt, ist nicht mehr selbstverständlich. Das begann schon, als die Modellbauer, zuständig für die Vergegenwärtigung des Entwurfs in seiner dreidimensionalen Gestalt, sich mit den Photographen verbündeten. »Meist war es ja die Intention der Photographin oder des Photographen, das abgebildete Modell so realitätsnah wie irgend möglich erscheinen und damit die Grenzen zwischen Medium und Wirklichkeit verschwinden zu lassen« (Rolf Sachsse).[4] Das Rauhe, Provisorische, Fragmentarische des Modells aus Ton, Gips, Karton, Plastilin, Holz, Acrylglas oder Metall ging darüber oft verloren, und damit auch der Hinweis auf die Vorläufigkeit der noch nicht realisierten Baugestalt. Die Photographie überzog es mit dem Firnis der Glaubwürdigkeit. Wo Modell- und Bildhersteller eng zusammenarbeiteten und ihr Ergebnis perfekt war, fragte man sich oft, ob es sich jeweils um eine Antizipation der Realität oder eine Darstellung des Vorhandenen handelte. Innenraumfolgen konnten mit Hilfe eines Endoskops, ähnlich einer Körpersonde, wiedergegeben werden. Kombiniert mit einer Filmkamera ließ sich der Gang des künftigen Benutzers durch das künftige Bauwerk sogar als Vorgang imaginieren.

Seit den 1980er Jahren haben die digitalen Aufnahme- und Bearbeitungstechniken das Tor zur Manipulation noch weiter aufgestoßen. An das unausgesprochene Versprechen der älteren Photographie, Realität realitätsnah zu vermitteln, hält sich die Bildproduktion des digitalen Zeitalters nicht mehr. Die entsprechende Software erlaubt alles: Veränderung der Proportionen, Verzerrung und Entzerrung, Entnahme oder Hinzufügung von Bildteilen, neue Licht- und Farbstimmung, Änderung von Oberflächentexturen. Oft ist nicht zu unterscheiden, ob es bei den gewonnenen und reproduzierten Datenmengen um Ablichtungen von Existierendem oder um Imaginationen von Künftigem geht, ob es sich um analog aufgenommene und im Computer bearbeitete, digital aufgezeichnete oder ganz und gar im Rechner erzeugte Bilder handelt.

Digitale Manipulation ist natürlich nicht nur bei digitalen Photos möglich, sondern ebenso bei analog aufgenommenen und nachträglich digitalisierten Aufnahmen. Begriffe wie Originalität, Authentizität, dokumentarische Treue geraten ins Zwielicht. Kinold sprach, eine Formulierung von Roland Barthes aufgreifend, von dem noch immer »rätselhaften Vertrauensbonus des Dokumentarischen, des Es-ist-so-gewesen«[5]; diesen Bonus zehrt die manipulierende Photographie mehr und mehr

4 Rolf Sachsse, »Eine kleine Geschichte der Architekturmodell-Photographie«, in: Oliver Elser, Peter Cachola Schmal (Hg.), *Das Architekturmodell. The Architectural Model*, Ausstellungskatalog, Deutsches Architekturmuseum, Zürich 2012, S. 23. Dort auch: Oliver Elser, »Zur Geschichte des Architekturmodells im 20. Jahrhundert«, S. 11 ff.

5 Zit. nach: Ulrich Weisner (Hg.), *»Ich will Architektur zeigen, wie sie ist.« Klaus Kinold, Fotograf*, Ausstellungskatalog, Kunsthalle Bielefeld, Düsseldorf 1993, S. 12.

Walter Gropius

Bauhausgebäude,
Dessau, Deutschland

Bauhaus building,
Dessau, Germany

Photos 1992

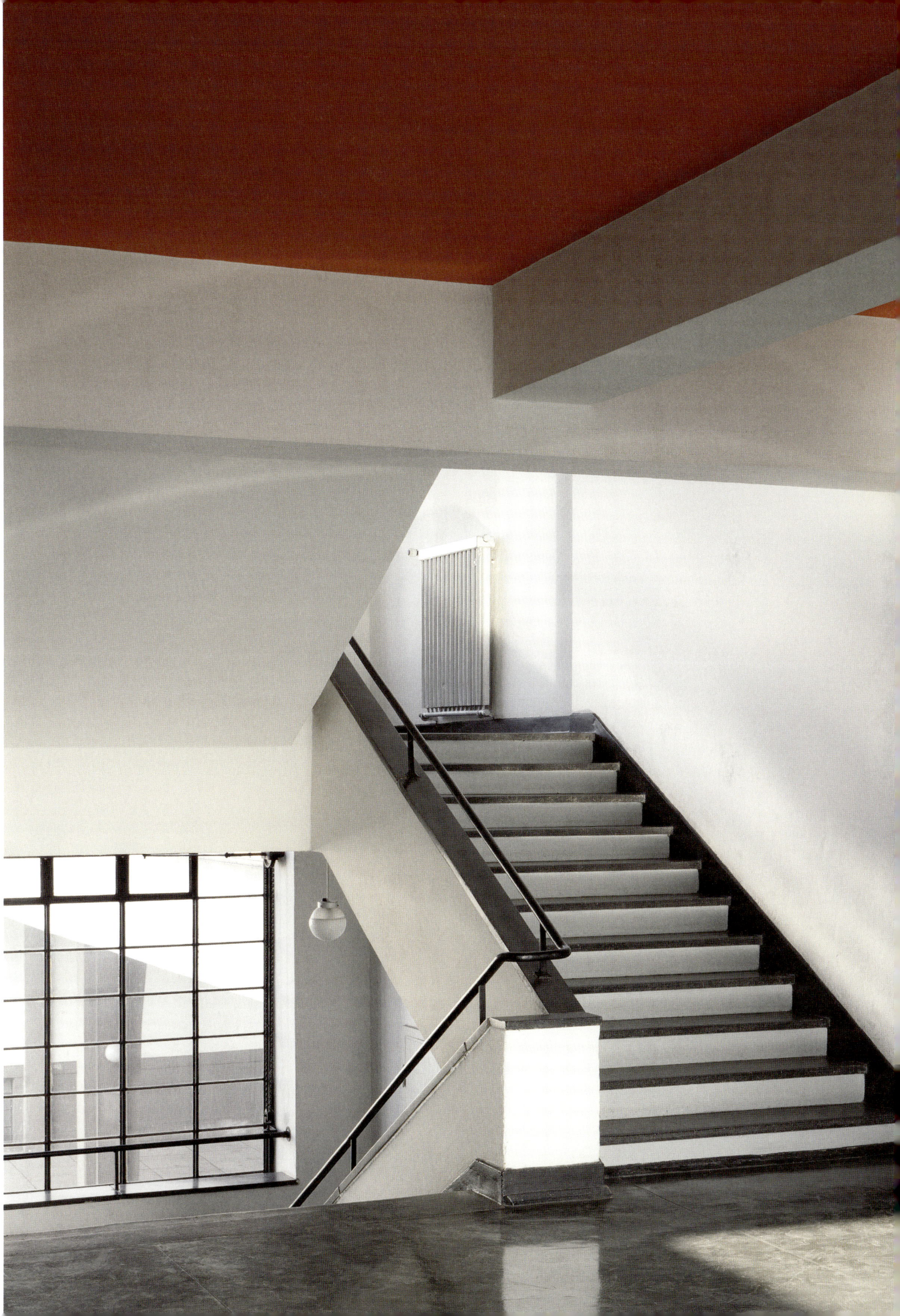

Ludwig Mies van der Rohe

Deutscher Pavillon,
Weltausstellung Barcelona 1929
Rekonstruktion

German Pavilion,
World's Fair Barcelona 1929
Reconstruction

Photos 1992

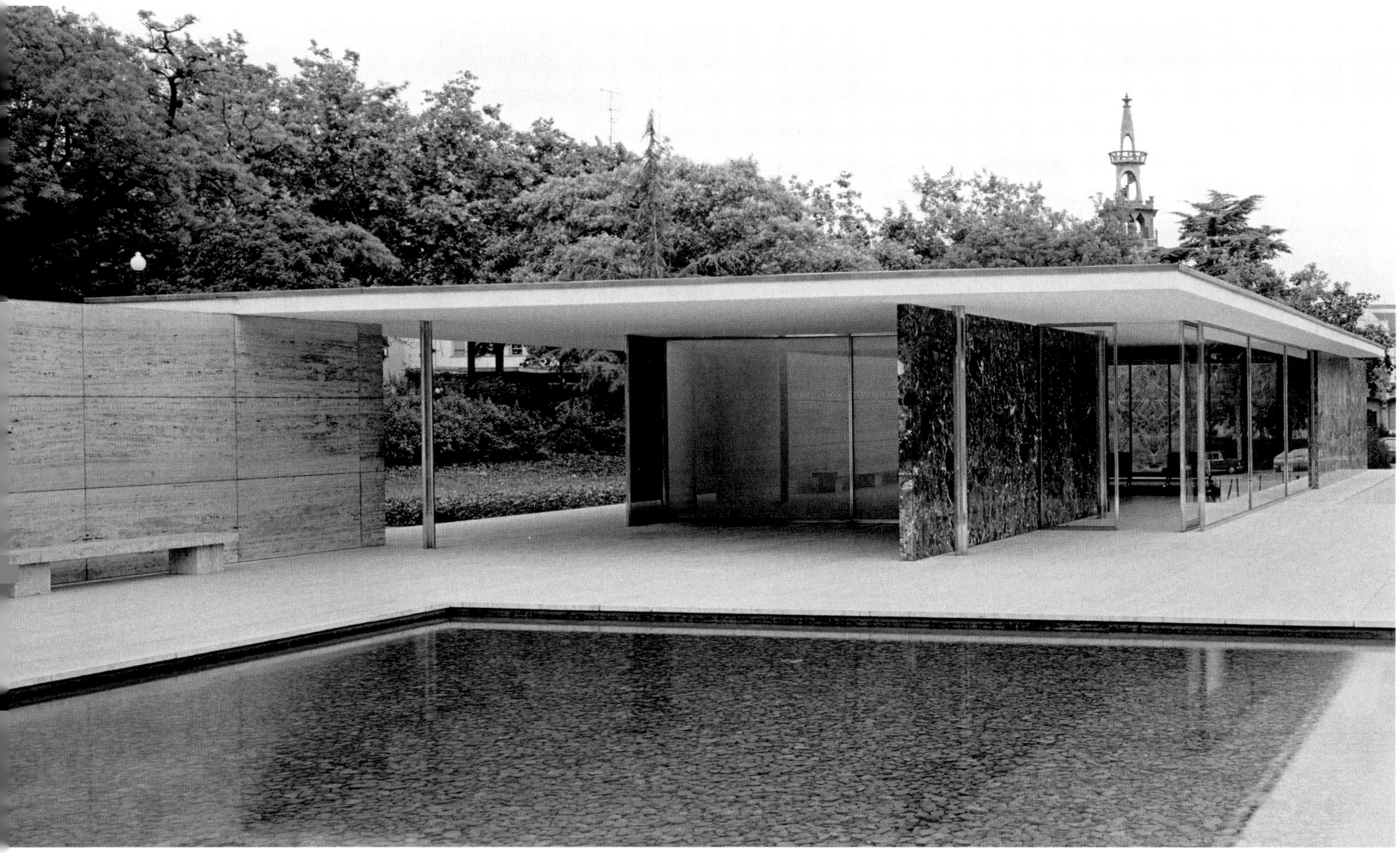

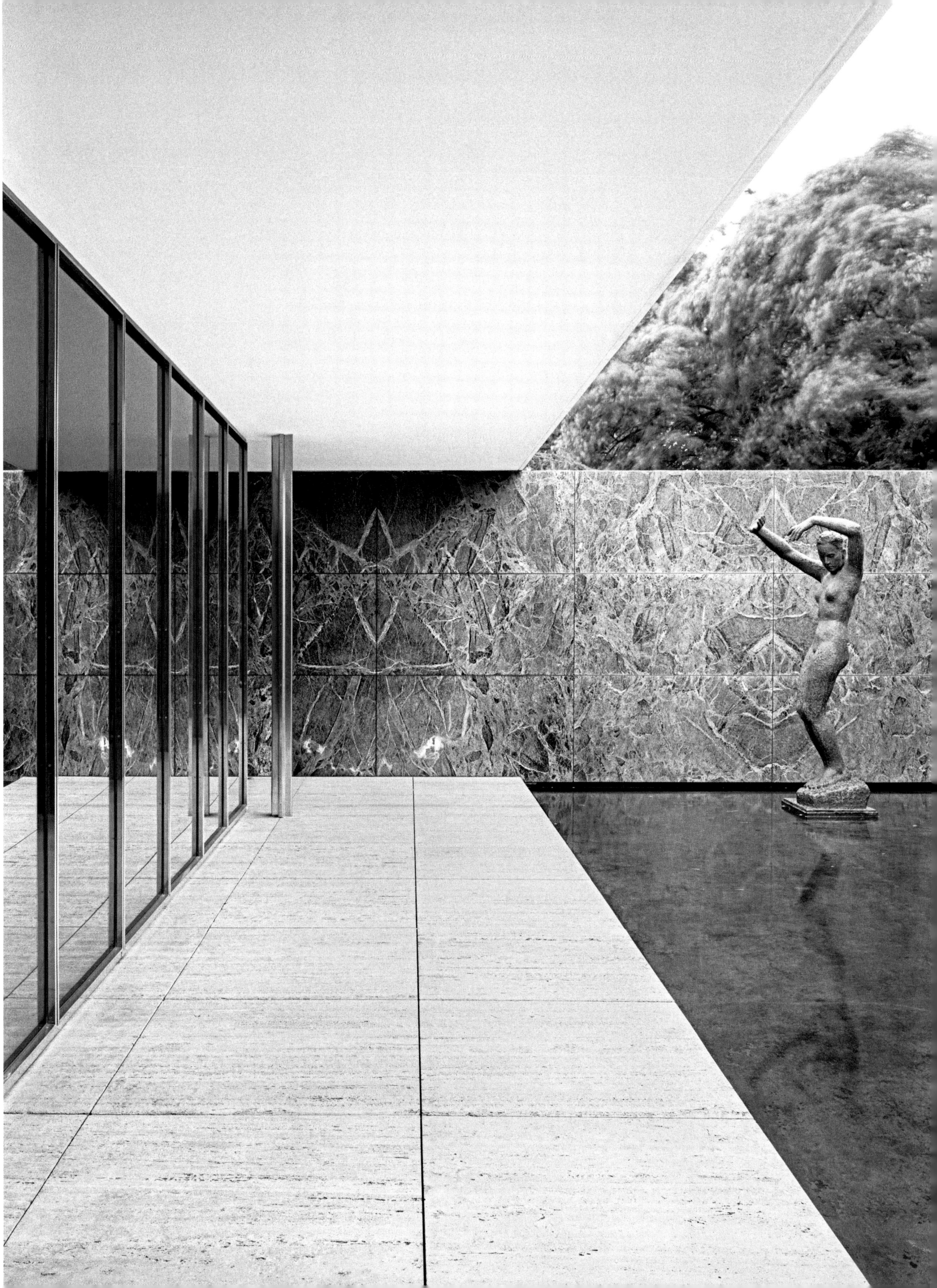

Ludwig Mies van der Rohe

Deutscher Pavillon,
Weltausstellung Barcelona 1929
Rekonstruktion

German Pavilion,
World's Fair Barcelona 1929
Reconstruction

Photos 1992

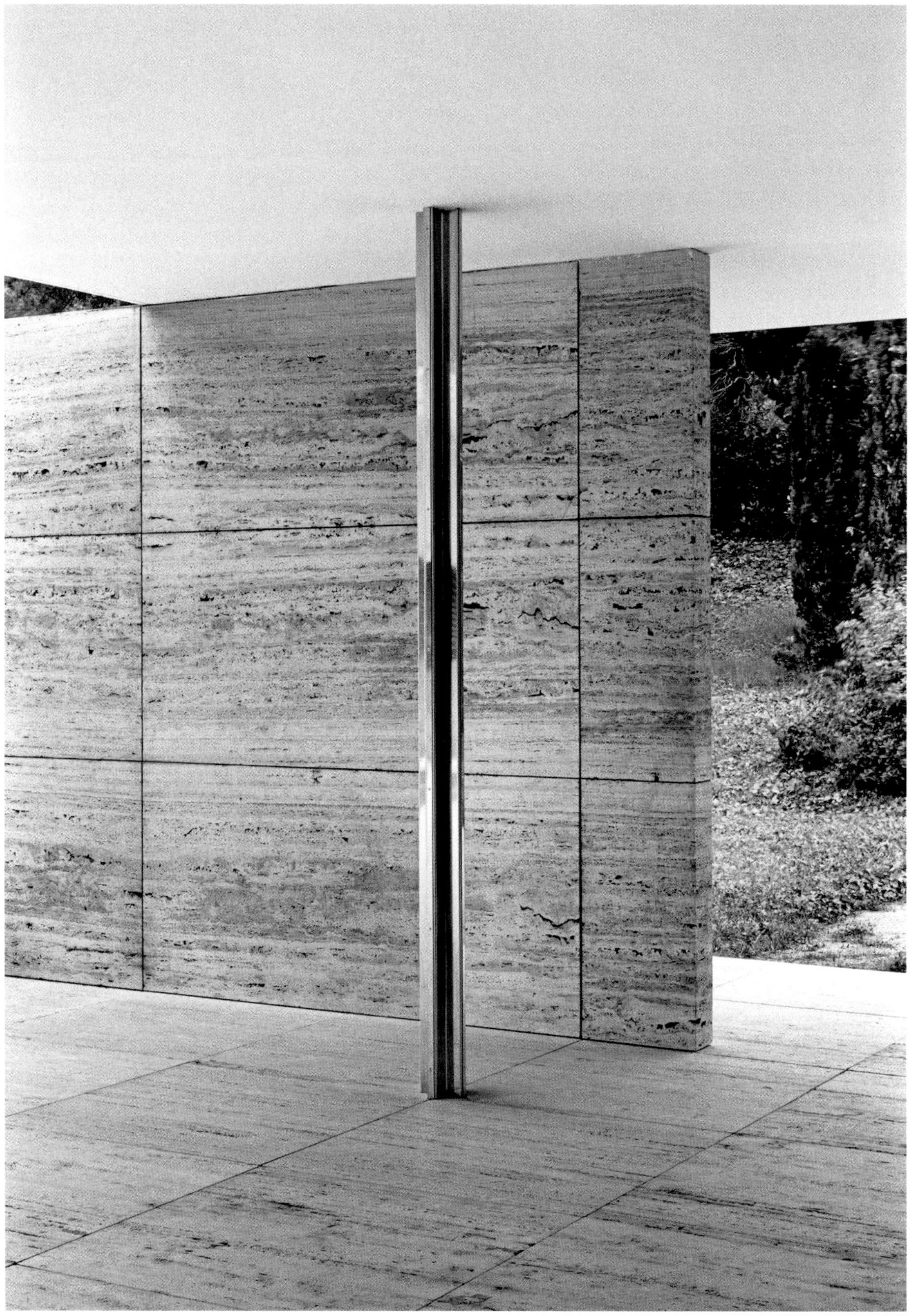

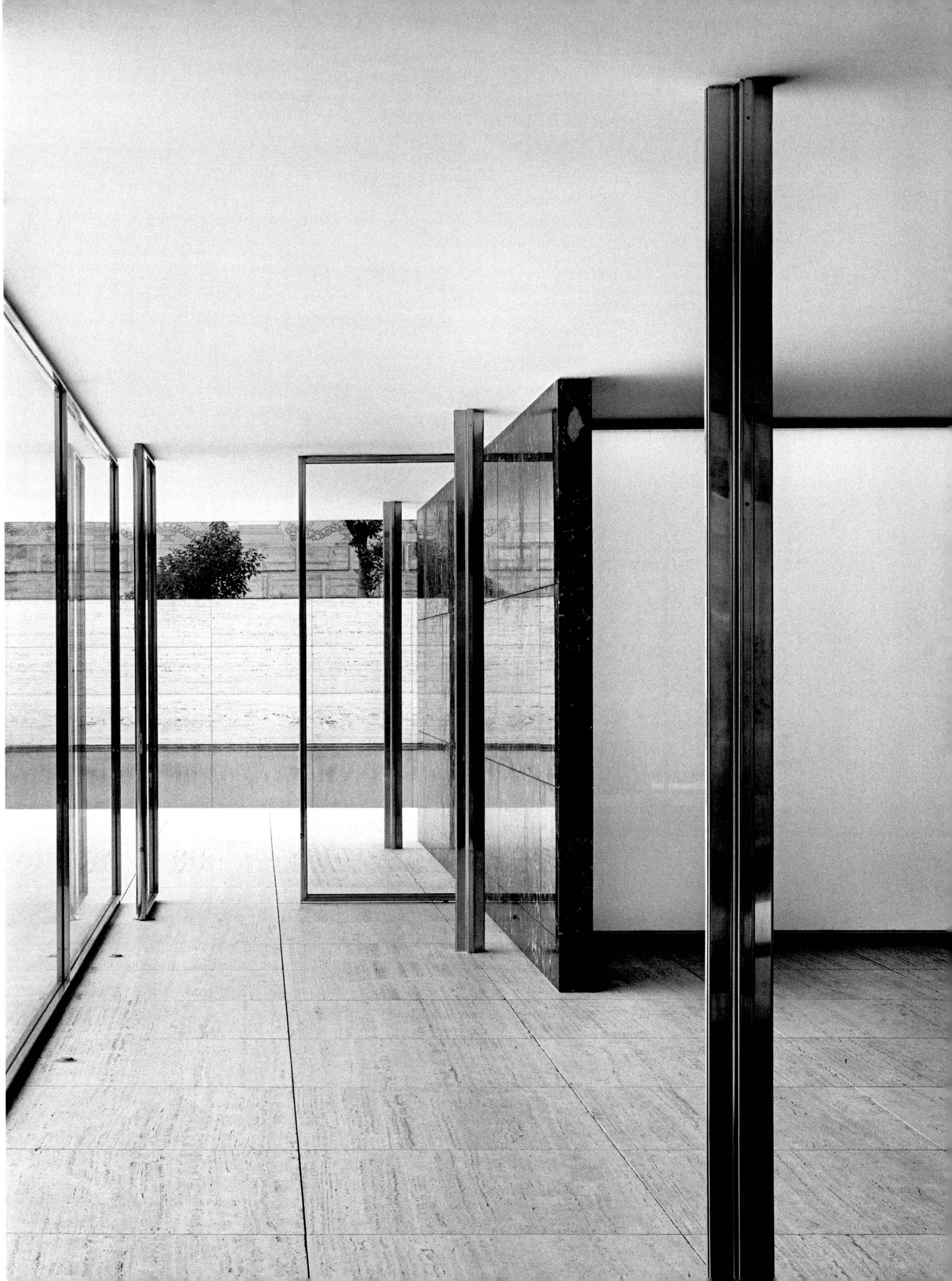

auf. Oft könnte nur der vergleichende Blick auf die Realität noch die Pilatus-Frage: Was ist Wahrheit? beantworten. »Alles ist bildlich konstruierbar, alles kombinierbar, alles läßt sich rechnen, dithern, rendern«.[6] Architekten bestätigen diese Praxis, sie ist *state of the art*. »Man kann sich nicht mehr hinter Grundriß und Schnitt verschanzen. Heute legen wir die Ansicht des fertigen Baus vor, bevor wir eine Ahnung haben, wie man das baut«, sagte einer der heutigen Stars, Jacques Herzog, noch bevor er einer war.[7]

Klaus Kinold hat zeit seines Lebens analog auf Film photographiert. Für seine Architekturaufnahmen verwendete er in der Regel verstellbare Fachkameras vom Mittel- bis zum Großformat 8 x 10 inch. Entscheidend war für ihn, daß er – die Kamera auf dem Stativ und unter dem schwarzen »Einstelltuch« vor Lichteinfall geschützt – das Bildmotiv in Ruhe auf der Mattscheibe beurteilen und durch die Verstellmöglichkeiten der Kamera Ausschnitt und Perspektive bestimmen konnte. Seine erste Kamera war eine Spiegelreflex-Rollei des Braunschweiger Unternehmens Franke & Heidecke gewesen, die ihm seine Eltern in der Schulzeit geschenkt hatten. Das half ihm von Anfang an, das spätere Bild bereits vor der Aufnahme auf seine zweidimensionale Eignung hin einzuschätzen. In dem ständigen Hin und Her des Blicks einmal über die Kamera hinweg auf das Motiv und zum anderen auf die Mattscheibe der Rollei vor der Brust, im ständigen Vergleich zwischen der Realität und ihrer Projektion sieht Kinold heute den Schlüssel zu seiner Photographie. »Es war die Mattscheibe, die mein photographisches Sehen geprägt hat.«[8]

Für Kinold war der photographische Teil der Arbeit mit dem Auslösen des Verschlusses im wesentlichen getan, wenn auch der reproduktionstechnische Teil der Arbeit, die Wiedergabe auf Papier und im Druck, ihm nicht weniger wichtig ist. Unter den zeitgenössischen Umständen scheint seine Maxime: zu zeigen, was ist, wie ein Ruf aus einer anderen Welt. Seine heute photographierenden Kollegen, auch wo ihre Arbeiten sich dokumentarisch geben, zeigen oftmals nicht, was ist, sondern was sein könnte, sollte oder sein würde. Zu schweigen von den Montage- und Kombinationskünsten jener jüngeren Digitalphotographie, die sich als Bildkunst versteht und von der autonomen Verarbeitung der Realitätsdaten ausgeht. Sie bleiben hier sowieso aus dem Spiel, weil sie als freie Kunstprodukte einer anderen Kategorie angehören.

Natürlich haben auch in der Epoche des analogen Photographierens die Photographen mit Kunstgriffen gearbeitet. Inszenierungen schon des architektonischen Motivs waren verbreitet. Vollgestellte Vordergründe wurden freigeräumt oder durch erhöhte Standpunkte überwunden. Bei Bernd und Hilla Becher, den Düsseldorfer Industriephotographen, gehörte eine Leiter zur Ausrüstung ihrer Photo-Expeditionen; bei anderen der Kranwagen. Viel weiter ging Julius Shulman, der Meisterphotograph der amerikanischen Nachkriegsmoderne. Er liebte es, seinen Aufnahmen kalifornischer Villen ein zusätzliches Flair von legerem Luxus zu geben, indem er in ihnen wie zufällig Rendezvous angeblicher Bewohner, in Wirklichkeit angemieteter Statisten arrangierte. Dunkelkammer und Labor erlaubten vielfältige, gewissermaßen handwerkliche Tricks: Belichtungskorrekturen, Nachbearbeitung von Negativen oder Abzügen, Wahl und Korrektur von Ausschnitten. Unliebsame Gegenstände oder Personen wurden wegretuschiert, stürzende Linien berichtigt, erwünschte Hintergründe einmontiert. Vor allem nordamerikanische Kamerastars wie Ezra Stoller oder das Studio Hedrich Blessing liebten

6 Wolfgang Hagen, »Es gibt kein digitales Bild«, in: *Digitale Bildverarbeitung, eine Erweiterung oder radikale Veränderung der Photographie?*, Symposium im Museum Folkwang, Ludwigsburg 2005, S. 16.

7 »Die Kommunikation ist ein Teil der Architektur. Benedikt Loderer befragte Jacques Herzog«, in: *db deutsche bauzeitung*, 1999, 9, S. 22.

8 Klaus Kinold im Gespräch mit dem Autor, 30.10.2012.

Le Corbusier

Villa La Roche-Jeanneret,
Paris

Photo 1987

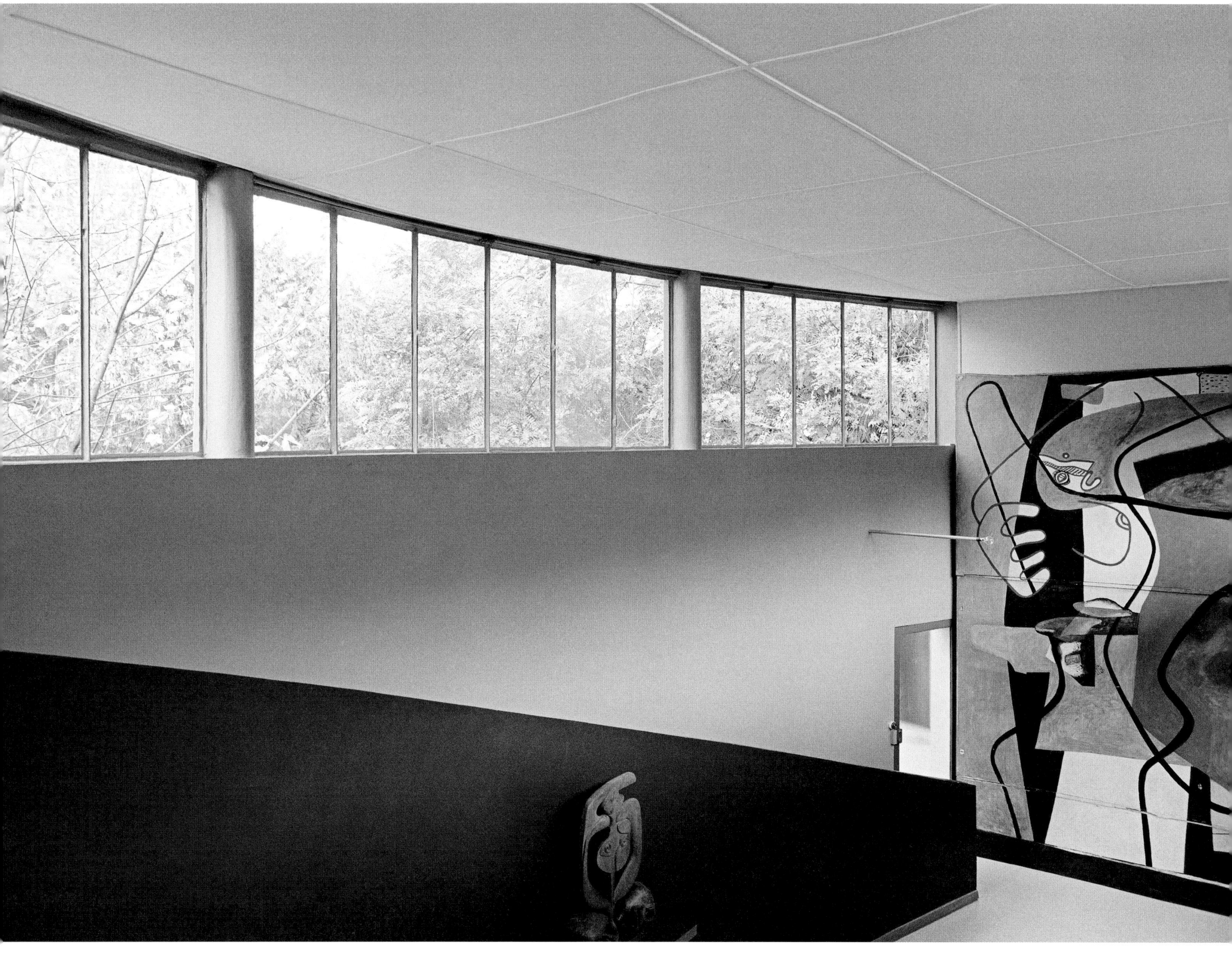

Le Corbusier

Villa Savoye, Poissy,
Frankreich | France

Photos 1987

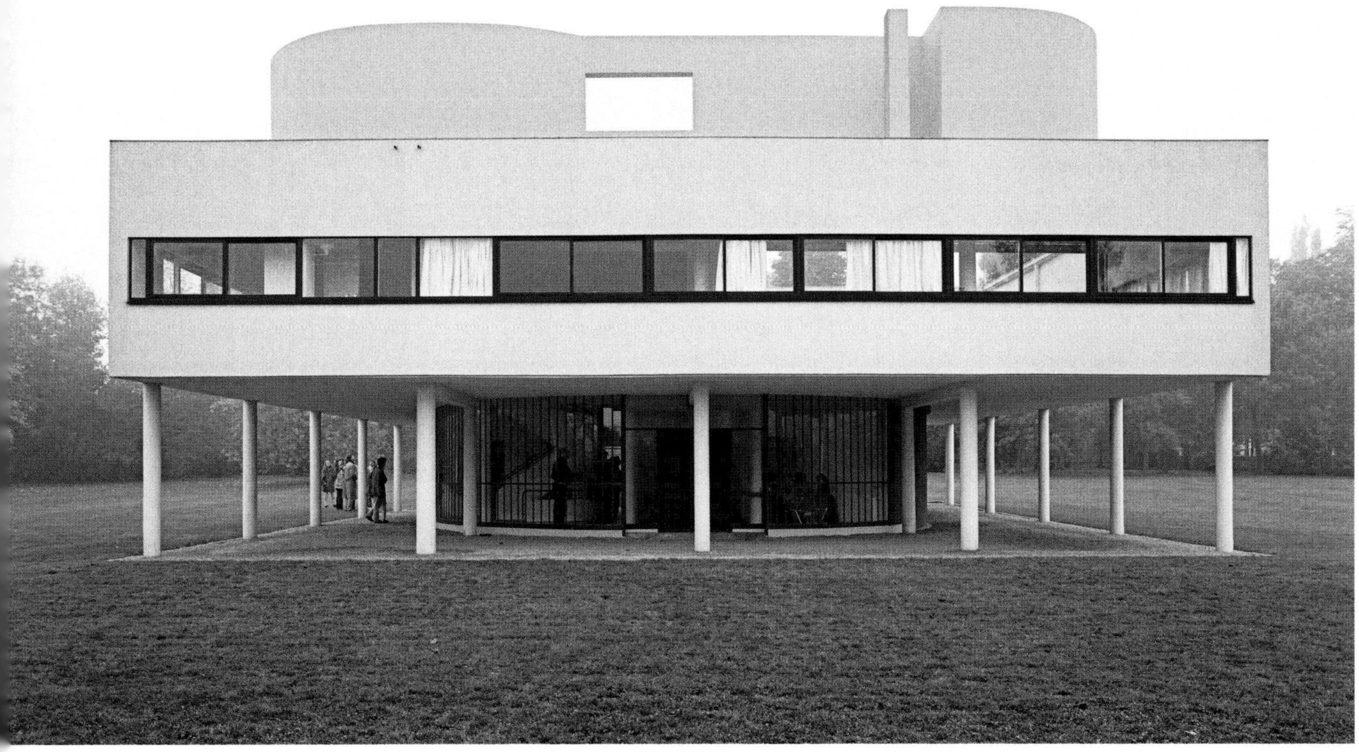

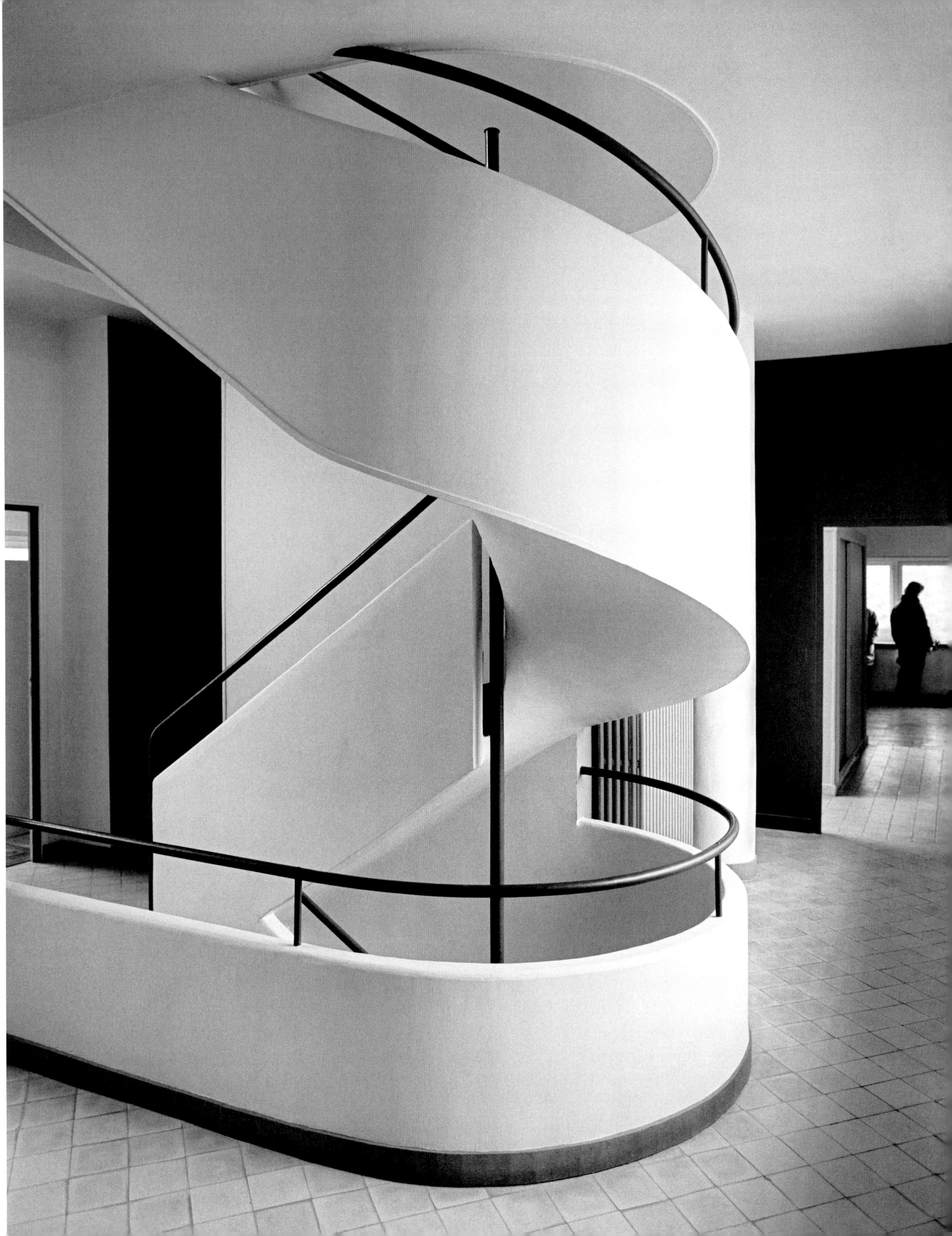

Karl Moser

Kirche St. Antonius,
Basel, Schweiz

Church of St Anthony,
Basle, Switzerland

Photos 1996

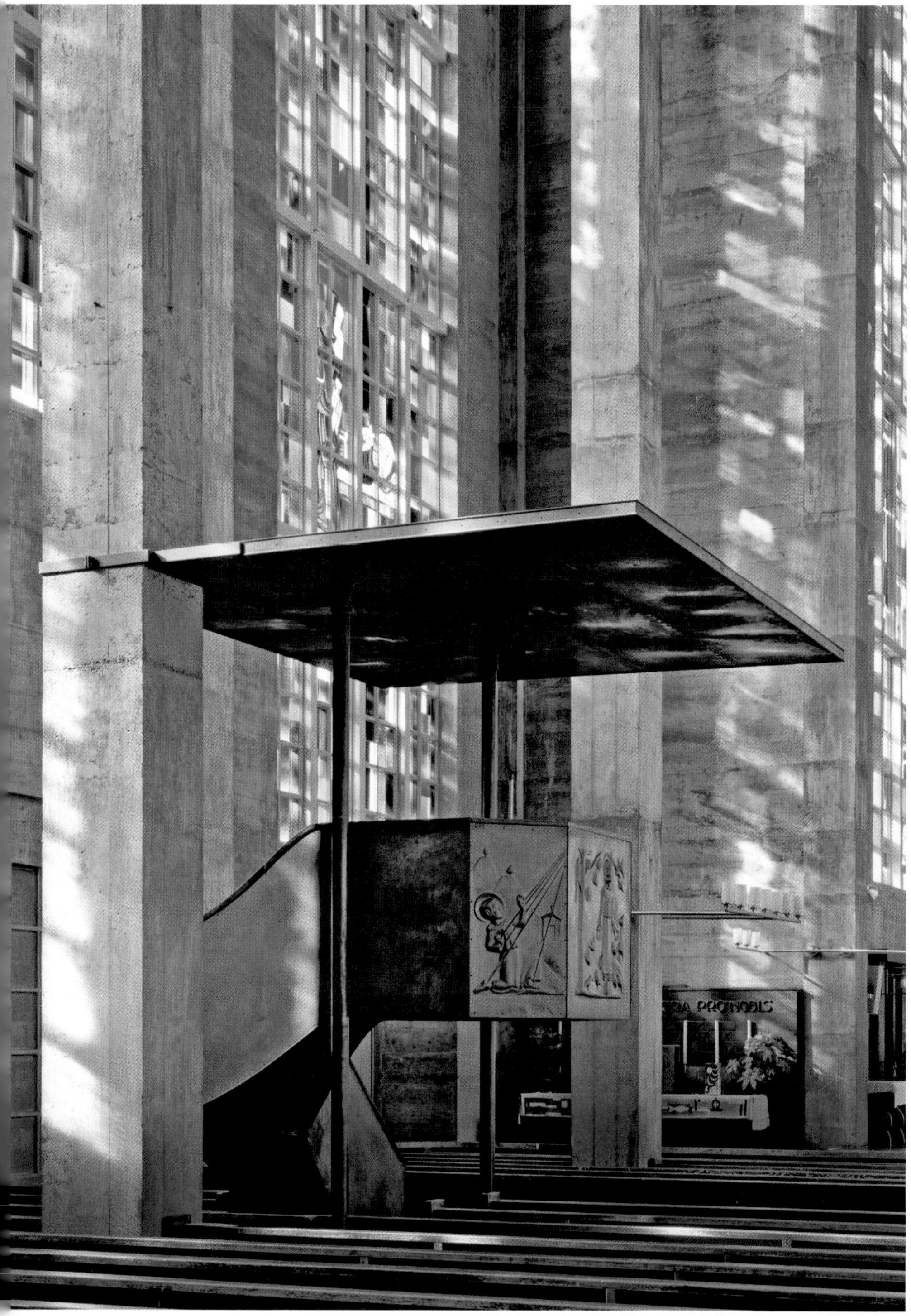

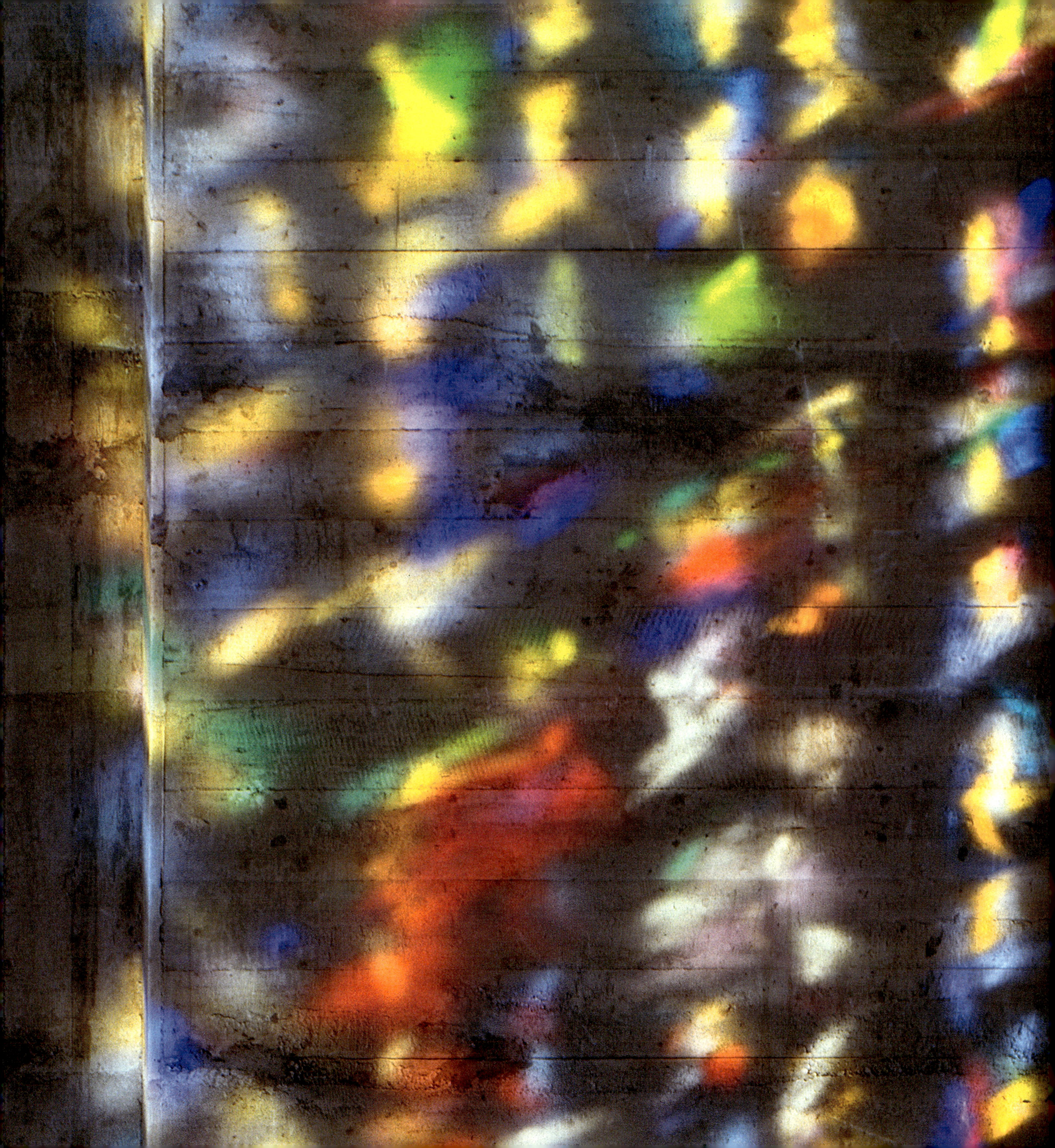

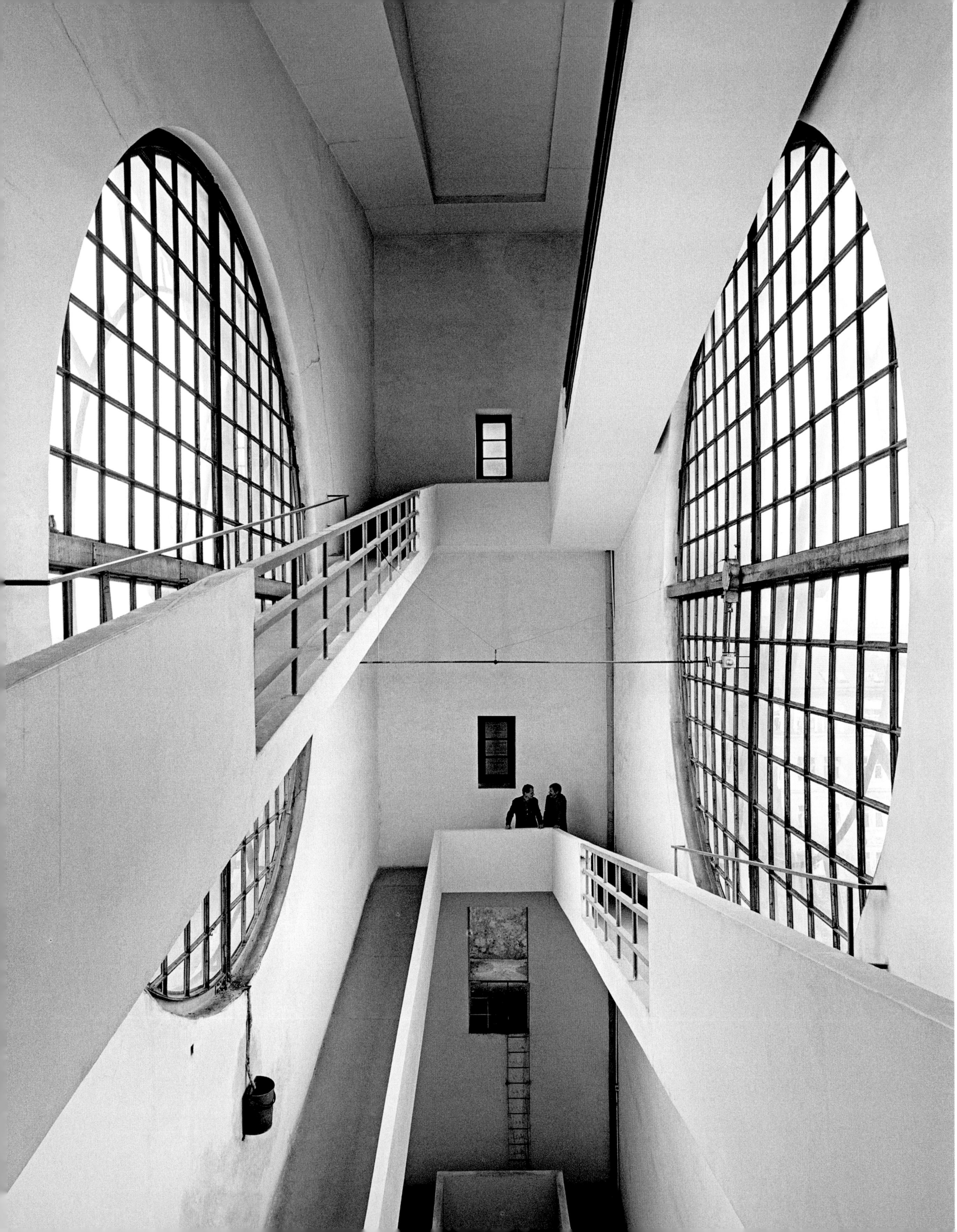

Jože Plečnik

Herz-Jesu-Kirche,
Prag, Tschechische Republik

Church of the Sacred Heart,
Prague, Czech Republic

Photo 2005

es, dramatische Wolkengebirge hinter ihren Objekten aufzutürmen oder bezaubernde Federwolken wehen zu lassen. Kinold hat sich dieser Strategie des *corriger la fortune* enthalten.

Vorbilder und Weggefährten

Klaus Kinolds Vorbilder liegen weiter zurück, in den klassischen Jahren der Moderne. Es lag nahe, daß er sich in jener Epoche umsah, die den Begriff der Sachlichkeit im Titel trug, der Neuen Sachlichkeit. Hier fand er Vorbilder einer beschreibenden, erklärenden Photographie, die sich an das Vorgefundene hielt. Aber auch die neusachlichen Photographen waren von einem deutlichen Stilwillen getragen. Kollegen jener Jahre, die Kinold schätzt, wie Werner Mantz, Hugo Schmölz, Arthur Köster oder, vor allem, Albert Renger-Patzsch, bearbeiteten ihre Motive mit Mitteln, die den Bedarf an Information mit dem Wunsch nach zeitgenössischem Ausdruck auf einen Nenner brachten. Den »Zauber der Präzision« hat es der Bauhaus-Lehrer und Photograph Walter Peterhans genannt.[9] Oft und nicht nur in der so genannten experimentellen Photographie fanden sich surreale Elemente, gespenstische Menschenleere oder die verrätselte Begegnung heterogener Elemente. Lichtregie spielte eine große Rolle.

Nicht zufällig organisierte sich die Elite deutscher Photographen 1919 in einer Vereinigung, die sich Gesellschaft Deutscher Lichtbildner nannte. Schlagschatten und Helligkeitskontraste geometrisierten die Bildfläche. Rhythmische Reihungen betonten in den photographischen Darstellungen über die Entwurfsentscheidungen der Architekten hinaus die Zusammengehörigkeit gleicher Teile. Auf diese Weise wurden nicht nur die Einzelheiten individueller Baugestalten beschrieben, sondern den Bauten wurden allgemeine Begriffe eingeschrieben: die Solidarität der Vielen, die Wiederkehr des Gleichen in der Serie, die Motorik der modernen Zeit, die Kühle, Reinheit und Hygiene geordneter Funktionen. Läßt sich Architektur ohnehin nur im Wechsel der Standpunkte, in der Bewegung angemessen erleben, so forderte die dynamische Moderne von ihren Betrachtern erst recht ständige Ortsveränderung. In Erich Mendelsohns »Bilderbüchern« *Amerika* und *Rußland, Europa, Amerika*, diesen professionell entworfenen Alben nicht immer professioneller Photos, gibt es filmische Sequenzen, in denen sich der Photograph – teilweise Mendelsohn selbst – den Silos oder Hochhäusern wie ein Kameramann nähert und sie von der Totalen bis zum herauskopierten Detail umkreist.

Kinold sammelt und bewundert Architekturpublikationen der 1920er und frühen 1930er Jahre wie die Werkbund-Zeitschrift *Die Form*, die Photobände von Renger-Patzsch (*Die Welt ist schön, Eisen und Stahl*), El Lissitzkys Rußland-Buch in der Reihe *Neues Bauen in der Welt* oder den von László Moholy-Nagy gestalteten Band von Sigfried Giedions *Bauen in Frankreich*. Mit den Dokumentaristen der Architekturphotographie aus den 1920er Jahren teilt Kinold die rationale Analyse seiner Objekte, die planmäßige Festlegung der Standorte, die Vorbereitung der »Drehbücher«. Auch er investiert, wo immer es möglich ist, viel Zeit in das Studium und die Aufnahme seiner Gegenstände, die sich in der Genauigkeit und Vollständigkeit der optischen Information auszahlt. »Pour qu'une chose soit intéressante, il suffit de la regarder longtemps«, hat Gustave Flaubert gesagt[10]: Damit eine Sache Interesse gewinnt, genügt es, sie lange Zeit zu betrachten.

Nicht der Moment, in dem ein Ding plötzlich sein Wesen offenbart, der glückliche Zufallsfund – Lessings »fruchtbarer Augenblick« –, regiert in diesen Photos, sondern der ergiebige, dauerhafte, für

9 Lutz Schobe (Hg.), *bauhaus photographie*, Florenz 2004, S. 23.

10 Gustave Flaubert an Alfred Le Poittevin, September 1845. *Flaubert Correspondance. Année 1845*, Rouen 2003.

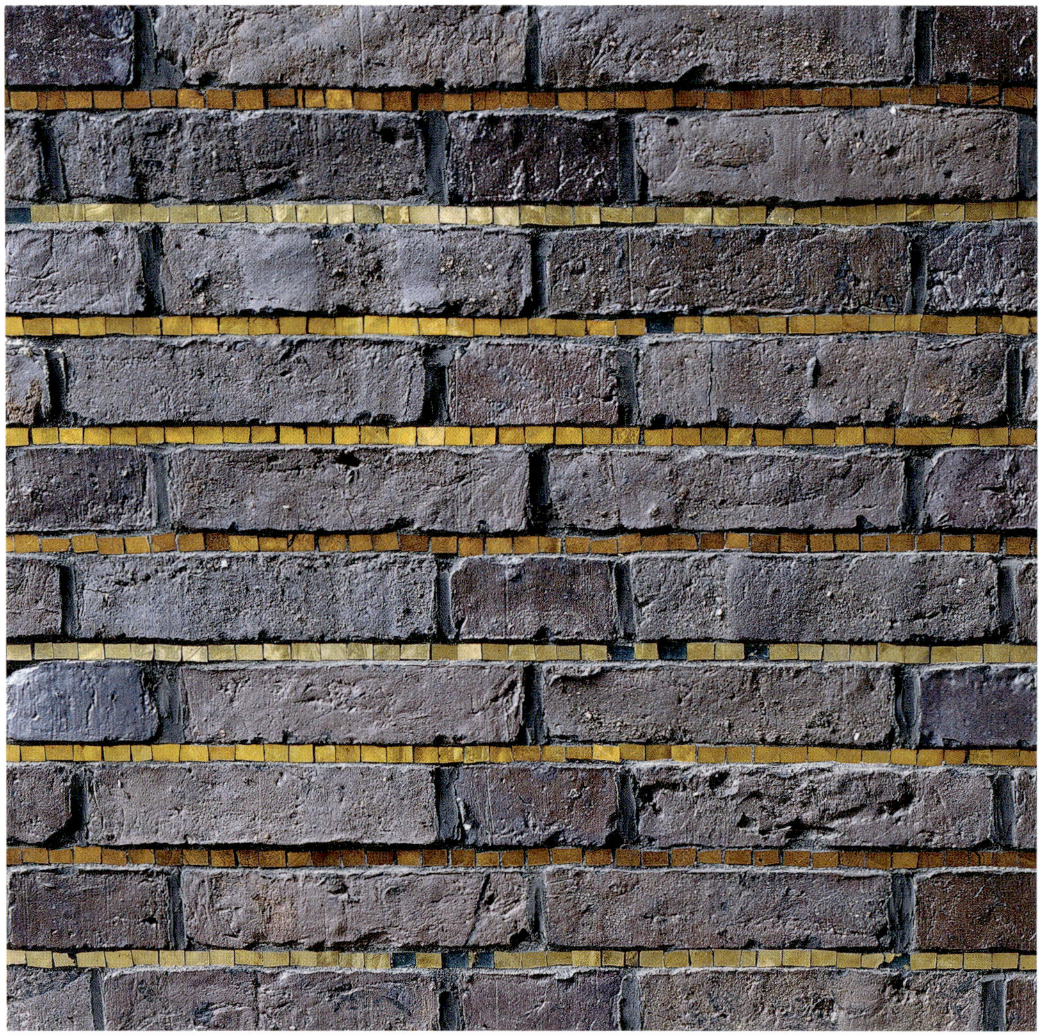

Fritz Höger

Kirche am Hohenzollernplatz, Berlin

Church on Hohenzollernplatz, Berlin

Photos 2005

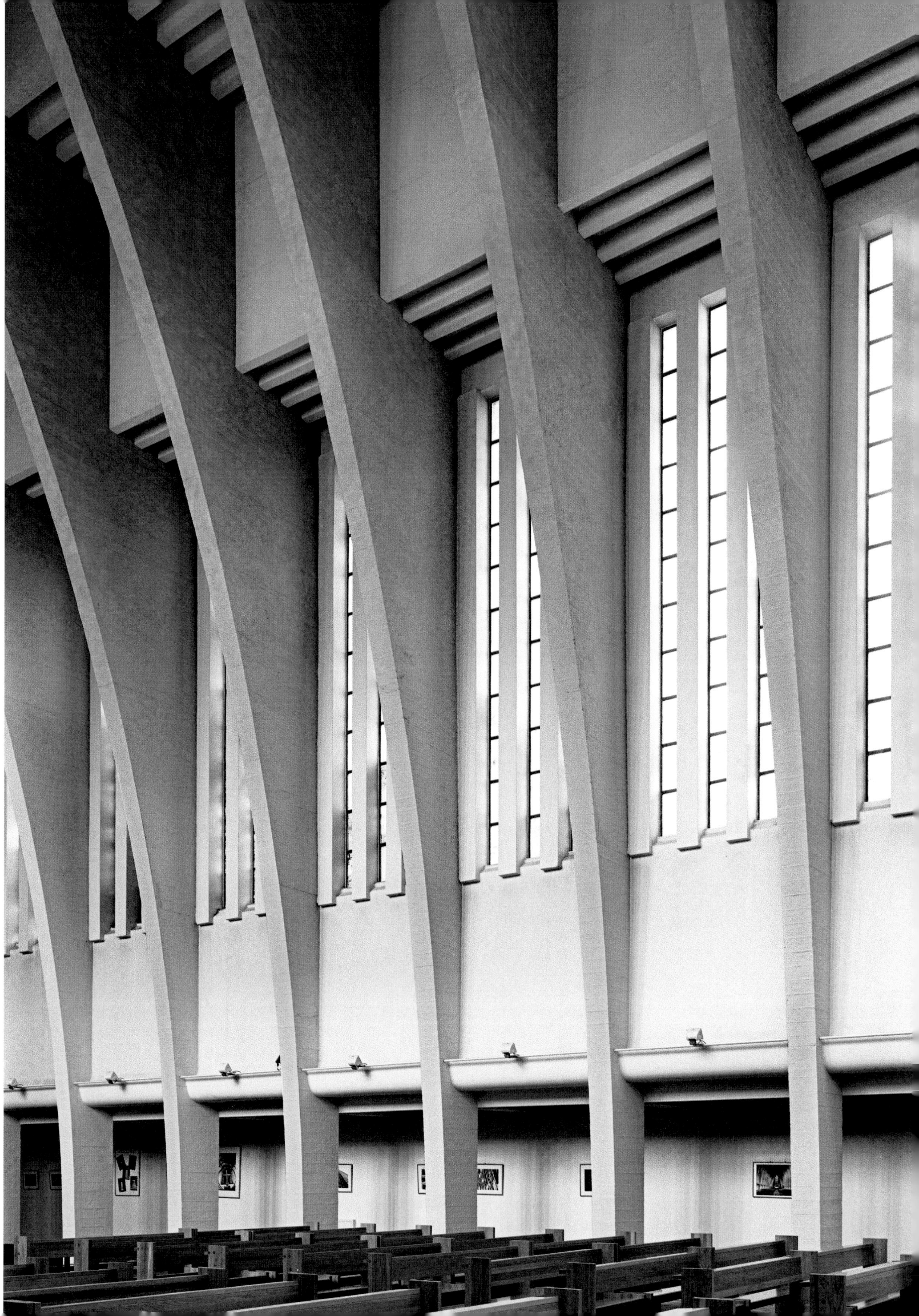

Alvar Aalto

Sanatorium, Paimio,
Finnland | Finland

Photo 1994

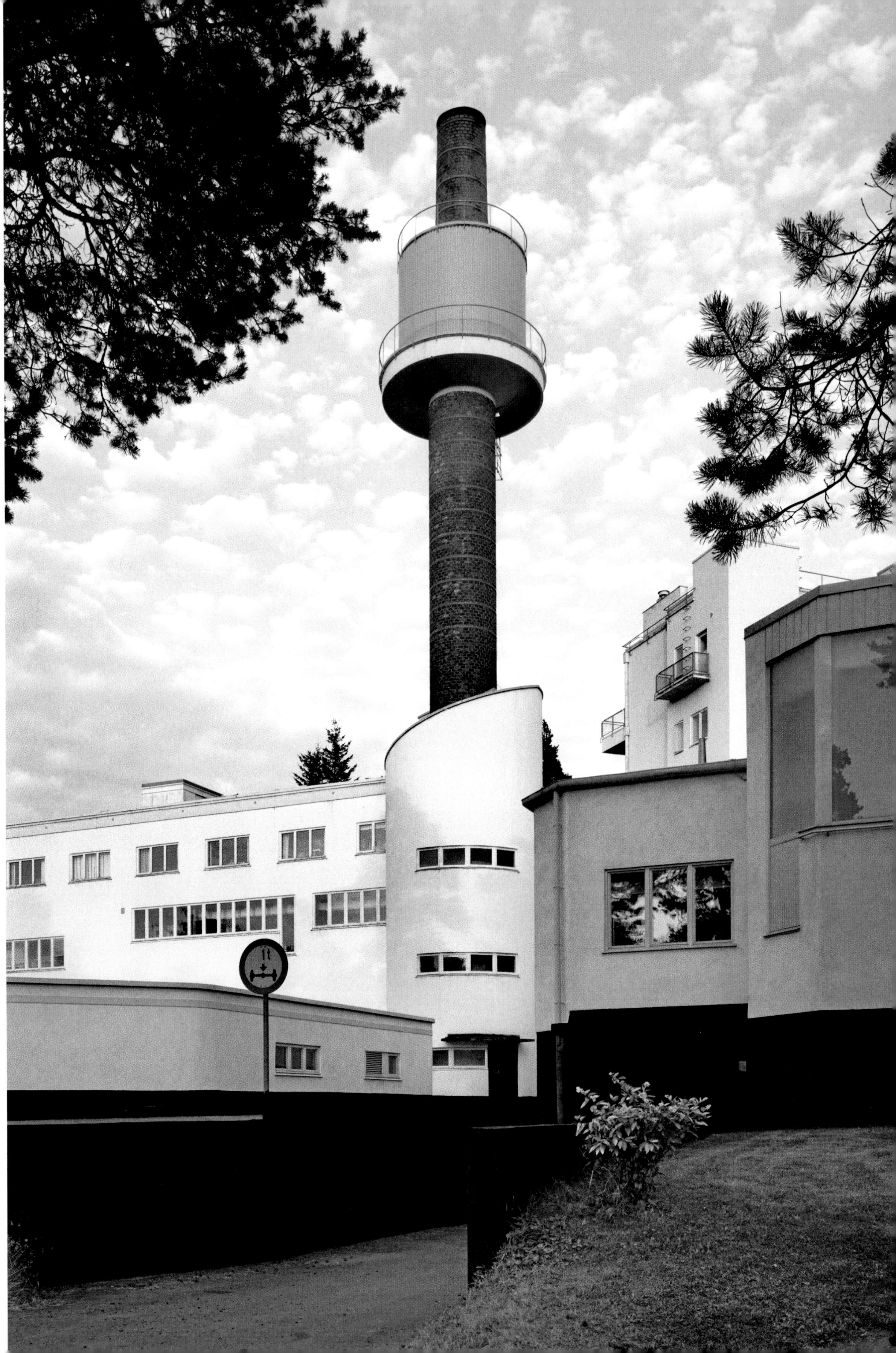

wesentlich gehaltene Zustand, aufgenommen vom richtigen Standort. Die Schärfe der Beobachtung, die Präzision im Detail, die Übersetzung des dreidimensionalen Gegenstandes in eine überzeugend konstruierte Bildfläche waren imponierende Leistungen der frühmodernen Photographie. Was Kinold dagegen nicht oder nur selten aus diesen Avantgarde-Tagen übernahm, sind die exzentrischen Perspektiven, die gewagten Auf- oder Untersichten, die stürzenden Linien, die Möglichkeiten der Verzerrung, die Dynamik, die zu den »neueroberten optischen Sehmöglichkeiten«[11] zählten. Er hielt sich eher an die »Sachphotographie« als an die »neue Optik«, die El Lissitzky, Moholy-Nagy oder Hans Richter vertraten.[12]

Es sind nicht nur Satz, Rhythmik des Layouts, der Wechsel der Bildformate und der souveräne Umgang mit dem typographischen Freiraum, die Kinold an den frühen Publikationen faszinierten. Es ist auch der didaktische, ja moralische Impetus, der von den Text- und Bildautoren der klassischen Moderne ausging. Auch in den von ihm herausgegebenen Periodika hat Kinold nicht nur Werbung für seine Auftraggeber, die Kalksandstein-, Betonstein- und Zementindustrie gemacht. Er nutzte vielmehr die Aufträge als Gelegenheit, Werbung für Qualität im Bauen zu betreiben. Damit war beiden gedient, der Kundschaft wie der Baukultur. »Kultur ist das, was bleibt«, schrieb Max Bächer einmal mit dem Blick auf Kinolds publizistische Tätigkeit.[13] Kinolds Hefte warf man nicht wie andere Werbung in den Papierkorb, sondern bewahrte sie ob ihrer kompromißlosen Qualität auf. Als Sammlerstücke »blieben« sie, auch nachdem die Bauindustrie andere Werbestrategien für profitabler hielt.

Als Kinold professionell zu photographieren begann, in den späten 1960er Jahren, lag die heroische Phase der Moderne schon lange zurück. Pathos war durch das Dritte Reich korrumpiert und hatte in der Nachkriegsarchitektur keine gute Presse. So fand auch trotz aller Bewunderung das seinen neusachlichen Vorgängern aus den 1920er Jahren inhärente Pathos – man glaubte sich auf den »Kampfplätzen ... einer großen Weltbewegung«[14] – bei Kinold keine Fortsetzung. Daran hindern ihn Sachtreue und Gewissenhaftigkeit und auch die Skepsis gegenüber den universalistischen Utopien, die einst die Epoche der klassischen Moderne beflügelten. Auch ging nach Kinolds Auffassung bei vielen Bildern der 1920er Jahre zuviel an optischer Mitteilung verloren. In der mit Hilfe von Licht und Schwärze, blendender Helligkeit und tiefen Schlagschatten dramatisch organisierten Architekturphotographie trieben stürzende Linien den Blick allzu ungestüm in die Tiefe oder Höhe, wurden besonnte Flächen zu immateriellen Folien, versanken beschattete Partien gänzlich im Dunkel. Kinolds Photos dagegen teilen den Nutzern seiner Photos mit, von welcher Beschaffenheit, Struktur, Körnigkeit und Plastizität die Oberflächen der Architektur sind, welche Raumtiefe und welche Details sich auch in den schattenhaltigen Gebäudeteilen verbergen, in welchen Maßverhältnissen sie sich dem Benutzer darstellen.

Der Architekt als Photograph

In dieser Nähe zum Dokumentarischen, in der gewissenhaften Beschreibung des Wirklichen und Vorgefundenen spricht Kinolds biographischer Werdegang mit. Er durchlief keine Lehre in einem Photolabor. Er hat in keiner der klassischen Ausbildungsstätten für werdende Photographen und Photokünstler studiert, obwohl in seiner Heimatstadt Essen die Folkwangschule einen exzellenten

11 Sigfried Giedion an László Moholy-Nagy, 29.11.1928, Archiv gta, zit. nach: Martin Gasser, »Giedion, der selbst viel photographierte ...«, in: Werner Oechslin, Gregor Harbusch (Hg.), *Sigfried Giedion und die Photographie. Bildinszenierungen der Moderne*, Zürich 2010, S. 62.

12 Vgl. László Moholy-Nagy, *Malerei Photographie Film, Bauhausbücher*, München 1927[2]. – Werner Graeff, *Es kommt der neue Photograph!*, Berlin 1928.

13 Max Bächer, »Adieu KS Neues«, in: *KS Neues – Europäischer Architekturpreis 2001*, Hannover 2001.

14 Rudolf Schwarz, *Wegweisung der Technik* (mit Aufnahmen von Albert Renger-Patzsch), Potsdam 1928, S. 566, Neuauflage: Köln 2008.

Gunnar Asplund
Sigurd Lewerentz

Waldfriedhof, Stockholm

Woodland Cemetery,
Stockholm

Photo 2005

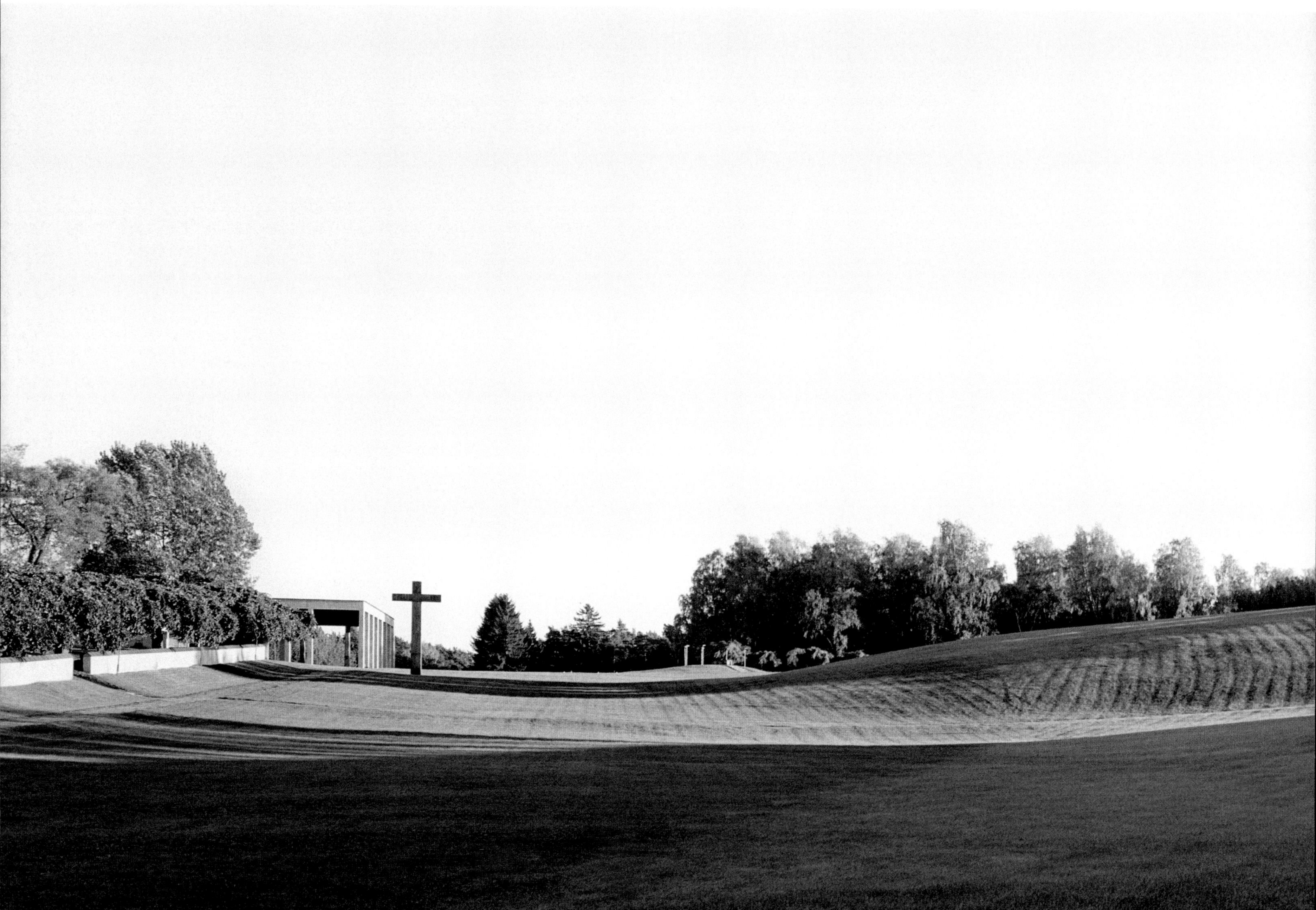

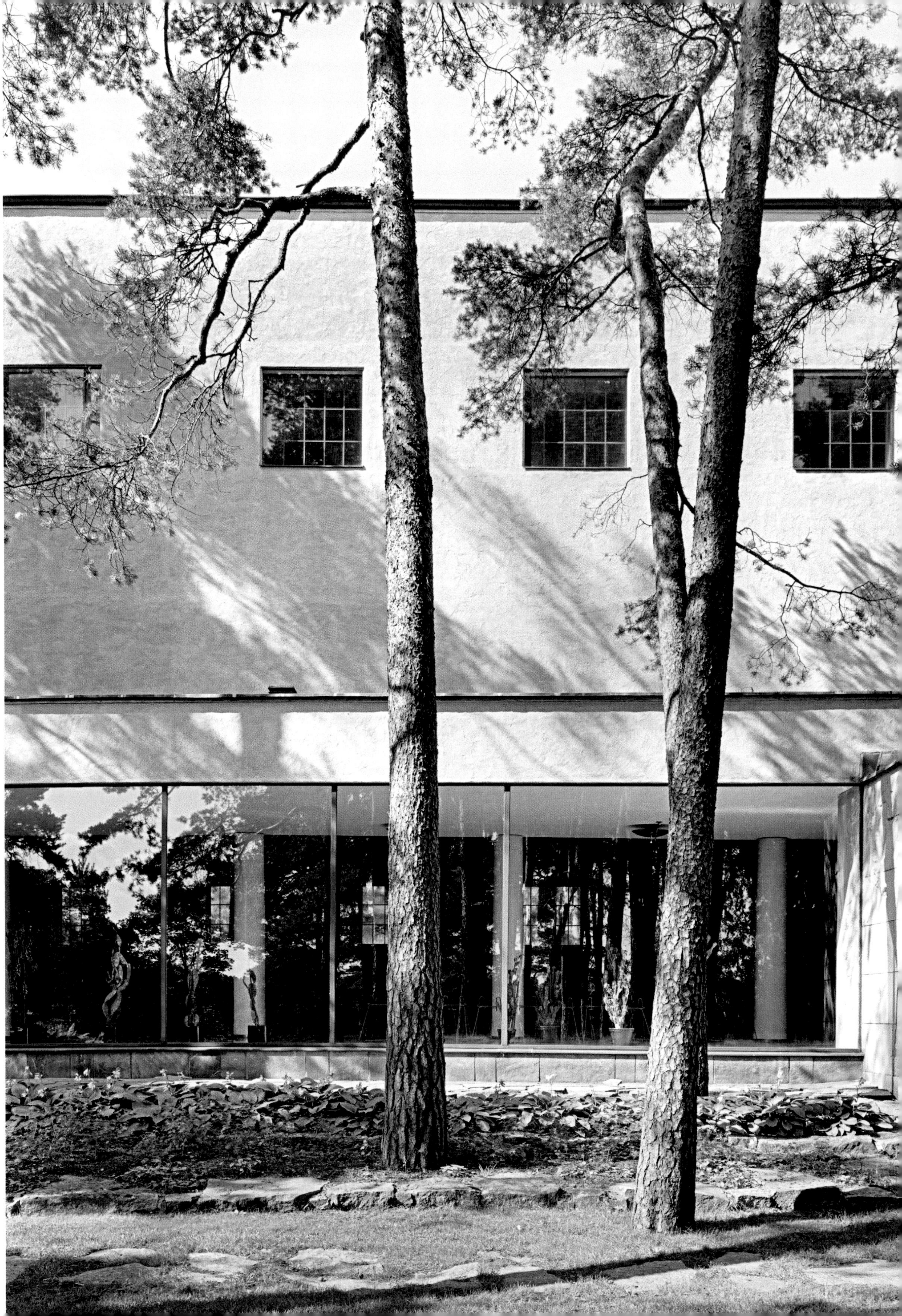

Erik Bryggman

Auferstehungskapelle,
Turku, Finnland

Resurrection chapel,
Turku, Finland

Photos 2003

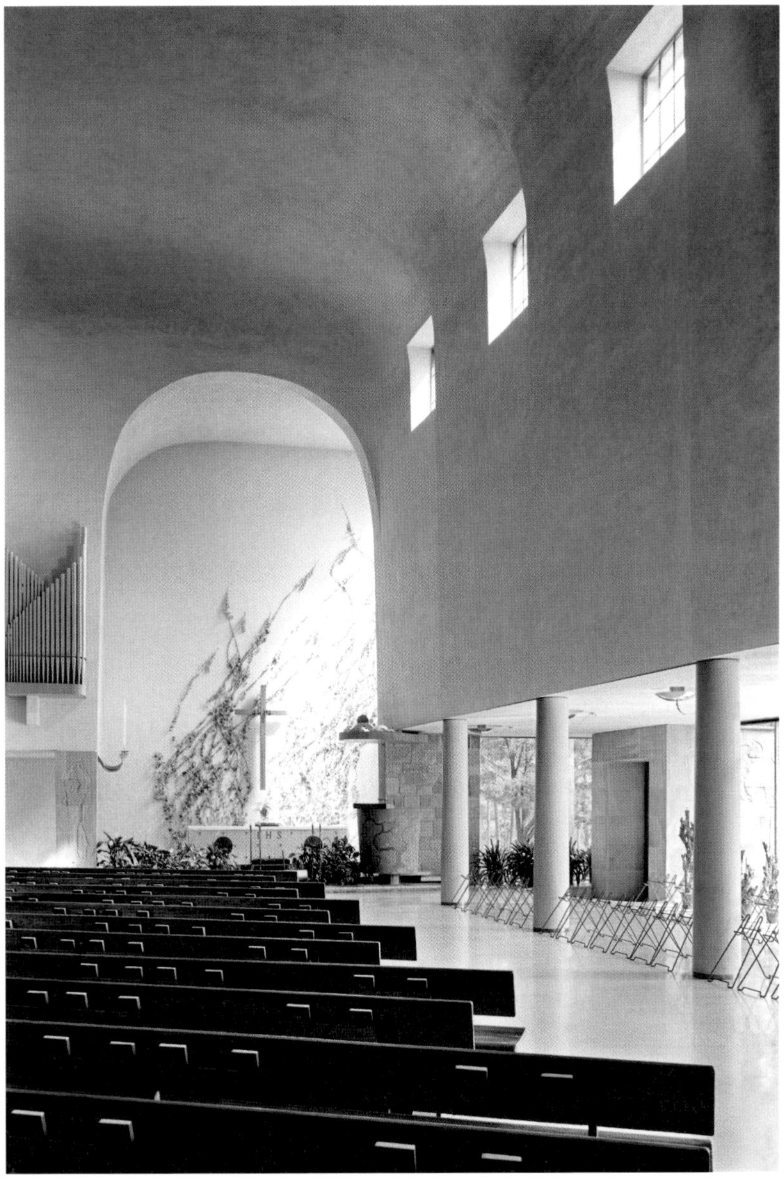

Hans Döllgast

Wiederaufbau der Abtei St. Bonifaz, München

Reconstruction of Abbey St Bonifaz, Munich

Photo 1987

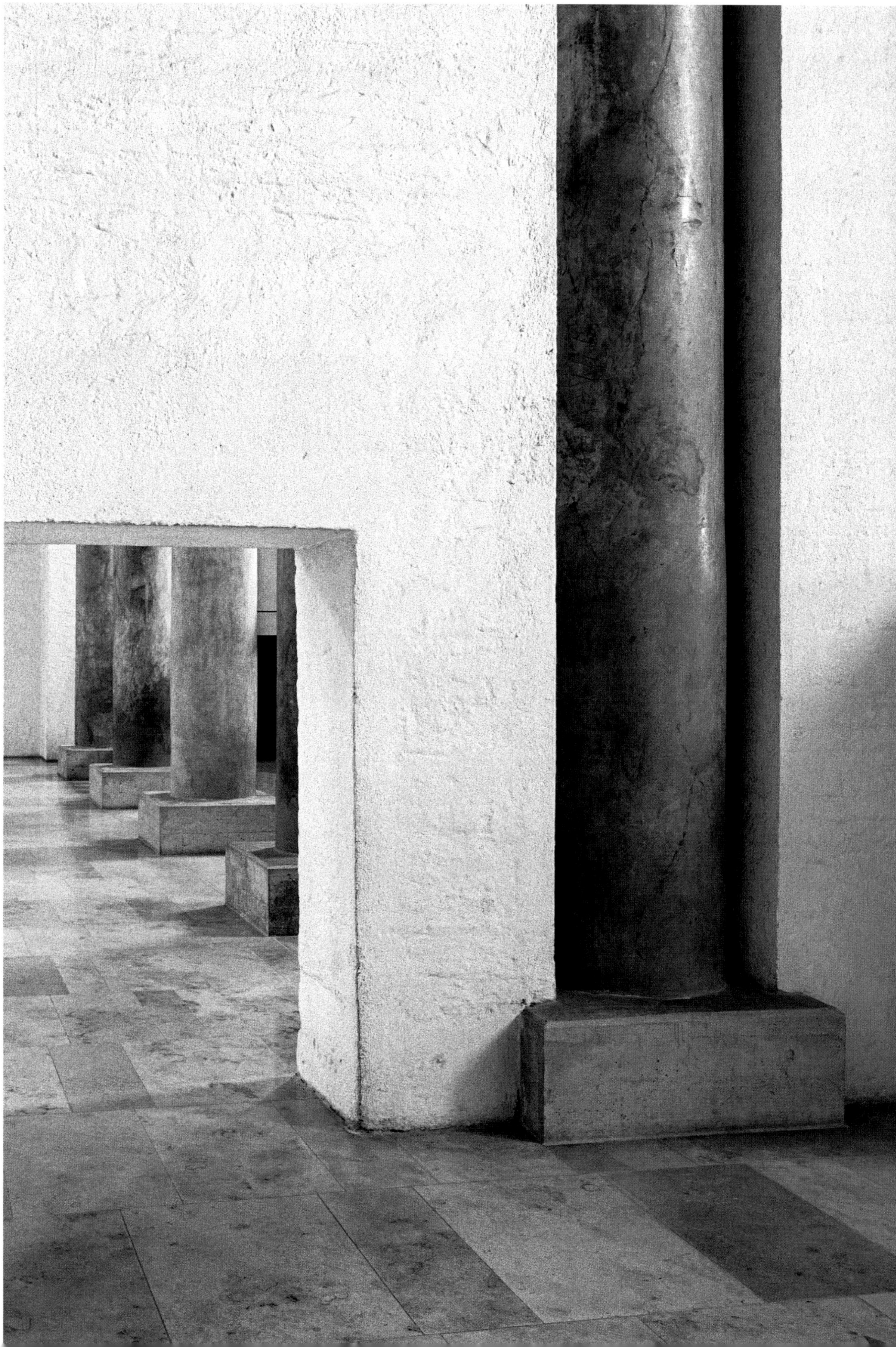

Ruf genoß. Otto Steinerts »subjektive Photographie«, seine Photogramme, Dingfragmente und Montagen, gingen damals an Kinold vorüber; er wollte und sollte Architekt werden. Nach dem Abitur begann er 1958 ein Architekturstudium an der damaligen Technischen Hochschule München. Enttäuscht vom anonymen Großbetrieb, wechselte er für zwei Semester an die Münchner Akademie, zu dem Maler, Karikaturisten, Graphiker und Glasmaler Josef Oberberger. Dann nahm er sein Architekturstudium wieder auf, diesmal in Karlsruhe. Dort war der persönliche Kontakt zu Lehrern und Assistenten leichter möglich.

Im Deutschland der Nachkriegsjahre war für angehende Architekten die Karlsruher Fridericiana, die sich seit 1967 Universität nannte, ein renommierter Ort. Otto Ernst Schweizer, einer der großen und zu wenig bekannten Architekten der Epoche, war bereits emeritiert, als Kinold zu studieren begann. Klaus Lankheit, in Renaissance, Revolutions- und Restaurationszeit sowie Romantik zu Hause, zudem ein Chronist des *Blauen Reiter*, lehrte Kunstgeschichte, Arnold Tschira, der sich unter anderem mit Arbeiten über die Romanik sowie über die Spätantike in Rom und Latium einen Namen machte, Architekturgeschichte. Die überragende, charismatische Figur war Egon Eiermann, der damals – als Antipode Hans Scharouns – einer der prominentesten Architekten der Bundesrepublik war. Eiermann hatte den Lehrstuhl für Bauplanung und Entwerfen inne, Rudolf Büchner, der in den Kriegsjahren in Eiermanns Büro mitgearbeitet hatte und seit 1950 in Karlsruhe lehrte, einen der beiden Lehrstühle für Baukonstruktion und Entwerfen. Sein Diplom hat Kinold nicht bei Eiermann gemacht, sondern an dem weniger überlaufenen Lehrstuhl Büchners. Aufgabe war der Entwurf für ein neues Rathaus im historischen Kern der badischen Kreisstadt Ettlingen. Das Thema »Neues Bauen im alten Bestand« sollte Kinold als Photograph später ausgiebig im Werk von Hans Döllgast, Karljosef Schattner und anderen beschäftigen.

Die prägende Gestalt in Karlsruhe blieb Eiermann, der spontane, witzige, eitle, manchmal auch harsche, brillante, begeisterungsfähige und begeisternde Lehrer. Prägend war er für Kinold in zweierlei Hinsicht. Zum einen faszinierten die Logik, Reinheit und Klarheit seiner Architektur. Das Bauwerk baute Eiermann in ablesbaren Schichtungen auf. Er bestand auf der einleuchtenden Lesbarkeit der primären Konstruktion – meistens in Stahl – wie der sekundären Ausbauteile. In der Choreographie des Leichten, Transparenten war er Meister. Die Elemente seiner Bauten, Träger wie Getragenes, scheinen sich nur minimal zu berühren, scheinen nur leicht aneinander geheftet zu sein, als habe ihnen jemand ein »Noli me tangere« zugeflüstert. In den besten Beispielen fand Eiermann bei aller rationalen Ordnung trotzdem zu bildhaft einprägsamer Erscheinung: Zelt, Kelch, terrassierter Hügel, Pavillon.

Prägend war Eiermann auch für Kinolds Berufsentscheidung, die Photographie. Für den Lehrstuhl Büchners hatte der junge Mann, der mit Photoapparaten umzugehen wußte, als studentische Hilfskraft mit festem Salär übernommen, was an photographischen Arbeiten anfiel, Reproarbeiten, Herstellung von Vorlesungsmaterial, Aufnahmen von Baumodellen und Bauten der Lehrer. Dazu durfte er sich der lehrstuhleigenen Photo-Ausrüstung bedienen. Kinolds Tätigkeiten fielen am Nachbar-Lehrstuhl von Eiermann auf. Dank der Vermittlung von Eiermanns Assistent Heinz Jakubeit photographierte Kinold Modelle der aktuellen Großprojekte des Büros, der IBM in Stuttgart und der Deutschen Olivetti in Frankfurt-Niederrad, nach Eiermanns plötzlichem Tod auch, als ersten Großbau,

Hans Döllgast

Wiederherstellung der Alten Pinakothek, München

Reconstruction of the Alte Pinakothek, Munich

Photos 1981

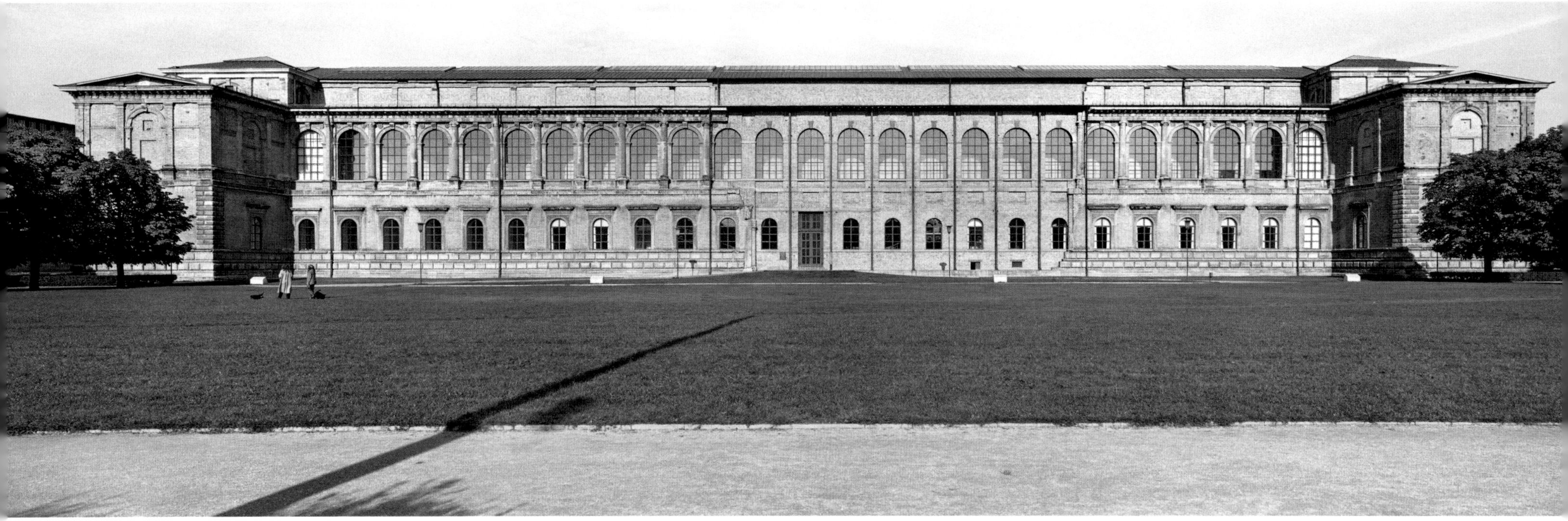

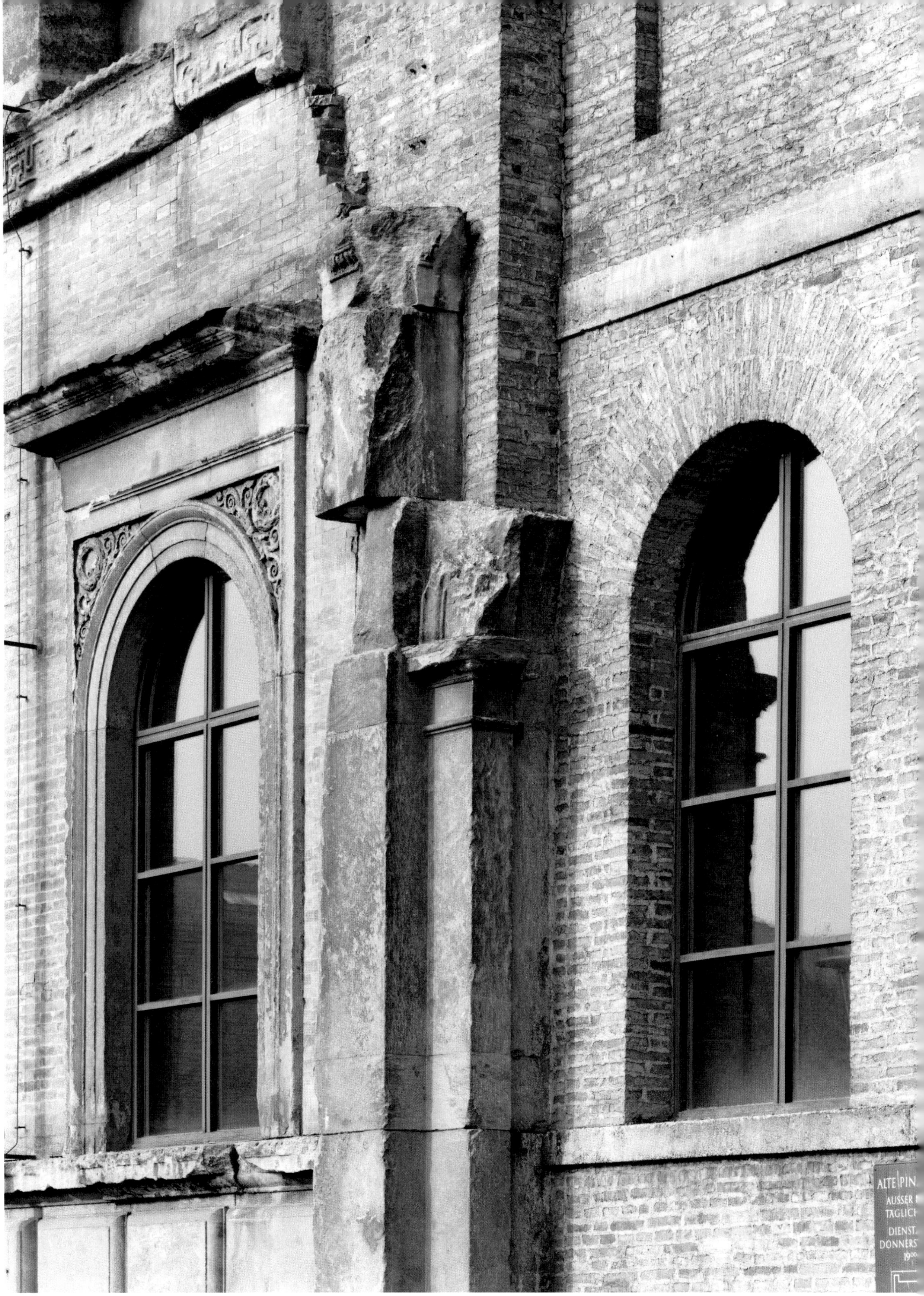

Hans Döllgast

Wiederherstellung der Alten Pinakothek, München

Reconstruction of the Alte Pinakothek, Munich

Photos 1981

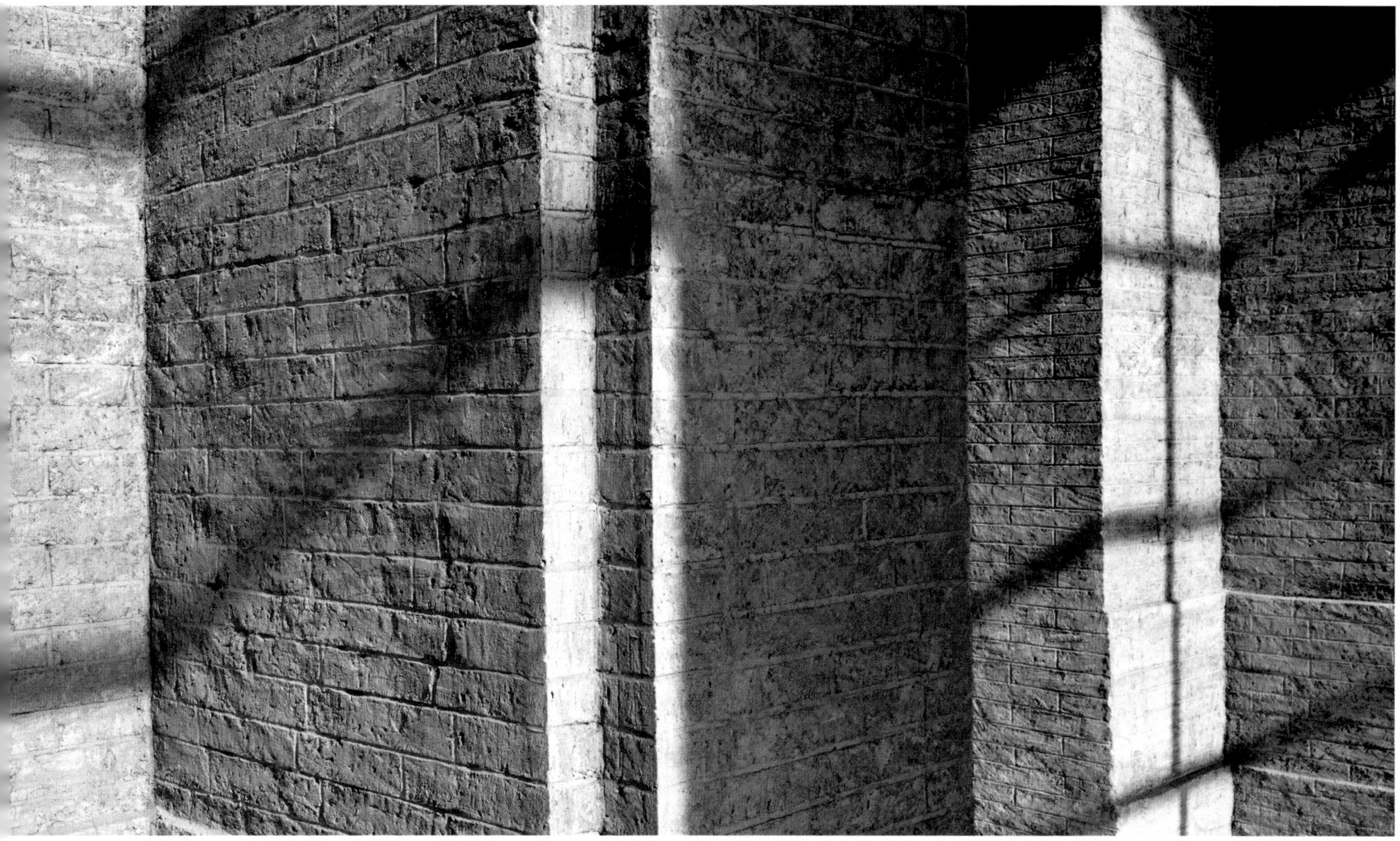

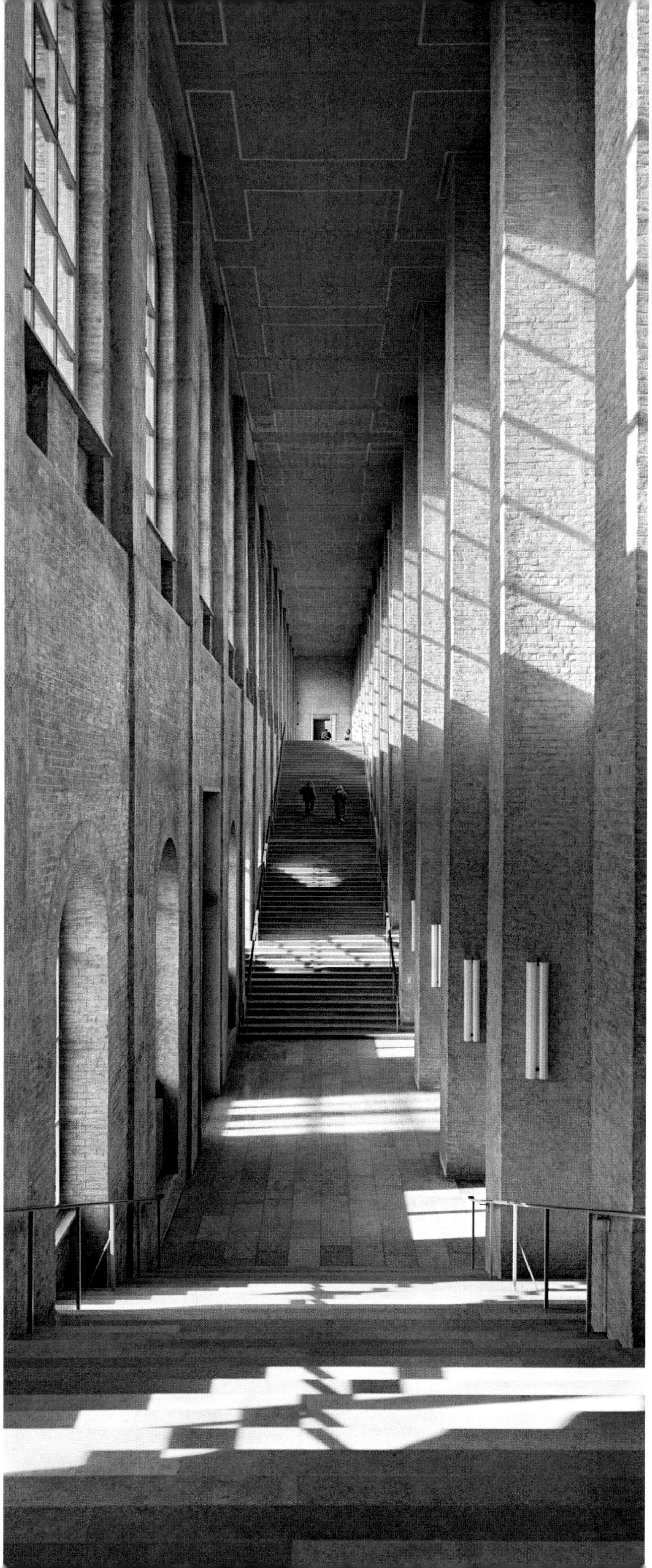

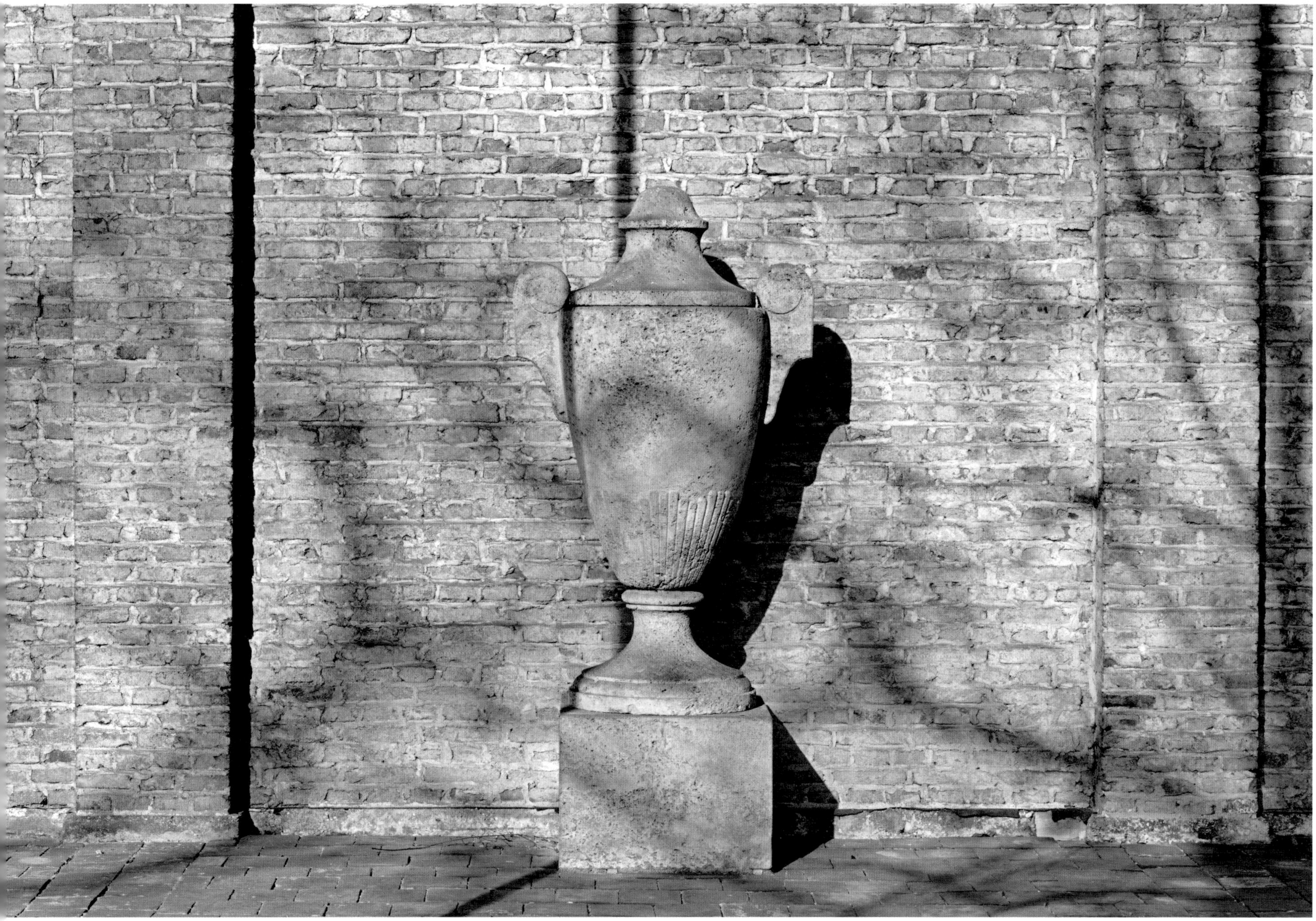

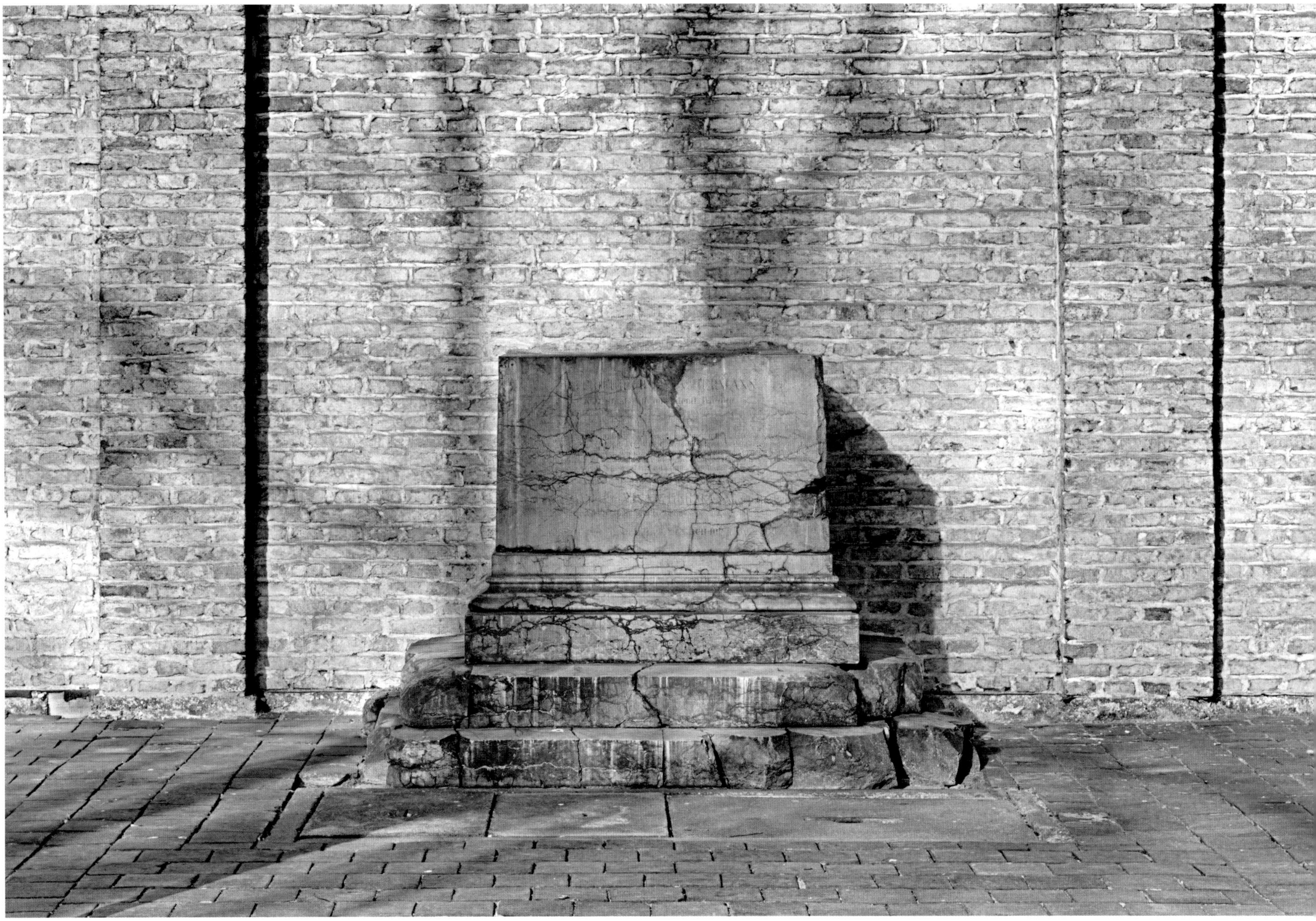

Hans Döllgast

Neugestaltung
Alter Südlicher Friedhof, München

New design of the Alter Südlicher
Friedhof, Munich

Photos 1987

Le Corbusier

Wallfahrtskapelle
Notre-Dame-du-Haut,
Ronchamp, Frankreich

Pilgrimage chapel
Notre-Dame-du-Haut,
Ronchamp, France

Photos 1987

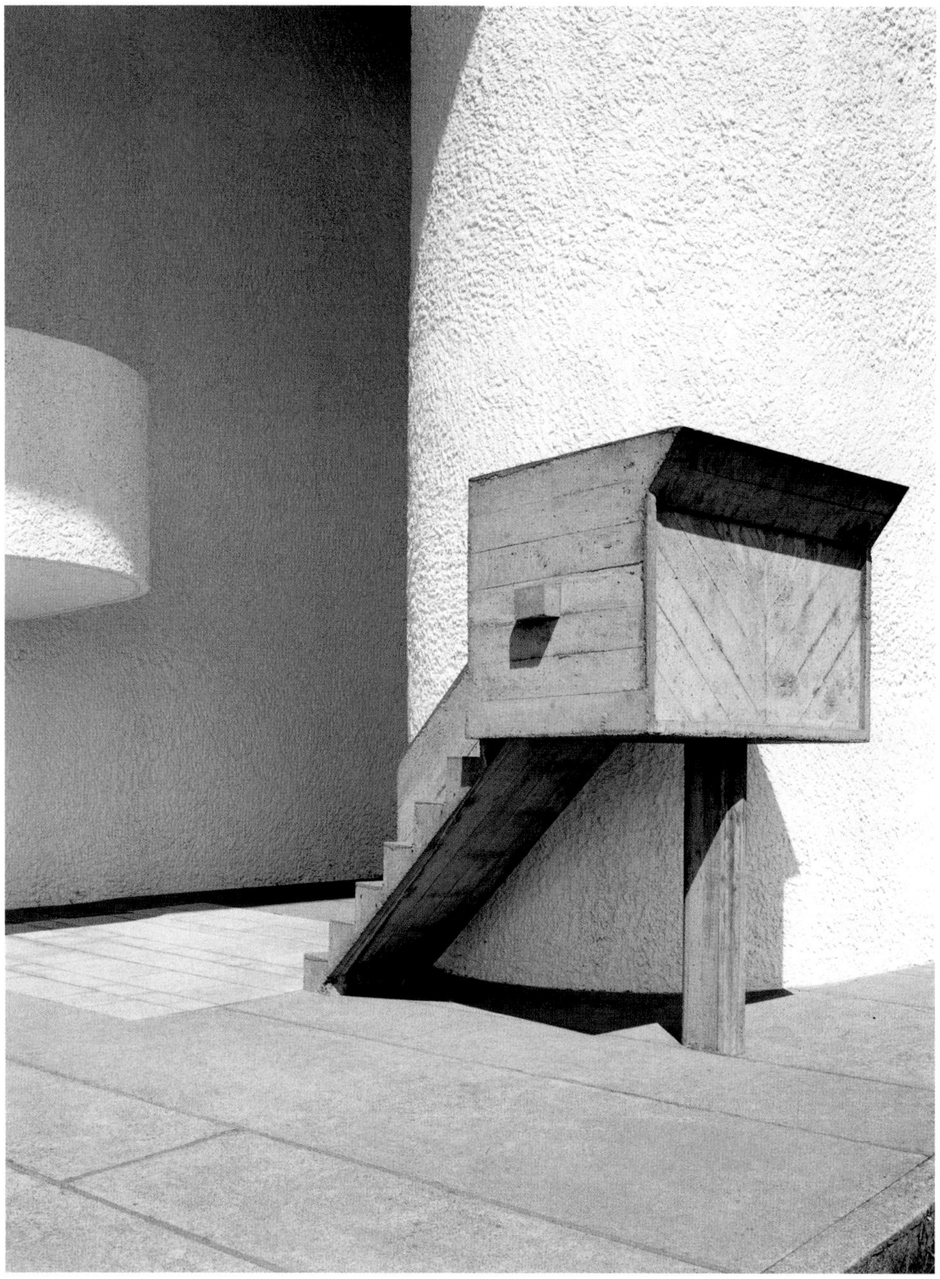

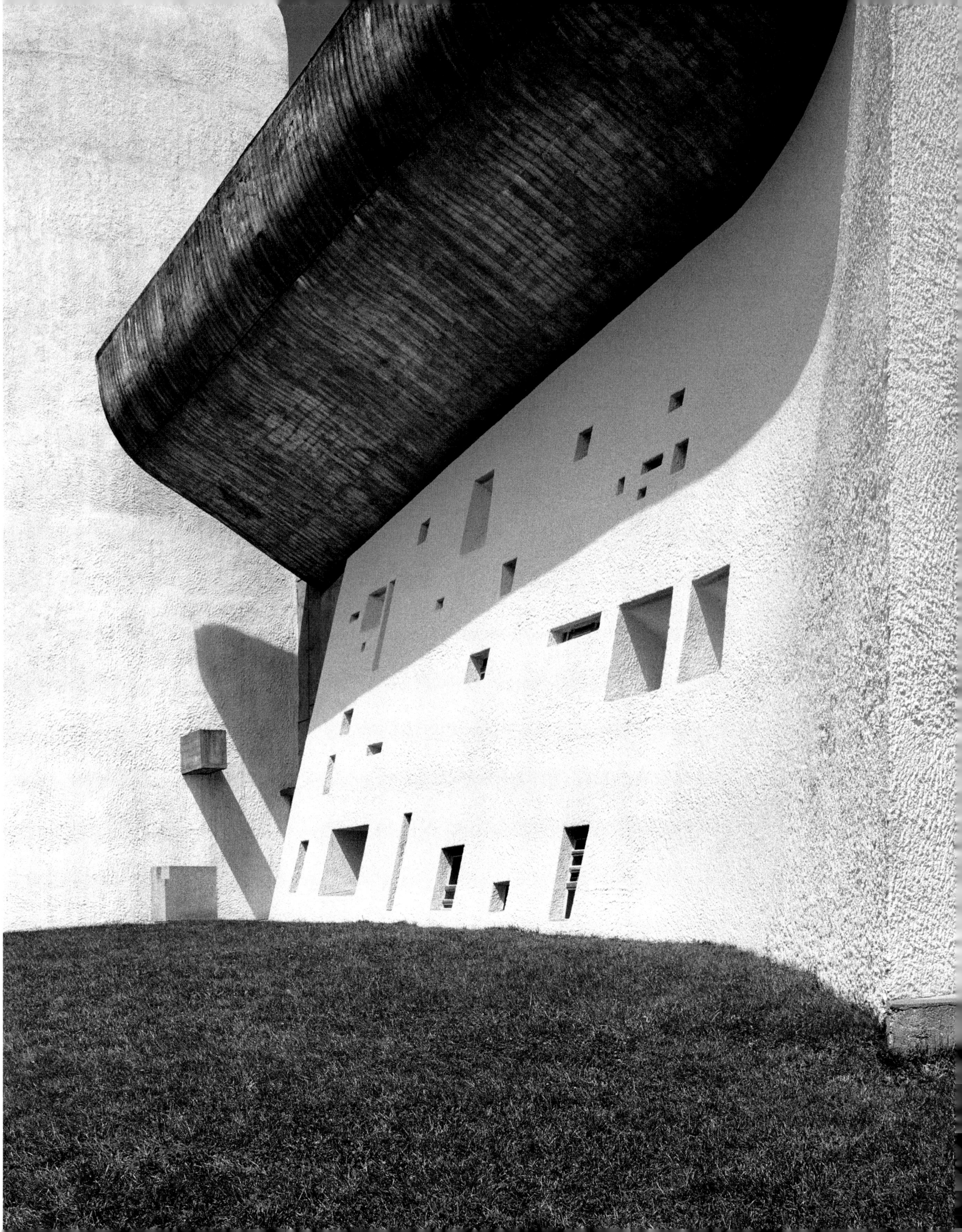

den gesamten Baukomplex von Olivetti in Niederrad (1968–72). Eiermann war nicht nur Auftraggeber mit sehr bestimmten Wünschen und Hinweisen, sondern ein intensiver Gesprächspartner, der Kinolds Arbeit bis ins Detail diskutierte. Kinold bekennt, von ihm mehr über Architekturphotographie gelernt zu haben als von irgendjemandem sonst. »Ich habe nie wieder einen Architekten erlebt, der Photos so lange und so intensiv anschauen und dann präzise analysieren und beurteilen konnte.«[15] Und seine Korrekturen sogar in die Photos hinein zeichnete.

Bevor er seine Handschrift als Architekturphotograph entwickelte, hat Kinold auch anders und anderes photographiert. Als Erinnerung an diese Werdezeit hängen in seinem Schwabinger Atelier Objektstudien in einer Art magischen Realismus oder sensible Porträts von Mitschülern und Kommilitonen. Doch was sich unter seinem Namen eingeprägt hat, sind die Photographien von Gebäuden. Ziel ist: Der Betrachter soll die Bauten verstehen lernen. Um sie verstehen zu können, muß der Photograph sie selbst verstanden haben. Er photographiere nicht, wie man telephoniert, unvorbereitet, unüberlegt, sagt Kinold, sondern nachdem er sich die Bauprinzipien der Architektur klargemacht, ihre Konstruktion nachvollzogen, das Zusammenspiel zwischen Konstruktion und Form erkannt habe. Dort ist der Gegenstand, und hier ist das Bild. Je deutlicher es seinen Gegenstand beschreibt, desto besser. Standpunkte und Blickachsen werden vorher festgelegt. Bildparallele Fronten, axiale Perspektiven, fluchtende Linien und Übereckpositionen, die mit den Formaten des Bildes abgeglichen sind, herrschen vor. Kinold ist überzeugt, daß es absolut richtige Einstellungen gibt, bei denen es »Klick« im Kopf des Photographen macht und nicht erst im Verschluß der Kamera. Die Bauten gewinnen darüber eine fast ideale Qualität, und die Bilder auch.

»Architekturphotographie ... dient nicht der Selbstfindung oder Selbstverwirklichung des Photographen ... Die Autonomie des Bildes gegenüber dem Gegenstand hat in der Architekturphotographie als Auftragsphotographie keinen Platz.«[16] So denkt man vor seinen Arbeiten, die in diesem Band nicht enthaltenen Panoramen ausgenommen, zu allererst nicht an die Machart oder gar an die Kunst, mit der er Bauten darstellt. Die Methode hat sich unterzuordnen, sie ist Dienst in der Beschreibung des Wirklichen. Je weniger man sie wahrnimmt, umso deutlicher wird der Gegenstand. Kinold nimmt die Bezeichnung seines wichtigsten Instruments, des Objektivs, wörtlich; er bleibt objektiv. Als ausgebildeter Architekt setzt er auf die sachlichen Qualitäten der Architektur, nicht auf die Reize der Umgebung, in der er sie vorfindet. Wer Eiermann aus der Nähe kennengelernt hat, weiß etwas über paßgenaue Arbeit, ob beim Bauen oder beim Photographieren.

Stil im Spiel

Auch bei Arbeitsmethoden, die so sehr auf Sachlichkeit und Objektivität zielen wie die Kinolds, ist Stil im Spiel. Schon die Isolation des Objekts und seiner einzelnen Aspekte durch den Photographen signalisiert eine Bedeutung, die nicht der des Gebäudes im Lebenszusammenhang entspricht. Walter Benjamin hat vom »beiläufigen Bemerken« (im Gegensatz zum »angespannten Aufmerken«) als der normalen Wahrnehmung von Architektur gesprochen.[17] Wer den photographischen Blick anwendet, »bemerkt« jedoch nicht beiläufig. Er sieht bewußt und selektiv. Er fixiert, und indem er fixiert, inszeniert er bereits. Die Geste des Zeigens macht aus dem Gezeigten etwas anderes, als es

15 Klaus Kinold, zit. nach: Ulrich Weisner (Hg.), *»Ich will Architektur zeigen, wie sie ist«. Klaus Kinold, Fotograf,* Ausstellungskatalog, Kunsthalle Bielefeld, Düsseldorf 1993, S. 36.

16 Ebd., S. 13.

17 Walter Benjamin, *Das Kunstwerk im Zeitalter seiner technischen Reproduzierbarkeit,* Frankfurt am Main 1963 (Edition Suhrkamp, 28), S. 47.

Le Corbusier

Kloster La Tourette,
Eveux-sur-l'Arbresle, Frankreich

La Tourette monastery,
Eveux-sur-l'Arbresle, France

Photo 1987

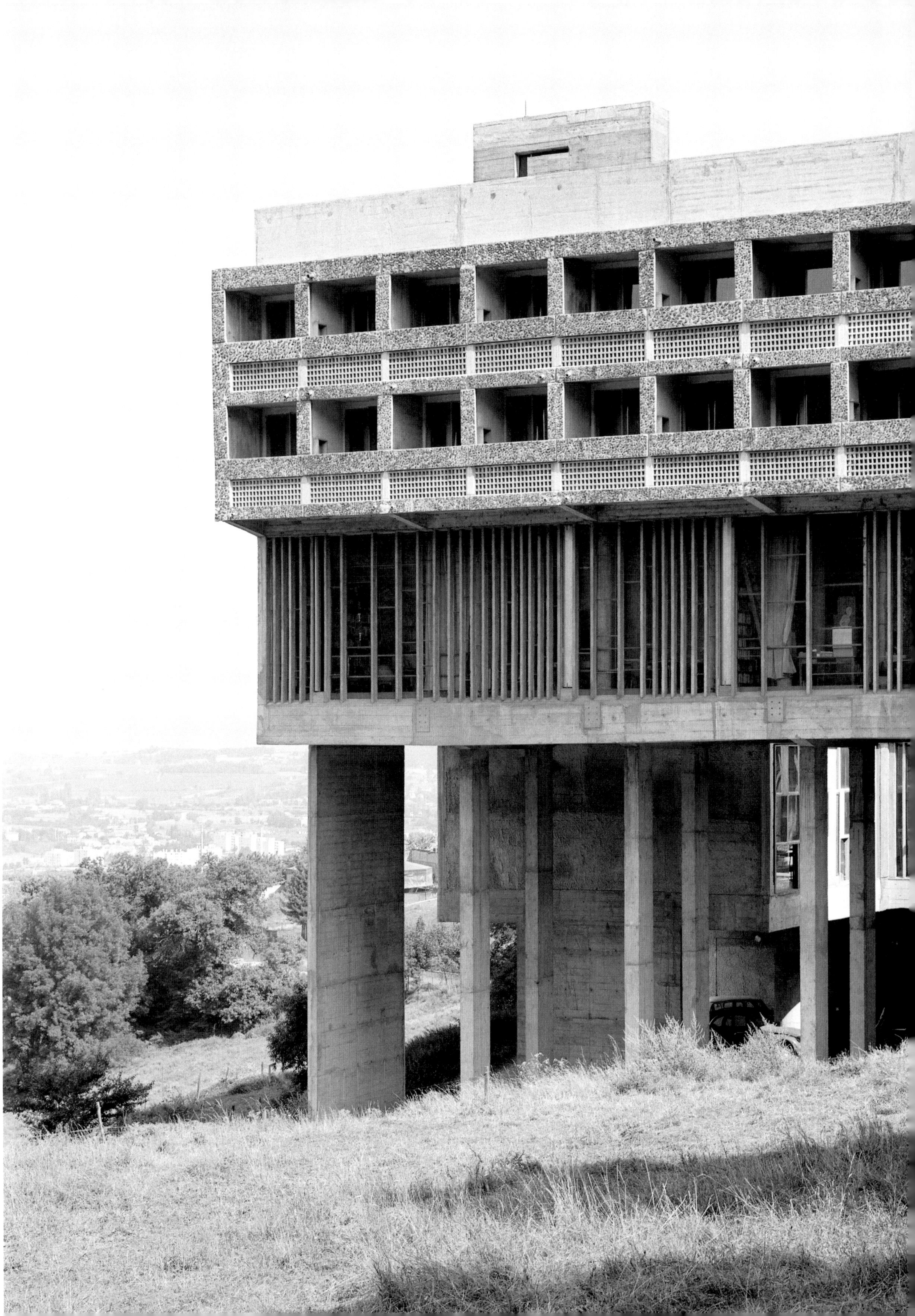

Le Corbusier

Kloster La Tourette,
Eveux-sur-l'Arbresle, Frankreich

La Tourette monastery,
Eveux-sur-l'Arbresle, France

Photos 1987

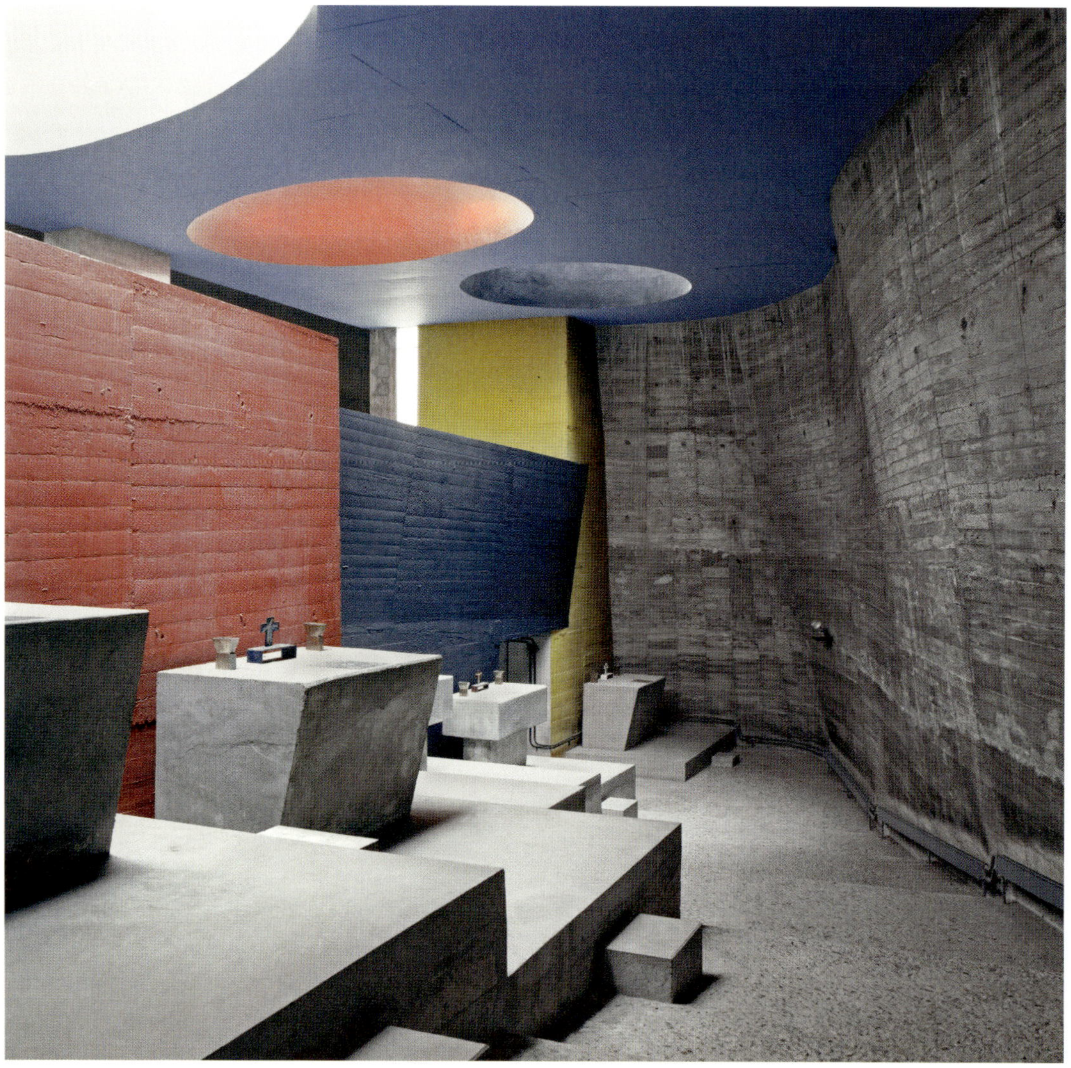

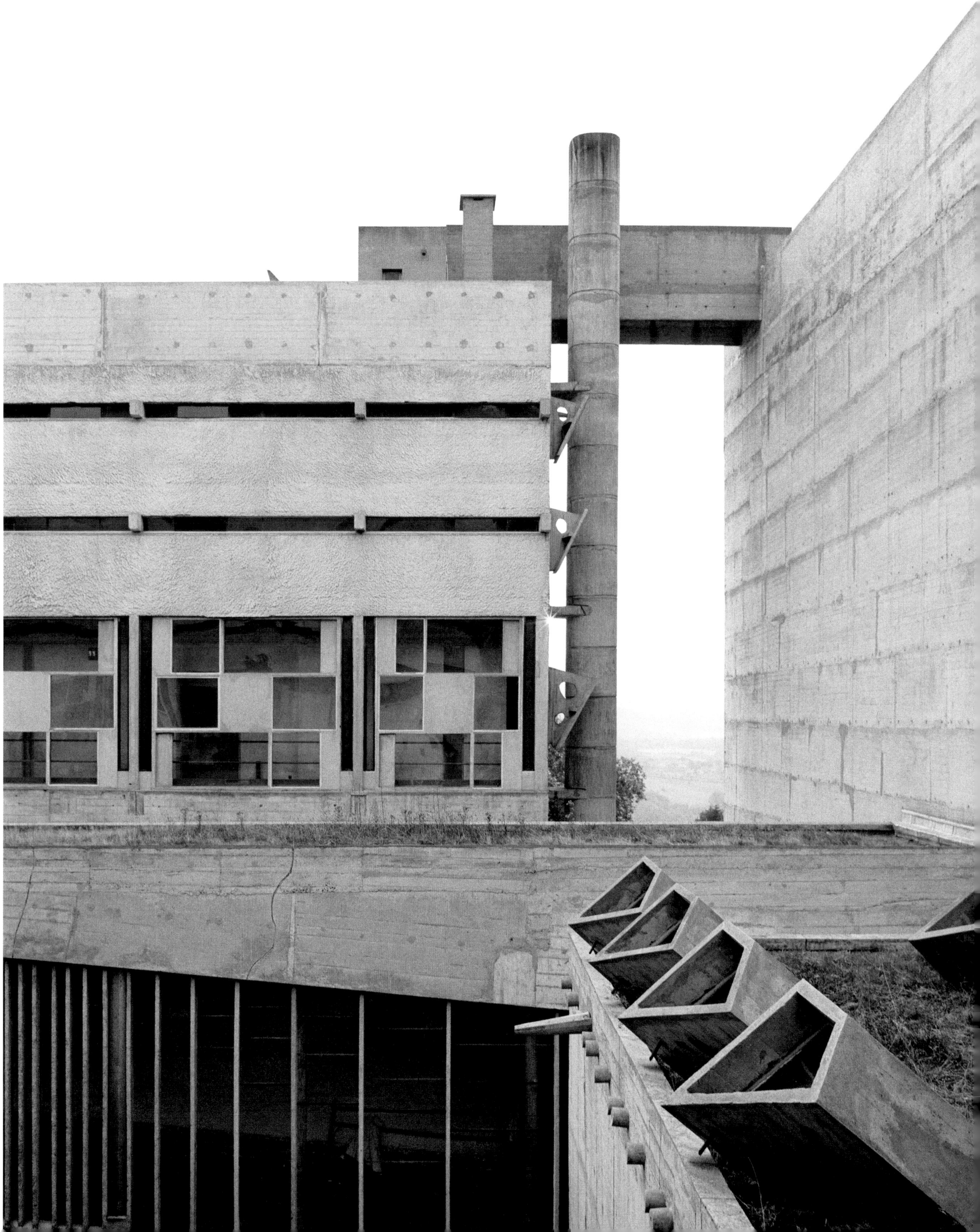

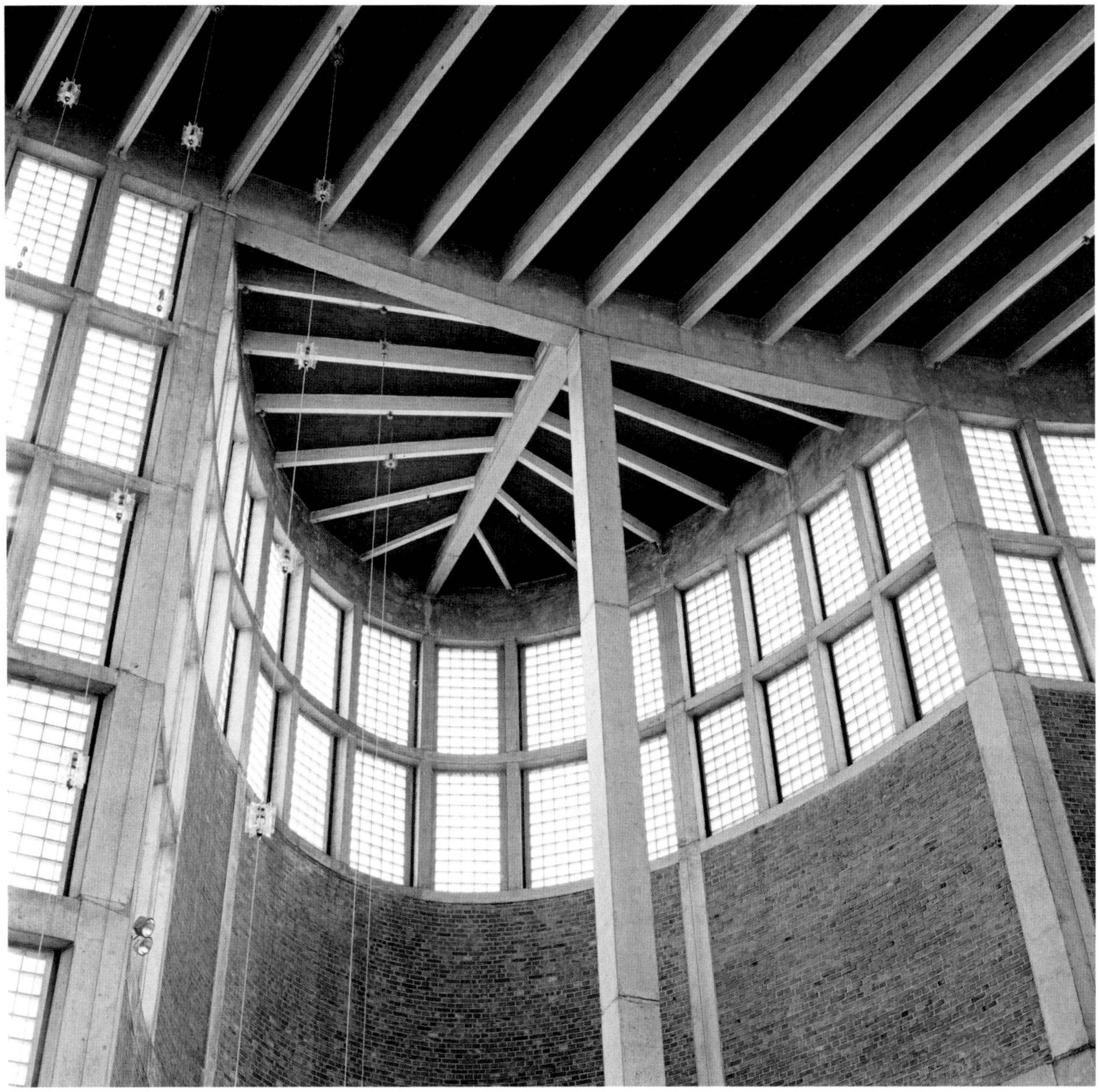

Rudolf Schwarz

Kirche St. Theresia,
Linz, Österreich

Church of St Theresia,
Linz, Austria

Photos 1996

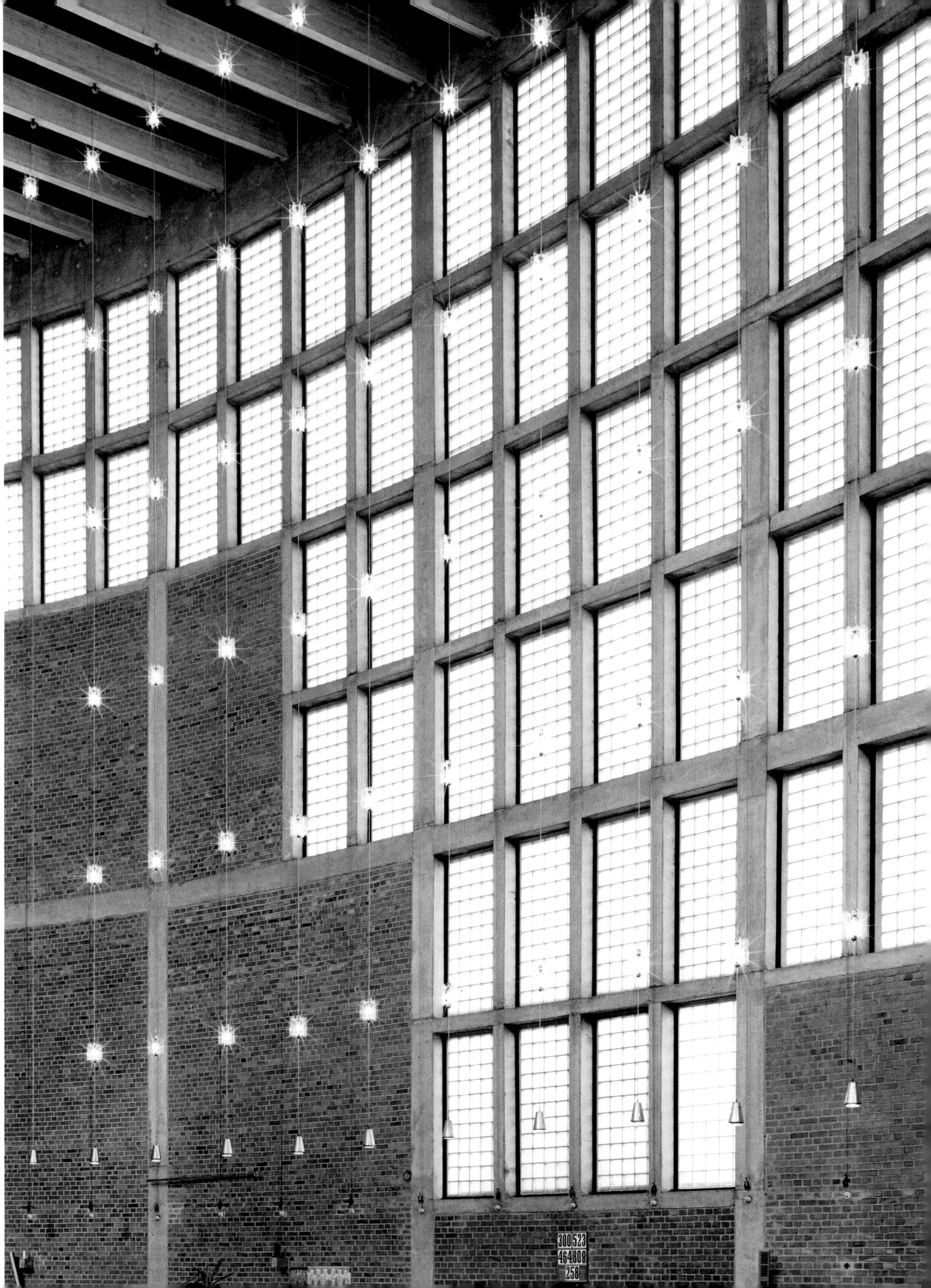
300 523
464 808
258

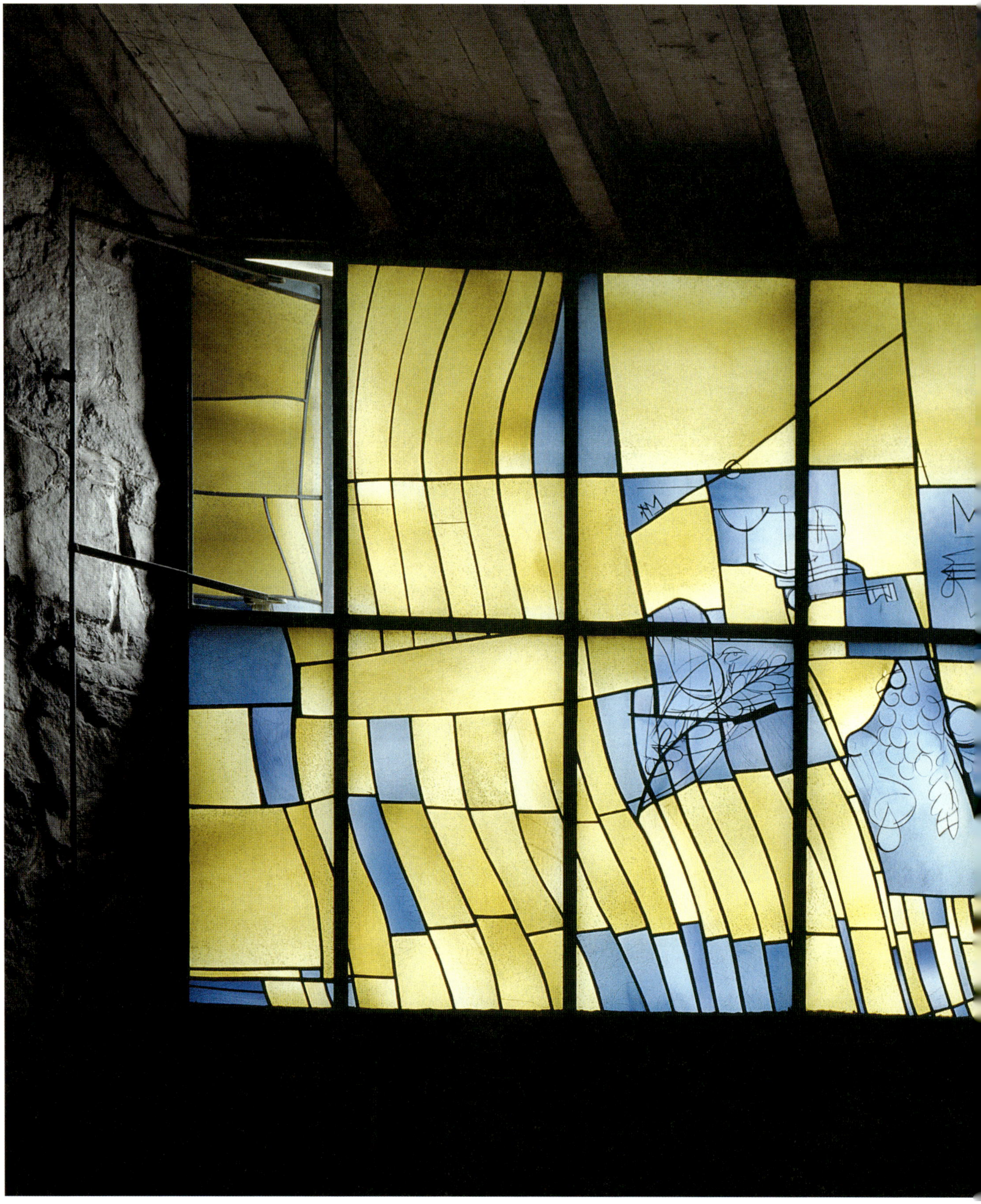

Rudolf Schwarz

Kirche St. Theresia,
Linz, Österreich

Church of St Theresia,
Linz, Austria

Glasmalerei | glass painting
Georg Meistermann

Photo 1996

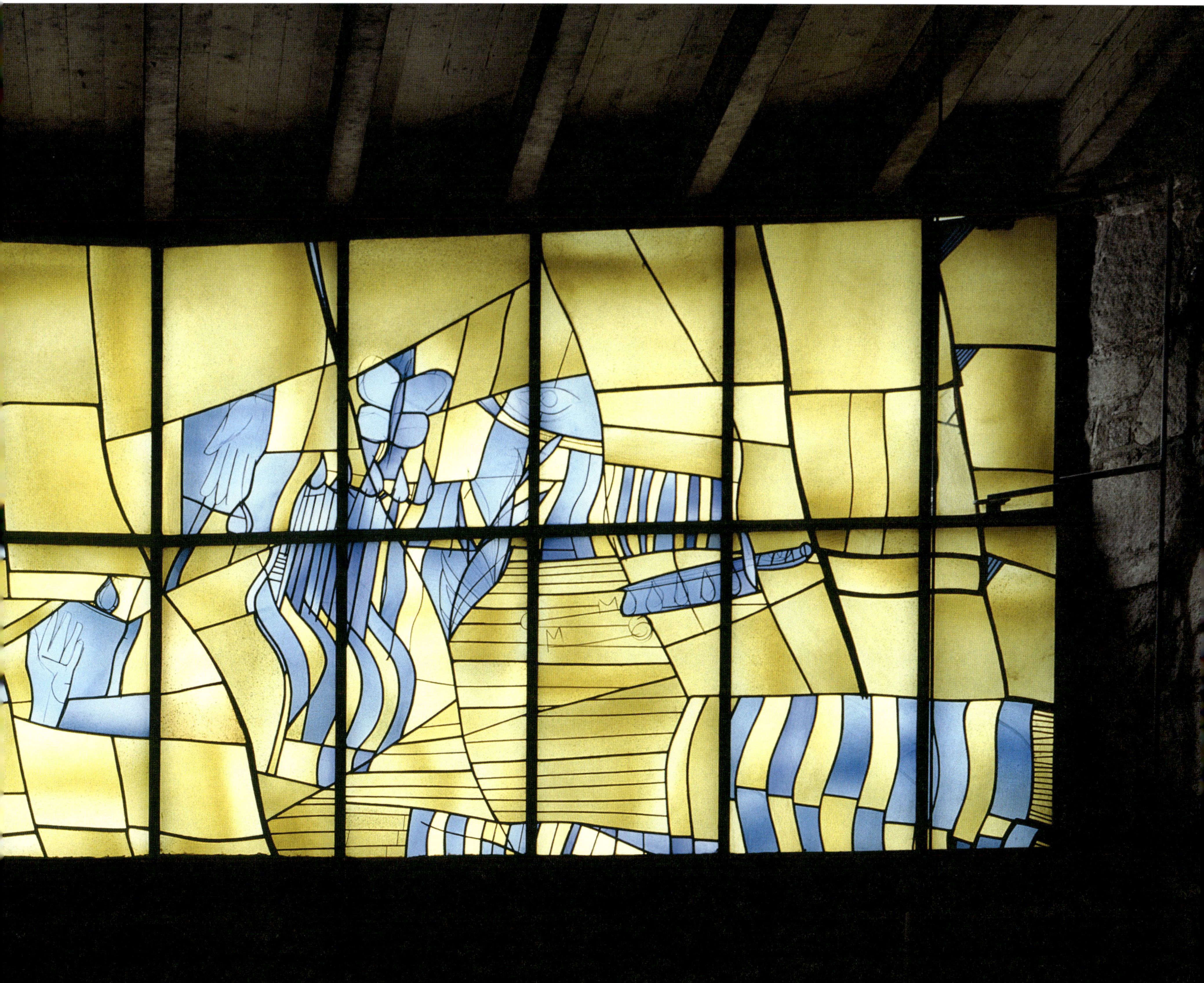

war, bevor einer darauf zeigte. Die Dinge verlieren ihre Naivität; sie werden vor der Kamera sozusagen befangen. Es ist die Aufgabe des Photographen, sie zu einem selbstverständlich wirkenden Auftritt zu führen und ihnen ihre Unbefangenheit wiederzugeben.

Die diskrete Inszenierung des Objekts setzt sich fort mit den Entscheidungen über Ausschnitt, Zeitpunkt und Standort, über Tiefenschärfe und Belichtung, über Filter, Blitz- und Reflexlicht oder Beschränkung auf Naturlicht, bis zu Entwicklung, Vergrößerung, Kontraststärke und Papierwahl bei der Bearbeitung im Labor. Architekturphotographen verzichten oft auf das Vergängliche und Transitorische des Lebens; auf Menschen und die zufälligen Geschichten, die ihre Gesichter und ihre Körperhaltung erzählen; auf die alltäglichen Dinge und die Assoziationen, die sich mit ihnen verbinden. Architektur ist auf Permanenz angelegt. Es liegt nahe, die zufälligen Dinge, die sich um sie angesammelt haben, wie auch ihre Entstellungen zu ignorieren. Was nicht zu einer Sache gehört, wird weggelassen.

Kinold hat daraus keine Doktrin gemacht. Eine rigorose Disziplinierung des Sujets würde er sich untersagen. Das einzelne hat Recht, und der einzelne auch – der Passant, der Flaneur, der Beobachter mit seinen jeweils eigenen Wahrnehmungen. Kinolds Kamera respektiert ihn, indem sie zumeist aus Augenhöhe aufnimmt: Der Photograph blickt wie der normale Betrachter, das Stativ hat dessen Höhe. Manchmal, allerdings selten, findet sich ein abgestelltes Fahrrad, ein nicht aufgeräumter Schutthaufen, ein Arbeitsgerät, eine Gruppe von Stühlen, wie in Konversation begriffen, die merkwürdigen Hervorbringungen des menschlichen Kunstsinns in Museen oder im Freigelände. Meist hätte sie der Photograph beiseite räumen oder einen anderen Ausschnitt wählen können; nun berichten die Spuren der Eigentümer oder Benutzer von der verborgenen Gegenwart der Menschen. Manchmal stellt sich dabei auch ein humoristischer Effekt ein – so wenn im Hof von Aaltos Sommerhaus unordentliche Zaunlatten und eine gekippte Blechtonne verraten, daß auch bei großen Baumeistern, den vermeintlichen Genies planender Organisation, nicht immer alles ordentlich zugeht.

Kinold photographiert, mit Ausnahmen, schwarzweiß. Wo er inzwischen doch mit Farbe umgeht, tut er es mit geradezu franziskanischer Bescheidung. In der Serie über Carlo Scarpas Grabstätte der Familie Brion bei Asolo wirken die Farbflächen zwischen Betongrau so zurückhaltend, als habe der Künstler sie nachträglich und nur partienweise handkoloriert. Die Wände gewinnen dabei eine Subtilität und Tiefe wie die Lehmmauer eines Zen-Gartens. Verführerische Abenddämmerungen, in denen die Interieurs im Kunstlicht wie Aladins Wunderlampe zu erglühen beginnen und sich orangefarbiges oder nilgrünes Farblicht auf weiße Wände und Pfeiler legt, gibt es bei Kinold nicht.

Man fragt sich – und Kinold fragt es sich selber –, ob nicht sein Umgang mit unprätentiösen Baumaterialien, mit Sichtbeton, Betonstein, Kalksandstein, denen Kinolds Zeitschriften gewidmet waren, die Neigung zum Purismus begründet, zumindest verstärkt hat. Oder war es umgekehrt? Hat ihn die Vorliebe für die feinen Differenzen und subtilen Oberflächen, die das lichte Grau bietet, zu den entsprechenden Materialien geführt, die auch noch den Vorzug hatten, billig zu sein? Es waren Baustoffe, die sich mit anderen ähnlich »armen« Baustoffen vertrugen, gut zu Naturholz paßten, bei den Kunststeinen das Fugennetz, beim Gußbeton die Poren und Einschlüsse wahrheitsgemäß vorwiesen.

Alvar Aalto

Kirche der drei Kreuze,
Imatra, Finnland

Church of the Three Crosses,
Imatra, Finland

Photo 2005

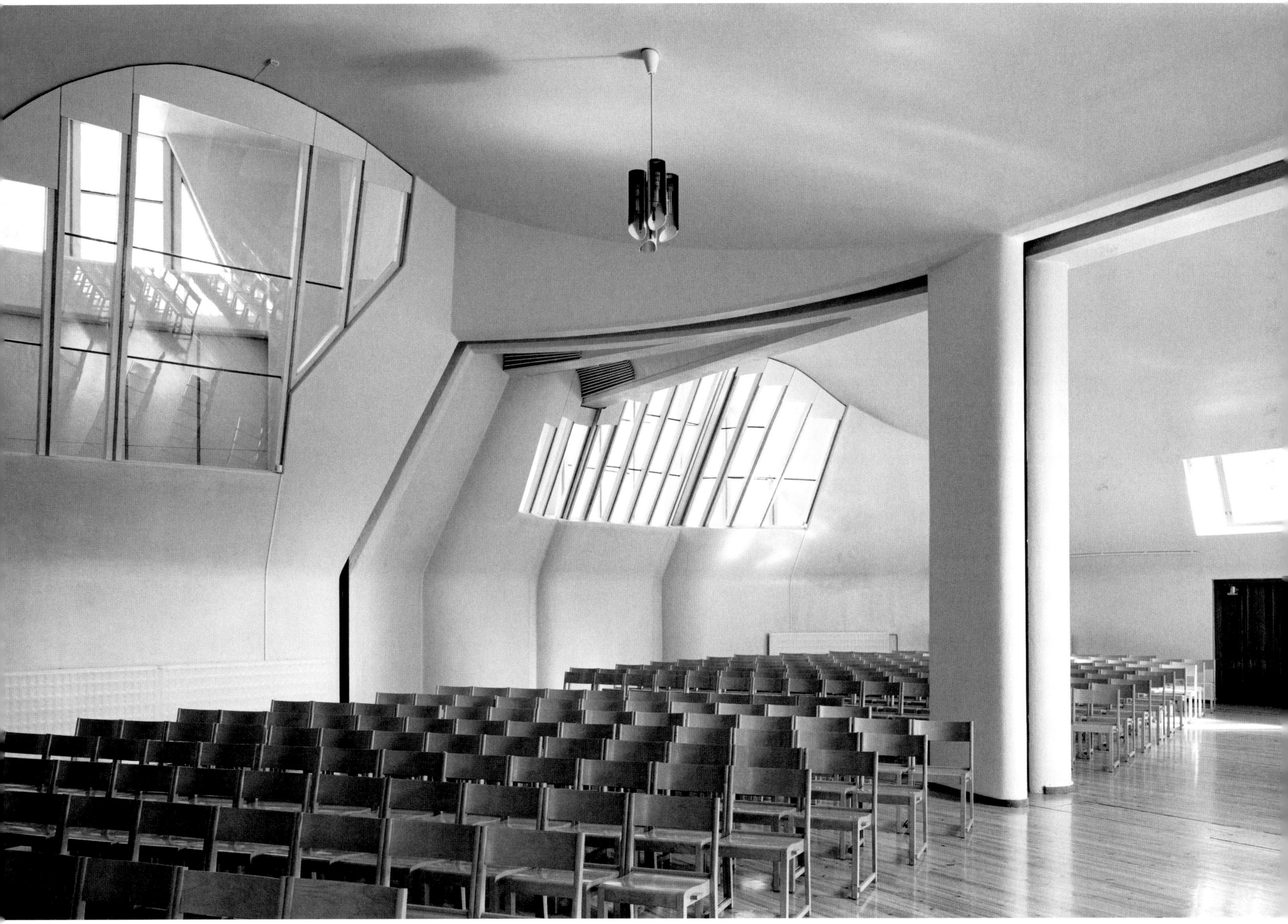

Ein Zeitgenosse großer Architekten

Kinold ist ein Photograph, mit dem es selbstbewußte, und das sind im Idealfall auch: selbstkritische, Architekten gern zu tun hatten. Er zeigt ihre Ergebnisse ungeschönt, und die beste Architektur hält das aus. Kinold photographiert nicht alles, was ihm angetragen wird. Er erlaubt sich, zu wählen, was seinem Qualitätsgefühl entspricht. Es galt als eine Auszeichnung, von Kinold photographiert zu werden. Er hat Höhepunkte des Avantgarde-Bauens festgehalten, unter vielen anderen Walter Gropius' Klassiker in Dessau, Le Corbusiers gleichsam schwebende Villa Savoye in Poissy, Mies van der Rohes (rekonstruierten) Pavillon in Barcelona, die Manifeste der russischen Revolutionsarchitektur, die in ihrem Heimatland so wenig geschätzt werden, Rudolf Schwarz' asketisches Meisterwerk St. Fronleichnam in Aachen.

Von den Nachkriegsbauten hat ihn die sensible Ruinenpflege Hans Döllgasts in München beeindruckt. Louis Kahns Hohes Lied auf den Beton, das der Architekt beim Salk Institute in La Jolla, Kalifornien, angestimmt hat, intonierte er geradezu feierlich. Mit Karljosef Schattner, dem Diözesanbaumeister von Eichstätt, verband ihn eine lange Freundschaft. Schattners Auseinandersetzung mit dem gotisch-barocken Architekturerbe des kleinen bayerischen Universitätsstädtchens sieht man heute mit den Augen Kinolds. Es ist eine Auswahl zeitgenössischer Architektur, der man gemeinsame Charakterzüge anzumerken meint: ein ökonomischer und zugleich poetischer Umgang mit dem Material, das beherrschte Detail, so daß man ohne Enttäuschungen auch in abgelegene Winkel oder unter Treppenläufe blicken darf; das ausbalancierte Verhältnis von Wand zu Öffnung; die Poesie des Präzisen, en gros und en détail.

In der Wahl seiner photographischen Engagements war Kinold nicht doktrinär. Den Patres der Vormoderne wie Gottfried Semper oder Theodor Fischer hat er überraschende Einsichten abgewonnen. Das Schaffen des Finnen Alvar Aalto galt in den 1950er bis 1970er Jahren als die humane, naturnahe Spielart zur doktrinär gewordenen Moderne. Kinold bewunderte es (Eiermann übrigens auch), vielleicht gerade weil Aalto eine Gegenposition zur disziplinierten Strenge der Karlsruher Schule einnahm. Als Kinold sich mit Herman Hertzbergers Strukturalismus beschäftigte, diesem groß angelegten Versuch, die Ordnung der Struktur mit der Freiheit des Individuellen zu verbinden, wirkte Hertzbergers Menschenfreundlichkeit auch auf Kinolds Photographien ein. Nirgendwo sonst hat der Photograph Kindern und Passanten so viel freien Lauf gelassen wie in seinen Hertzberger-Bildern. Von den Postmodernen ist James Stirling in Kinolds Olymp zugelassen. Dessen Produktionsstätten für die Braun AG sah Kinold wie große erratische Körper, die sich auf der weiten Wiese im nordhessischen Melsungen ein surreales Stelldichein geben und mit Würde auftreten. Sogar die Crash-Architektur eines Frank Gehry wirkt bei Kinold geordneter, weniger wild und willkürlich als bei anderen Photographen.

Die selbst auferlegte Pflicht zu größtmöglicher Objektivität bedeutet nicht, daß Kinolds Arbeit sich in der Wiedergabe des Vorhandenen erschöpfte. Der Photograph geht in seinem Bild auf. Aber er verliert sich nicht in ihm, er kommt aus dem Bild wieder zurück. Will sagen: ein Kinold-Photo in seiner unbeirrbaren Sachlichkeit und seinem festen Bildbau ist mehr als die Ablichtung dessen, was jedermann sehen könnte, wenn er zu sehen bereit wäre. Die Bilder zeichnet eine Art von Luzidität aus,

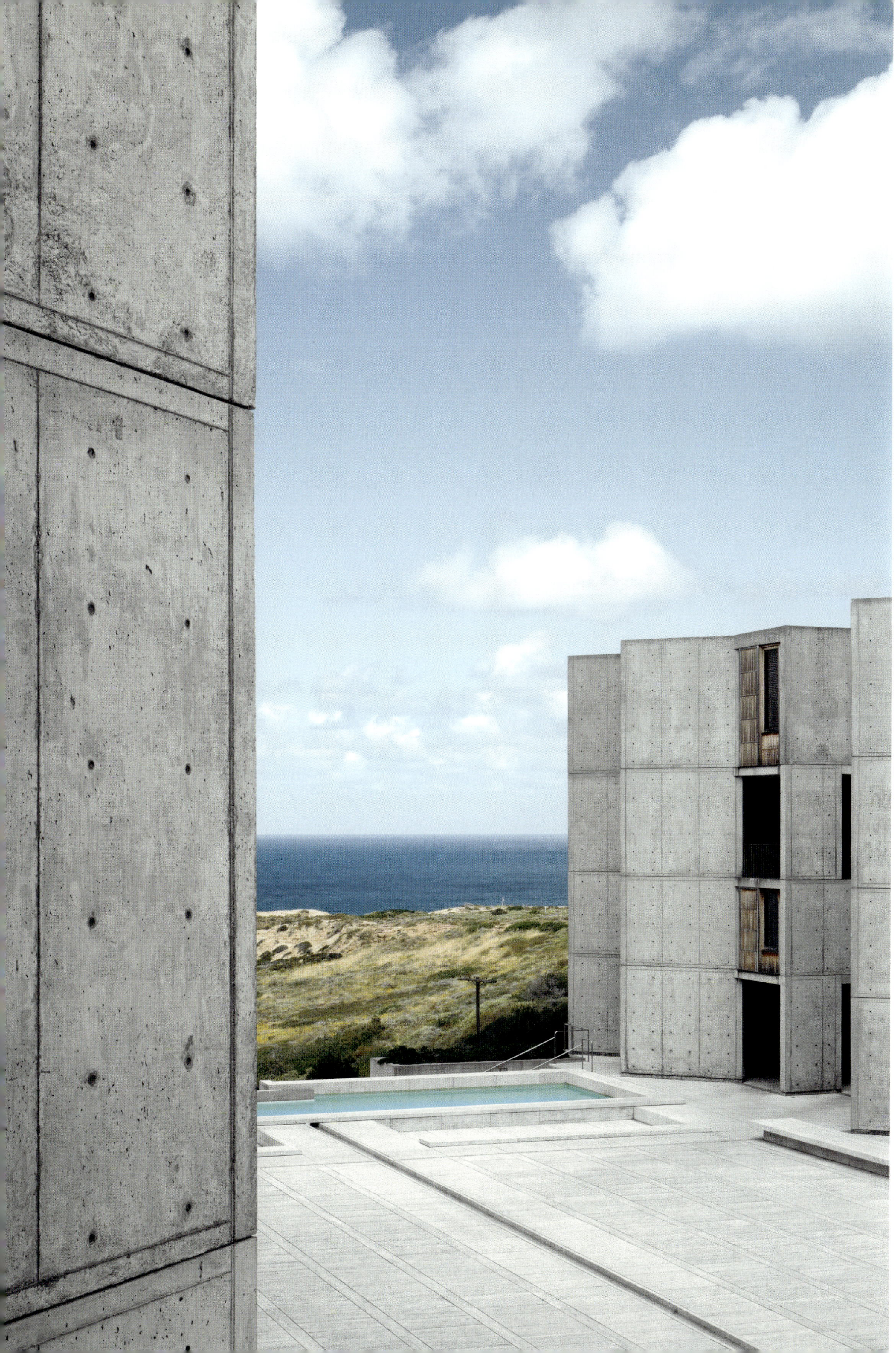

Louis I. Kahn

Salk Institute, La Jolla,
Kalifornien | California

Photo 1998

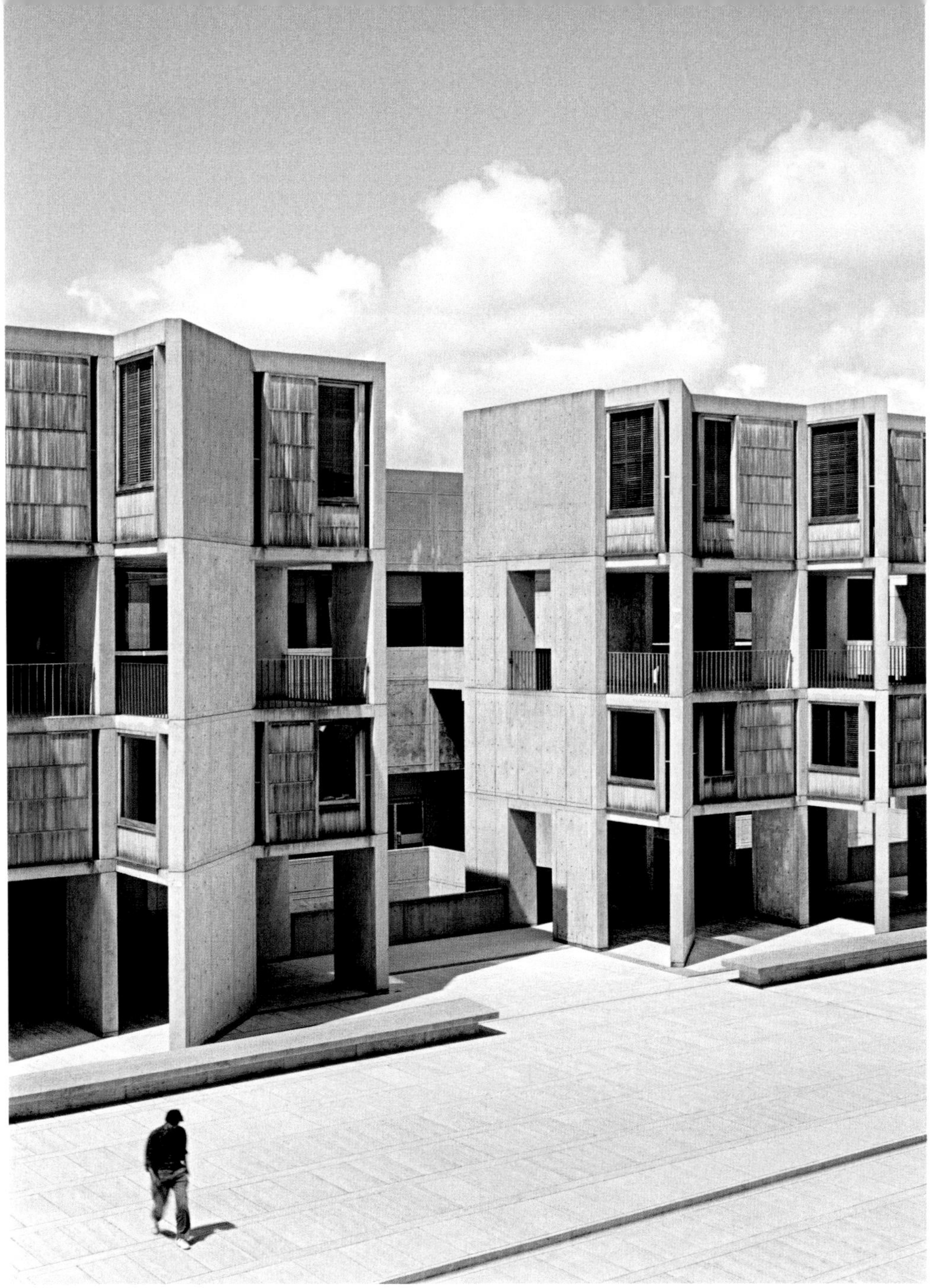

Louis I. Kahn

Salk Institute, La Jolla,
Kalifornien | California

Photos 1998

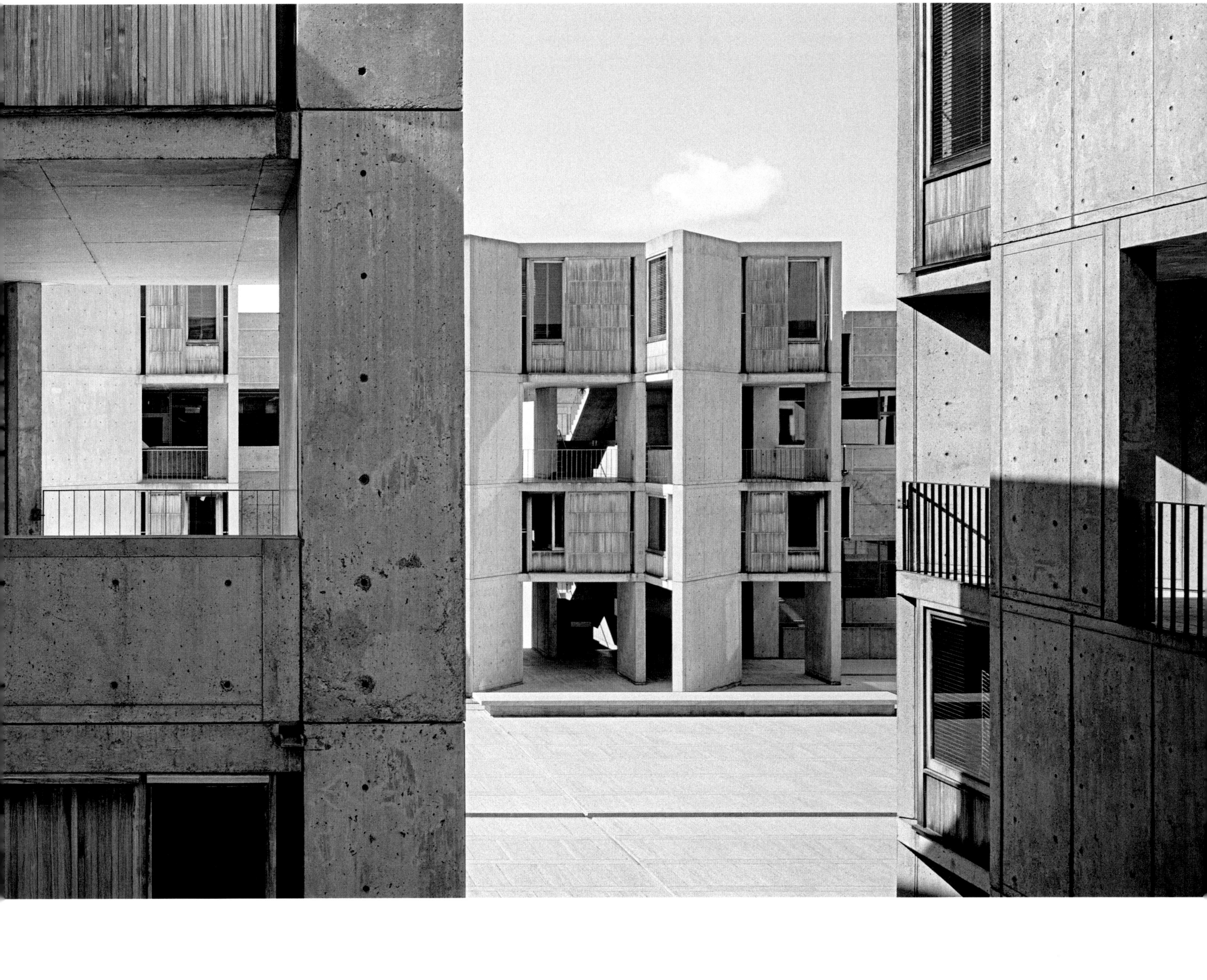

Louis I. Kahn

Salk Institute, La Jolla,
Kalifornien | California

Photo 1998

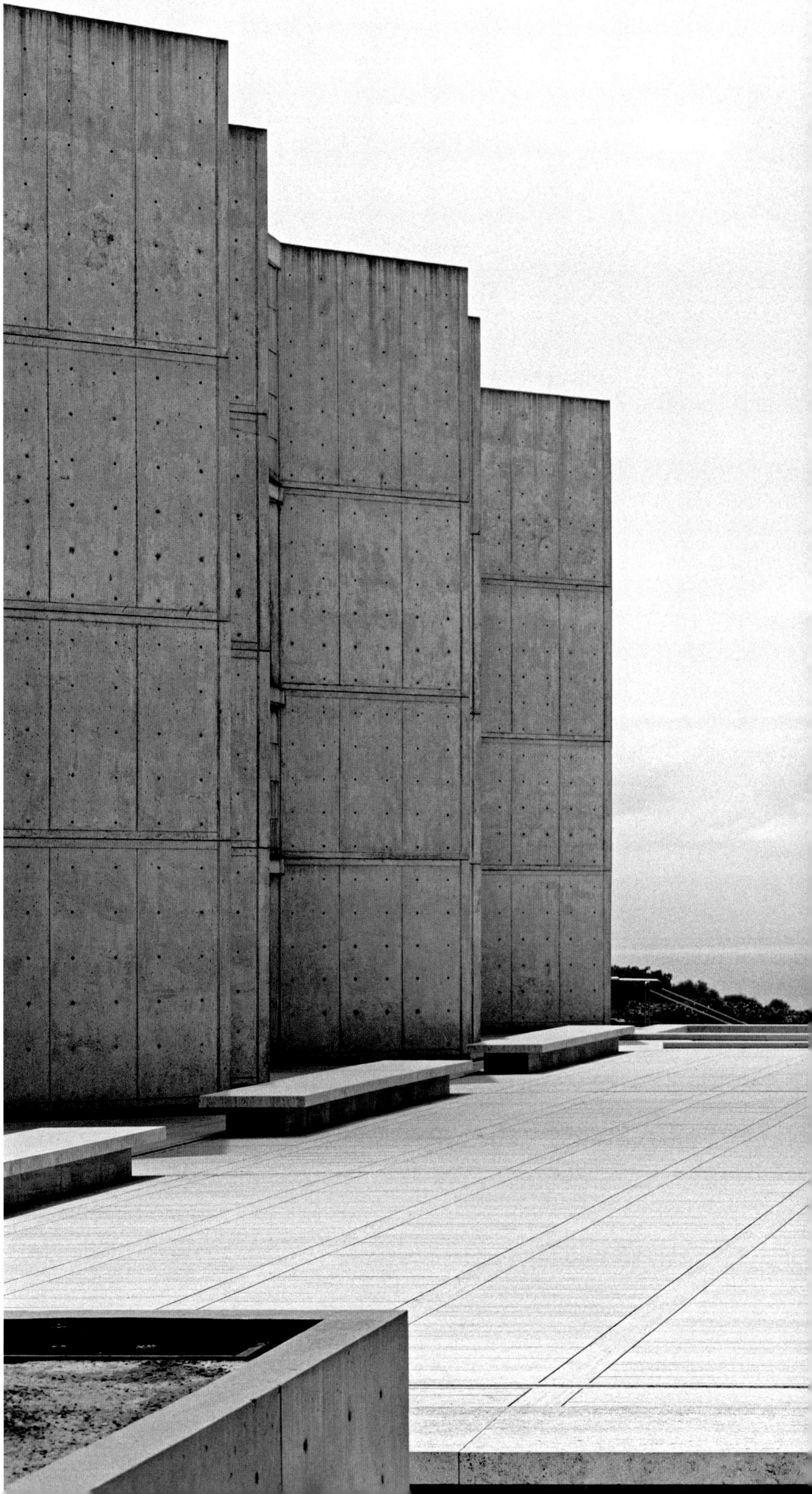

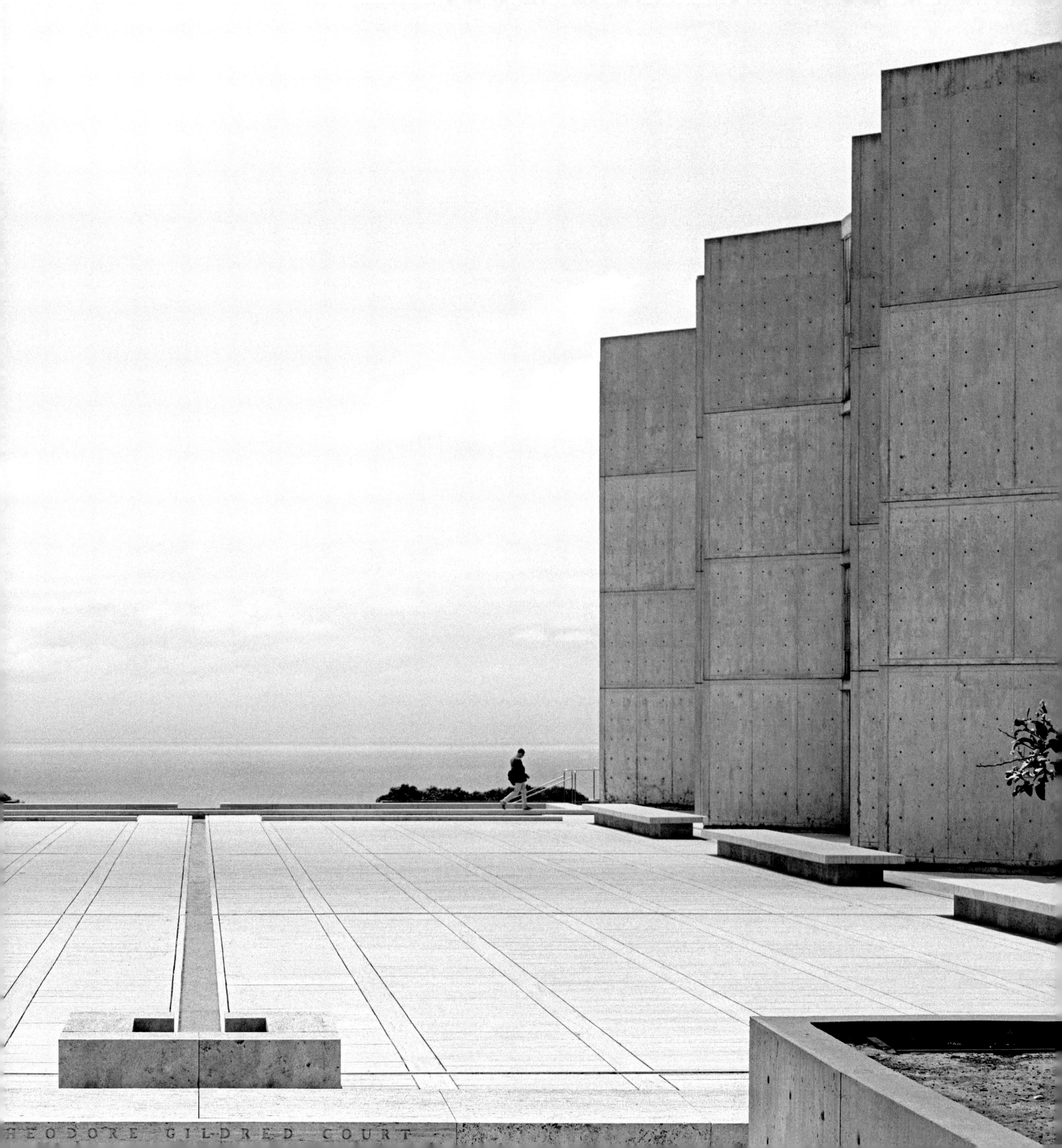
HEODORE GILDRED COURT

eine gleichmäßig ausgeteilte Helligkeit, die der Sache dient. Sie erzeugt eine eigene, lichte – darf man sagen: Stimmung? – sagen wir: Gestimmtheit. Zusätzliche Beleuchtungsregie, Scheinwerfer, reflektierende Spiegel oder Blitzlicht, benötigt er in der Regel nicht. Wenn doch, wird indirektes Licht zum Aufhellen benutzt oder bei schlechten Lichtverhältnissen diffuses Zusatzlicht zugeschaltet. Aber Vorrang hat das natürliche Licht. In dessen Helligkeitsgraden und Tonwerten gewinnen die Objekte, fern jeder dramatischen Polarisierung, die Gelassenheit, mit der sie dem Betrachter ihre Botschaft mitteilen. Sie nehmen eine stille Größe an, von der man glauben möchte, es sei ihre eigene und nicht eine von außen verliehene.

Seit dem Ende der 1960er Jahre gibt es auch in Deutschland eine Szene, in der Photographie als Kunst gehandelt wird. In einer der Galerien, die für dieses Medium eine Schrittmacher-Rolle gespielt haben, in der Aachen-Kölner Galerie Rudolf Kicken (später Berlin), hatte Kinold 1983 seine erste Einzelausstellung. Viele weitere Galerien, auch bedeutende Museen, folgten, wie 1993 die Kunsthalle Bielefeld und 2009 das Architekturmuseum in der Münchner Pinakothek der Moderne. Daß Kinold seine Arbeiten in erster Linie als sachliche Dokumentationen versteht, war dabei kein Hindernis. Das Düsseldorfer Ehepaar Bernd und Hilla Becher war einen ähnlichen Weg gegangen. Was bei ihnen als Industriedokumentation begann, führte sie von der denkmalpflegerischen Inventarisierung auf die Höhen der Bildenden Kunst, zu documenta und Biennale.

Nach einem langen Berufsleben gestattet sich Kinold nun, aus seinem großen Archiv eine Auswahl der Aufnahmen zu treffen, die er selber besonders liebt. Entscheidend war für ihn die photographische Qualität. Eine Architekturgeschichte des 20. Jahrhunderts ist daraus nicht entstanden und sollte auch nicht entstehen. Viele Aufnahmen sind durch den Zufall der Auftragslage entstanden oder bei universitären Exkursionen, an denen er als fachkundiger Chronist teilnahm, und nicht, weil sie den Lauf der Geschichte lückenlos illustrieren sollten. Gleichwohl lernt man eine Fülle großartiger Bauten der vergangenen hundert Jahre in bildnerischen Interpretationen kennen, die sie von ihren klassischen wie auch ihren ungewohnten Seiten zeigen. In den von Kinold so geschätzten 1920er Jahren gab es eine Buchreihe, die sich *Schaubücher* nannte. Ihr Verlag[18] warb damit, die *Schaubücher* zeigten »unsere Welt durch das Auge, also rascher, genauer und umfassender«. Kinolds Bilanz *Treue zum Gegenstand* ist ein solches Schaubuch, freilich in anspruchsvoller Technik, in großem Format und auch nicht, wie die Vorgänger, »äußerst billig«.[19]

Bei allen Architekturphotos, die Kinold gemacht hat, stand die Architektur im Vordergrund und nicht der Photograph. Für jede einzelne Photographie gilt das nach wie vor. Aber in diesem Band als ganzem, einer Bestandsaufnahme seiner Künstlertätigkeit, darf es für dieses eine Mal auch umgekehrt sein.

18 Orell Füssli in Zürich und Leipzig.

19 Werbeprospekt *SB Schaubücher*, reproduziert in: Werner Oechslin, »Gestaltung der Darstellung«, »optische Wahrheit« und »Der Wille zum Bild«, in: Werner Oechslin, Gregor Harbusch (Hg.), *Sigfried Giedion und die Photographie. Bildinszenierungen der Moderne*, Zürich 2010, S. 55.

Der Autor
Wolfgang Pehnt, der Germanistik, Kunstgeschichte und Philosophie in Marburg, München und Frankfurt am Main studierte, hat grundlegende Arbeiten zur deutschen Baugeschichte verfaßt, darunter *Die Architektur des Expressionismus* und *Deutsche Architektur seit 1900* sowie Architektenmonographien über Gottfried Böhm, Hans Poelzig, Rudolf Schwarz und Karljosef Schattner. Von 1995 bis 2009 lehrte er Architekturgeschichte an der Ruhr-Universität Bochum. Er ist Mitglied von Kunst- und Wissenschaftsakademien in Berlin, Düsseldorf und München und erhielt zahlreiche Auszeichnungen.

Alvar Aalto

Technische Hochschule Otaniemi,
Hörsaalgebäude,
Espoo, Finnland

Institute of Technology Otaniemi,
Auditorium,
Espoo, Finland

Photo 1989

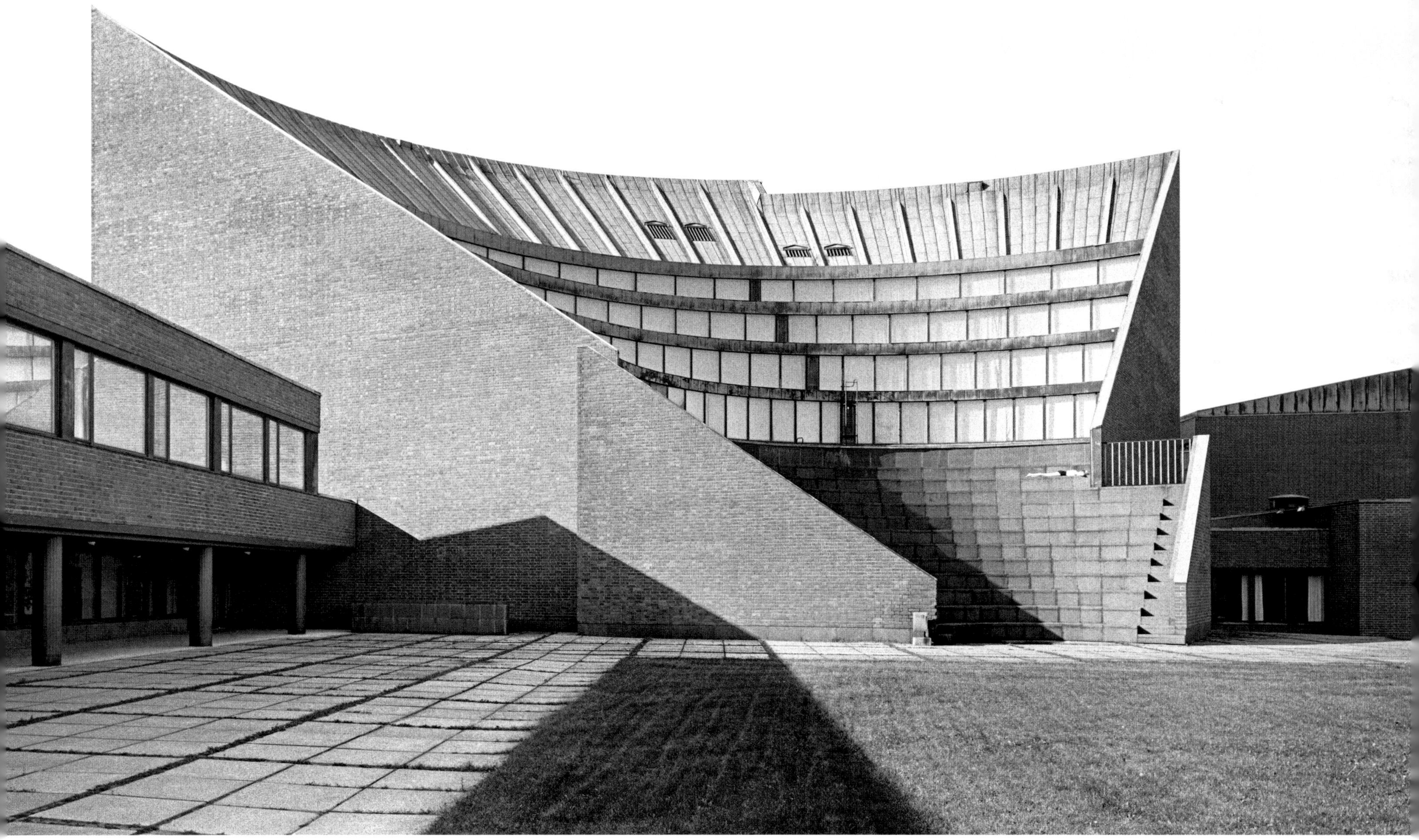

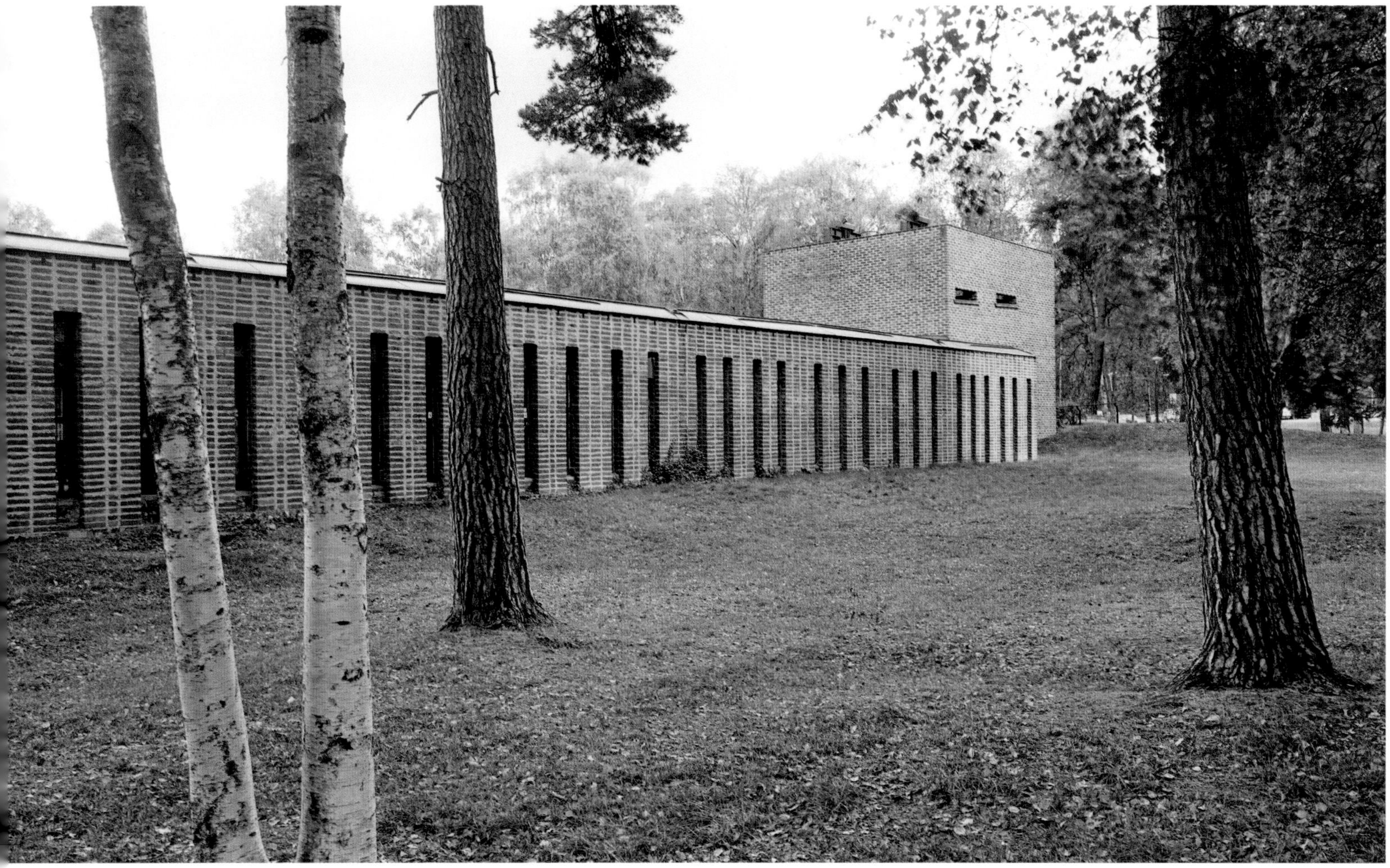

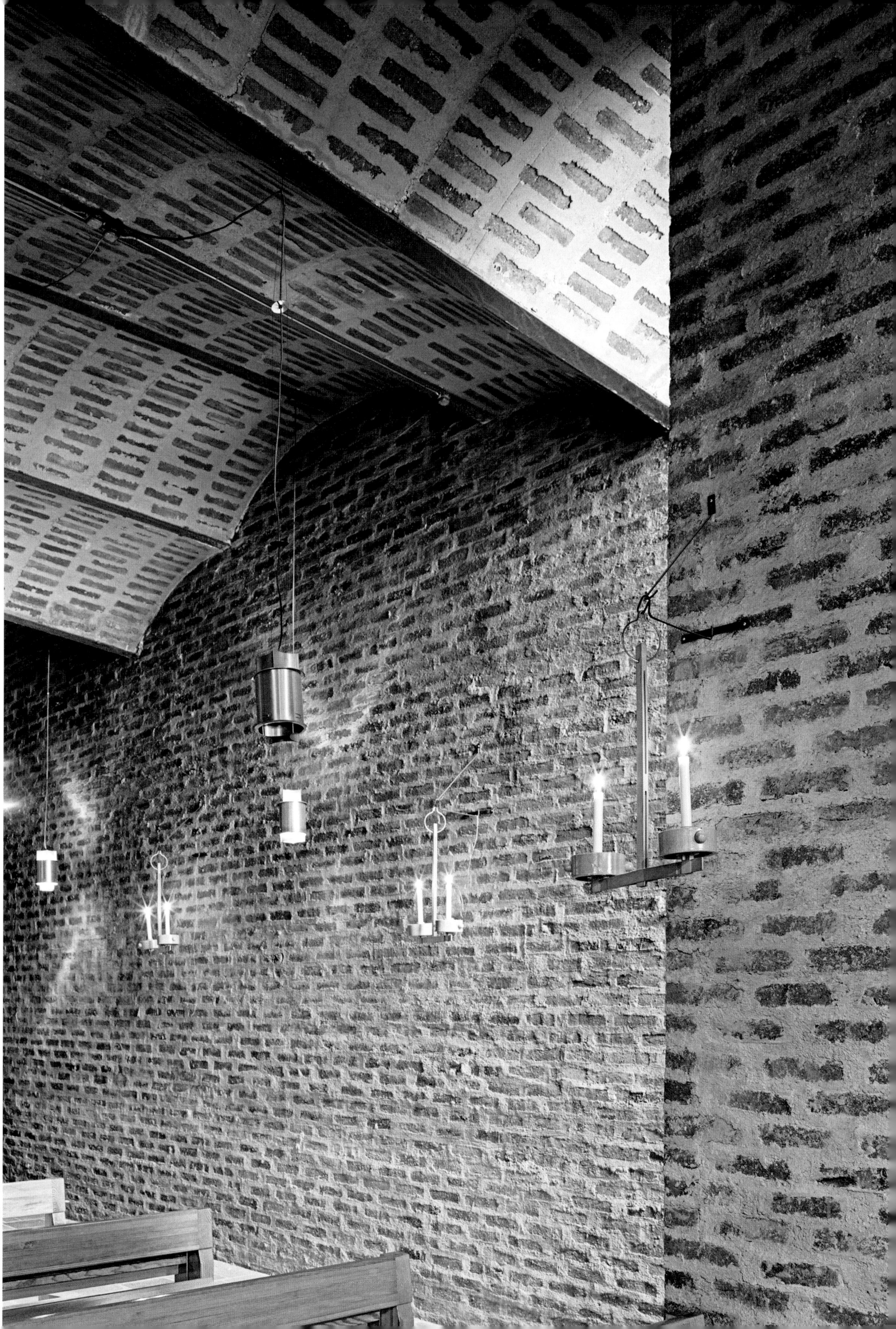

Sigurd Lewerentz

Kirche St. Markus und Gemeindezentrum, Stockholm

Church of St Mark and Community Centre, Stockholm

Photos 2005

Wolfgang Pehnt

Fidelity to the Object

Klaus Kinold – the life work of an architectural photographer

Until recently it was generally held that the media which *precede* built architecture are the drawing or the model. The medium that *follows* built architecture is the photograph. The drawing – sketch, plan, elevation, sectional view – and the model are the tools of conception. They mark the start of the design, test its possibilities and finally determine what the building will be like before it has become a reality. The photograph, on the other hand, was the instrument of reception. With it – the successor of the architectural veduta, xylograph, copper and steel engraving, and lithograph – the building began its career in the memory of contemporaries and of posterity. The photograph showed what was there.

It is true that in this respect the statement of the Munich architectural photographer Klaus Kinold – »I want to show architecture as it is«[1] – is his personal declaration of belief in objectivity. But he also puts into words one of the central responsibilities of an architectural photographer in general, the self-evident nature of his work, the service he provides: namely, to show what is there. Thanks to the medium of photography, we are more familiar with buildings in distant parts of the world that we have possibly never seen with our own eyes, the pre-Columbian ruins of Machu Picchu or the north Indian Taj Mahal, than with the parish church in our own neighbourhood, which never caught the interest of a professional photographer.

The only time a building was completely immanent in its own self, virginal so to speak, was after the drawing and model had done their work and before the photographer's lens focused on it. Before that, it belonged only to the person who designed it, and to the few people whose job it was to work with the rolls of blueprints. Afterwards the building belongs to all those who inhabit, use or even merely perceive it. Later generations could refer to the photograph which, commissioned by the architect or client, had often been taken in the interim between planning and occupancy: at a time when the building had been completed, but had not yet been impaired by wear and tear.

This entailed a certain responsibility on the part of photographers, a responsibility of which a conscientious member of this profession like Klaus Kinold was always very aware. For his photos record, as objectively and precisely as possible, the condition the building was in at one time; what it was intended to be like before a later generation carried out its interventions. »A kind of renewed reading of the buildings«[2] is possible at any time. One can consult the pictures if modifications need to be reversed, original conditions need to be restored, and the work is to be put to rights again.

1 Title of exhibition and catalogue of Kunsthalle Bielefeld, 1993.

2 Hubertus von Amelunxen, »Jenseits der Zwanziger Jahre – Diesseits der Photographie«, in: Ulrich Deimel, Petra Wittmar, *Jene zwanziger Jahre. Those Twenties*, Ostfildern, 2003, p. 6.

Egon Eiermann

Hauptverwaltung Deutsche Olivetti, Frankfurt am Main

Olivetti Headquarters Germany, Frankfurt am Main

Photo 1972

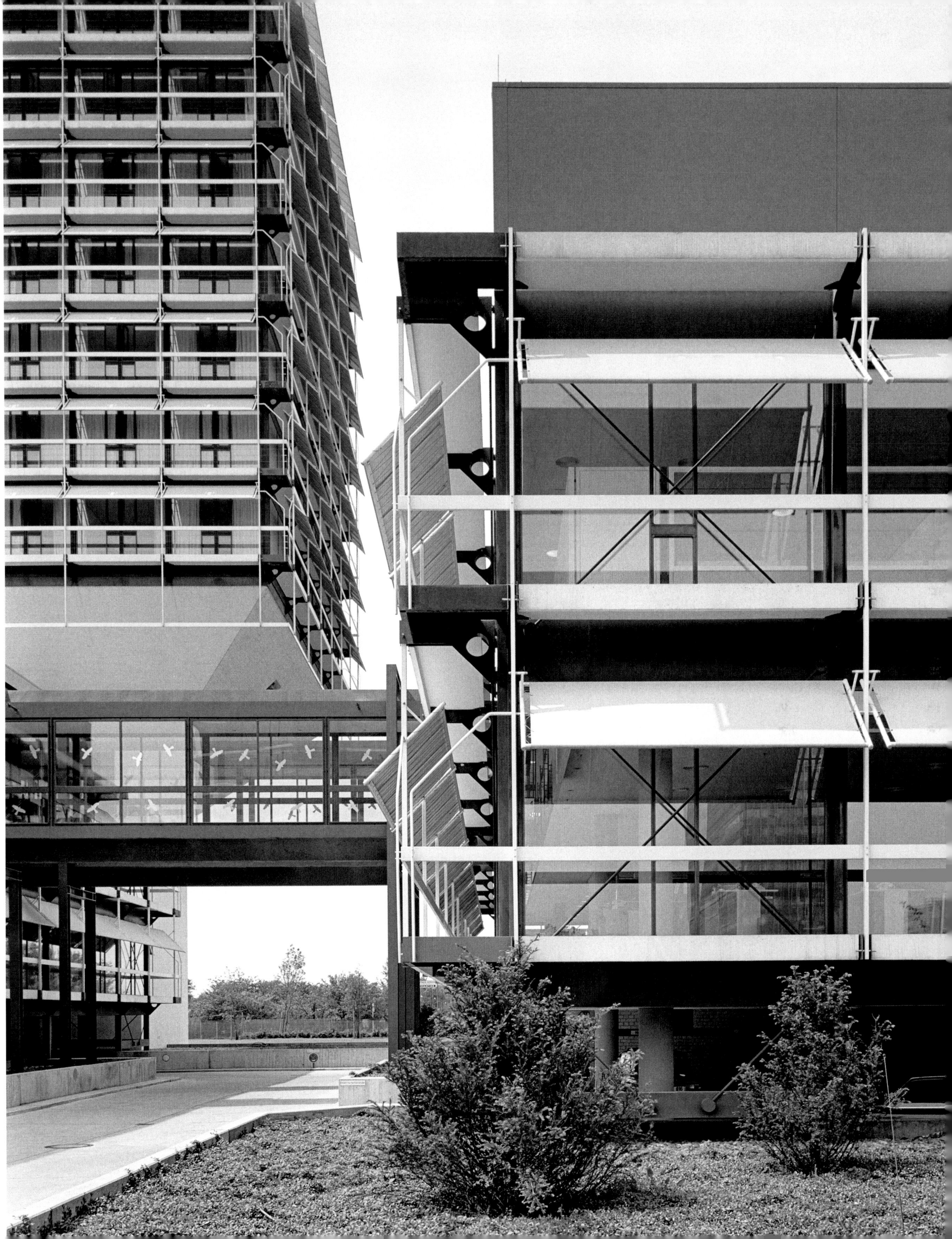

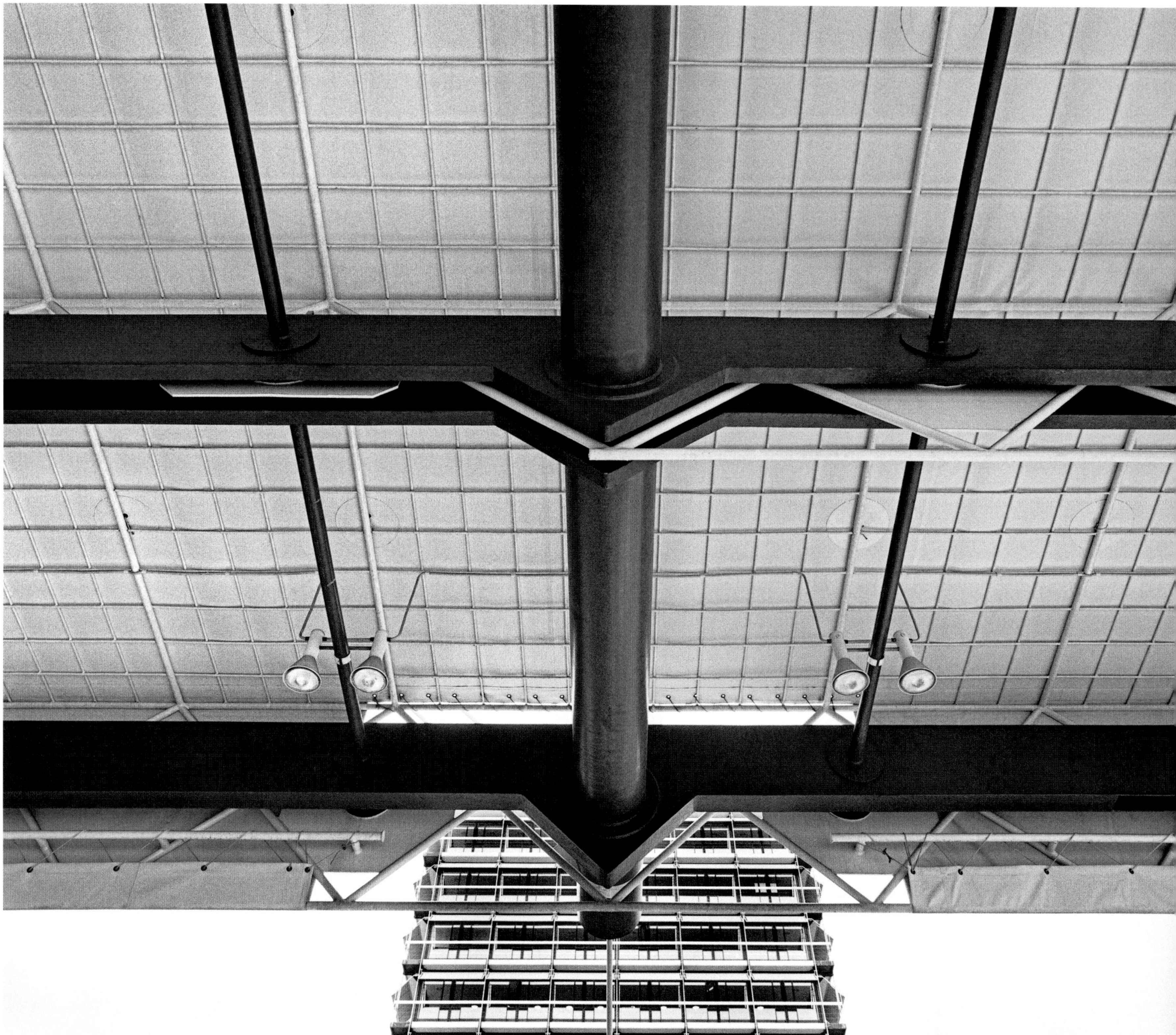

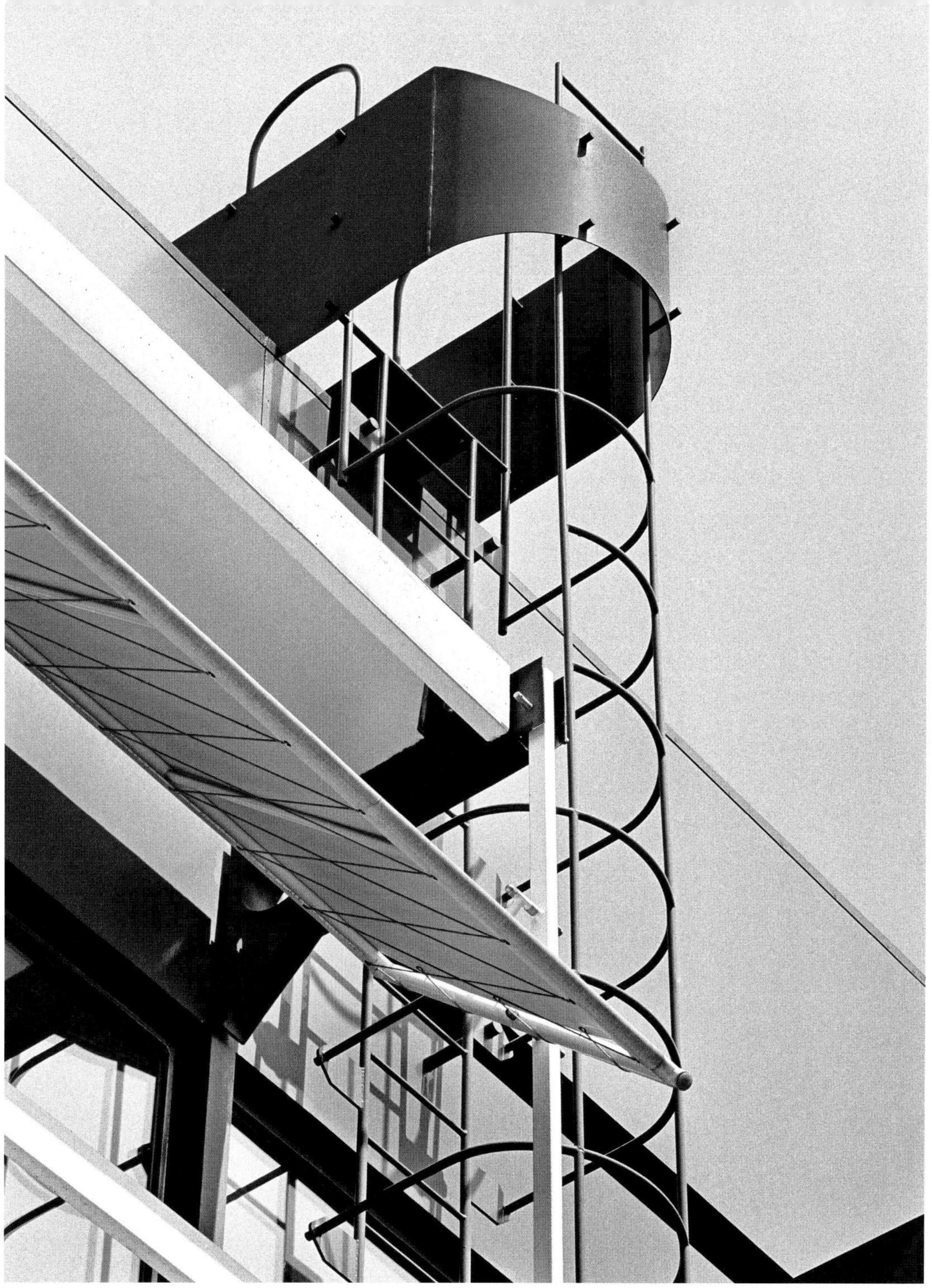

Egon Eiermann

Hauptverwaltung Deutsche Olivetti,
Frankfurt am Main

Olivetti Headquarters Germany,
Frankfurt am Main

Photos 1972

Egon Eiermann

Hauptverwaltung Deutsche Olivetti, Frankfurt am Main

Olivetti Headquarters Germany, Frankfurt am Main

Photos 1972

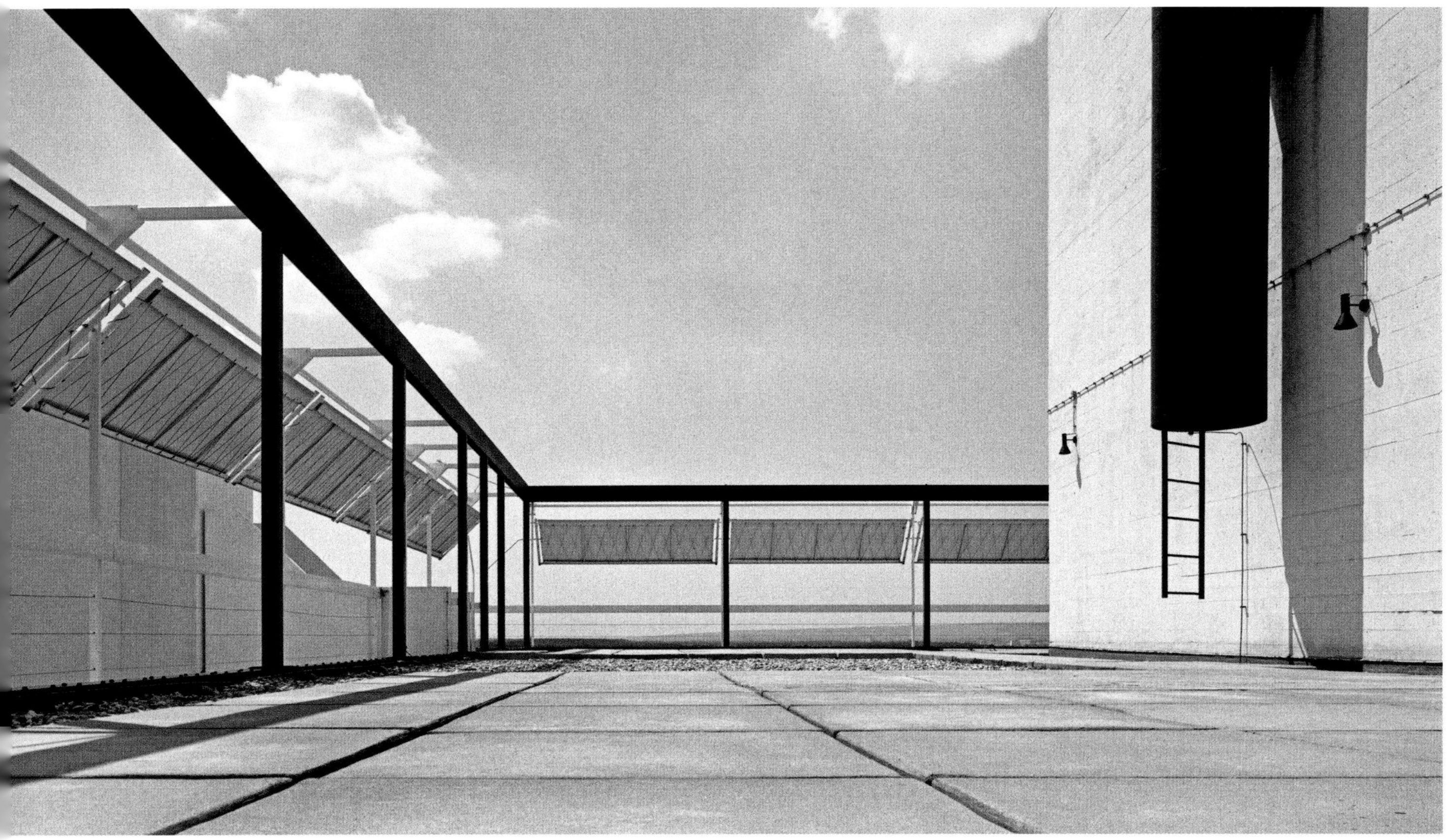

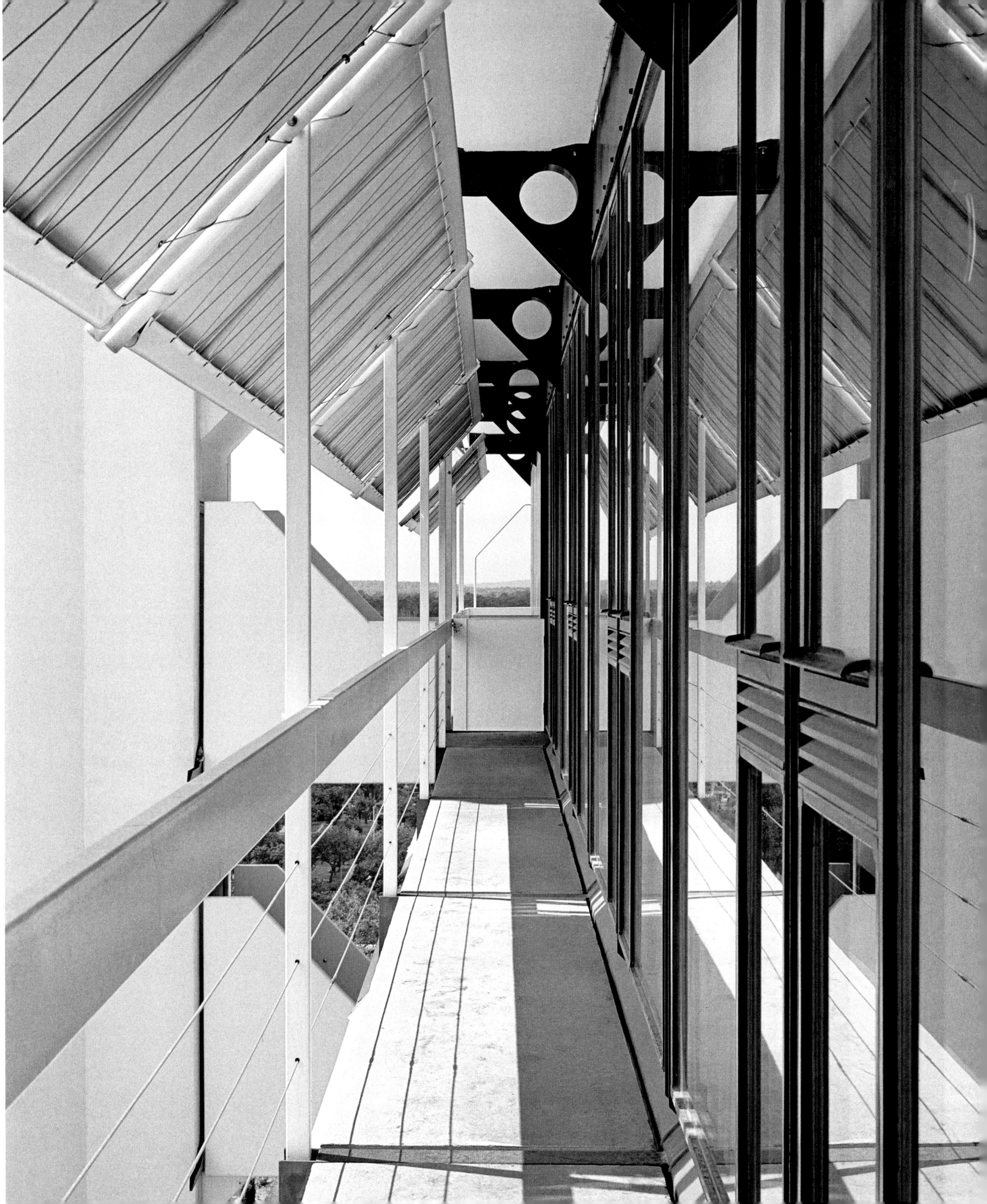

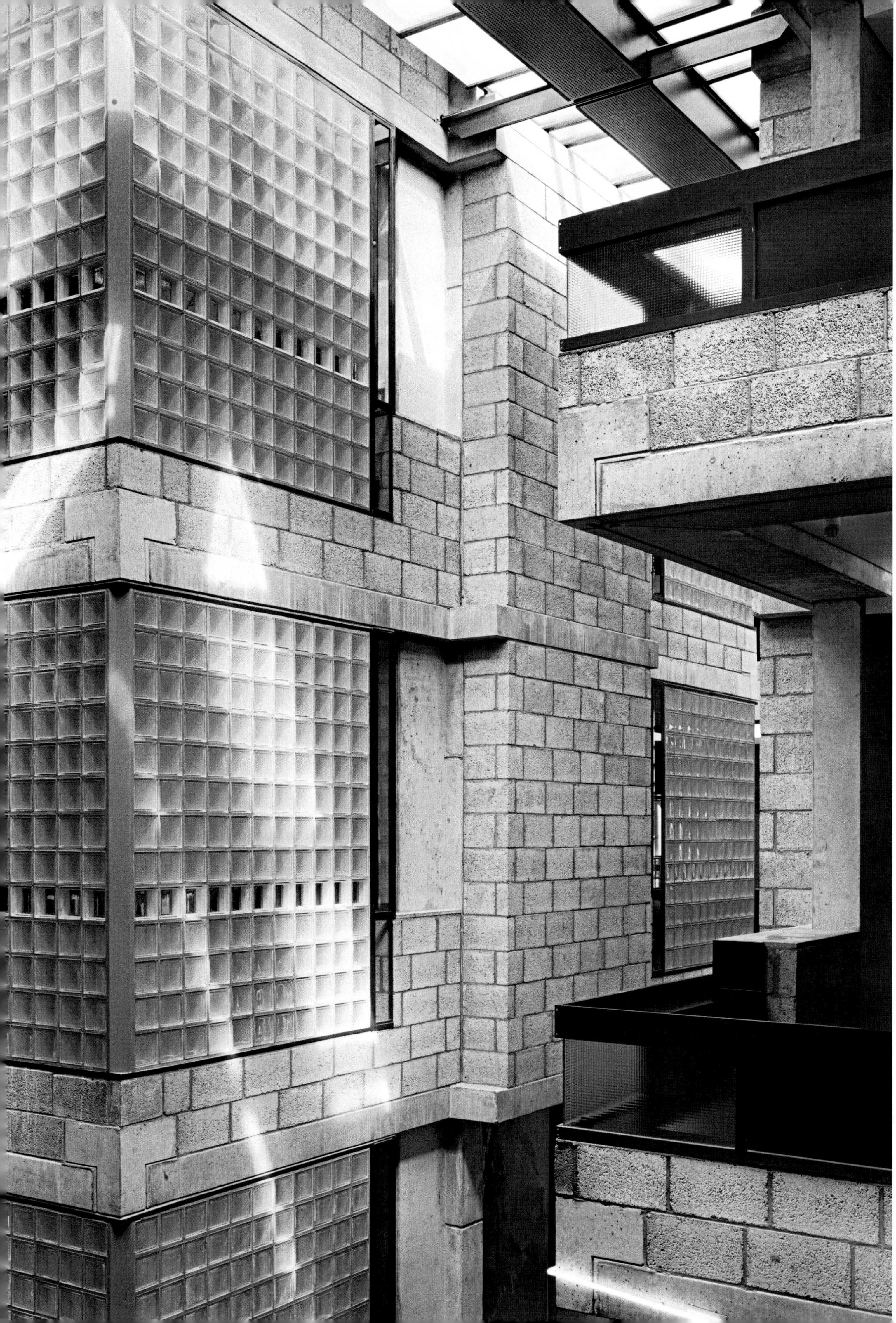

Herman Hertzberger

Verwaltungsgebäude
Centraal Beheer,
Apeldoorn, Niederlande

Administration building for
Centraal Beheer company,
Apeldoorn, The Netherlands

Photos 1990

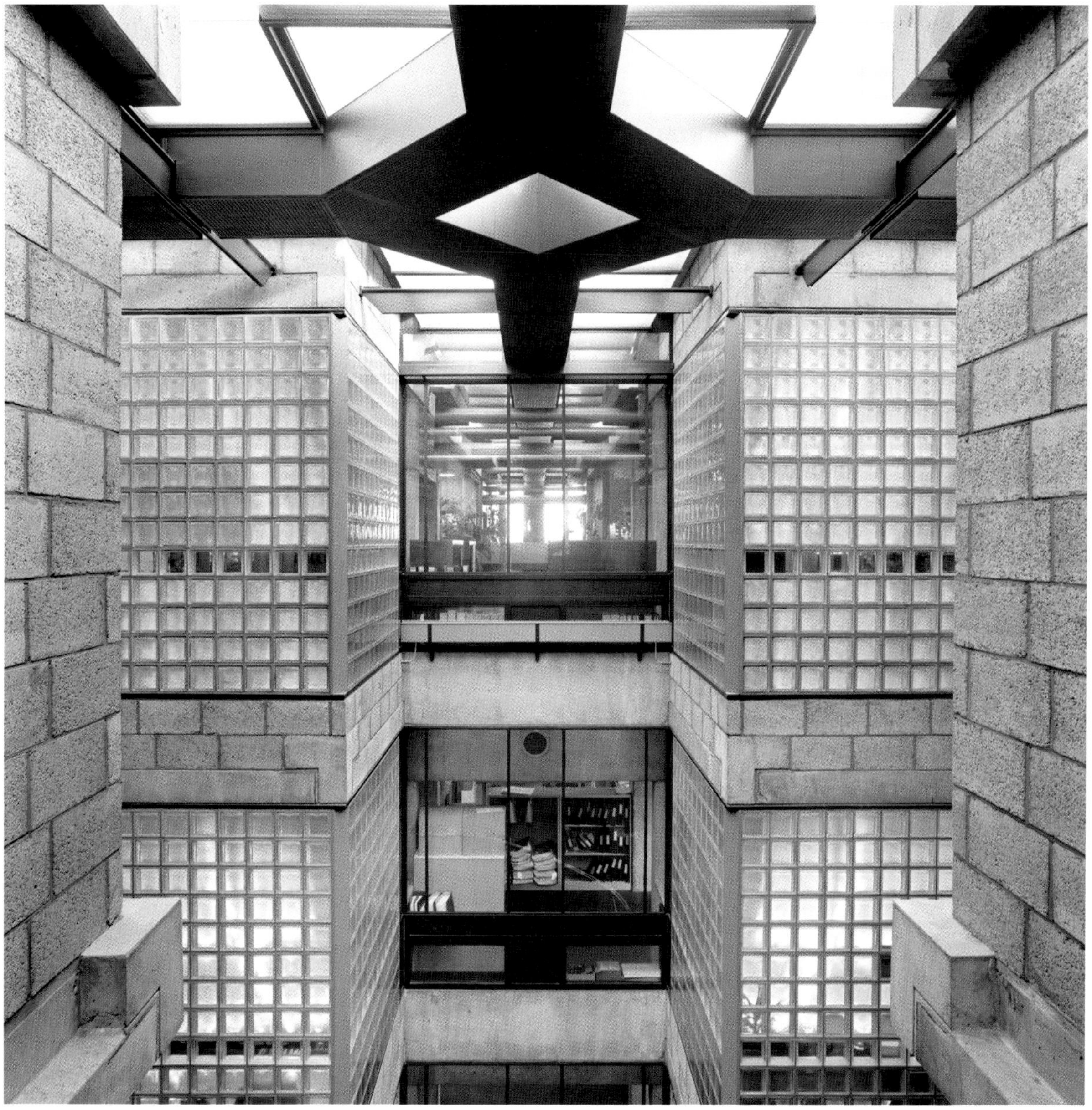

Herman Hertzberger

Musikzentrum Vredenburg,
Utrecht, Niederlande

Music Centre Vredenburg,
Utrecht, The Netherlands

Photos 1982 | 1990

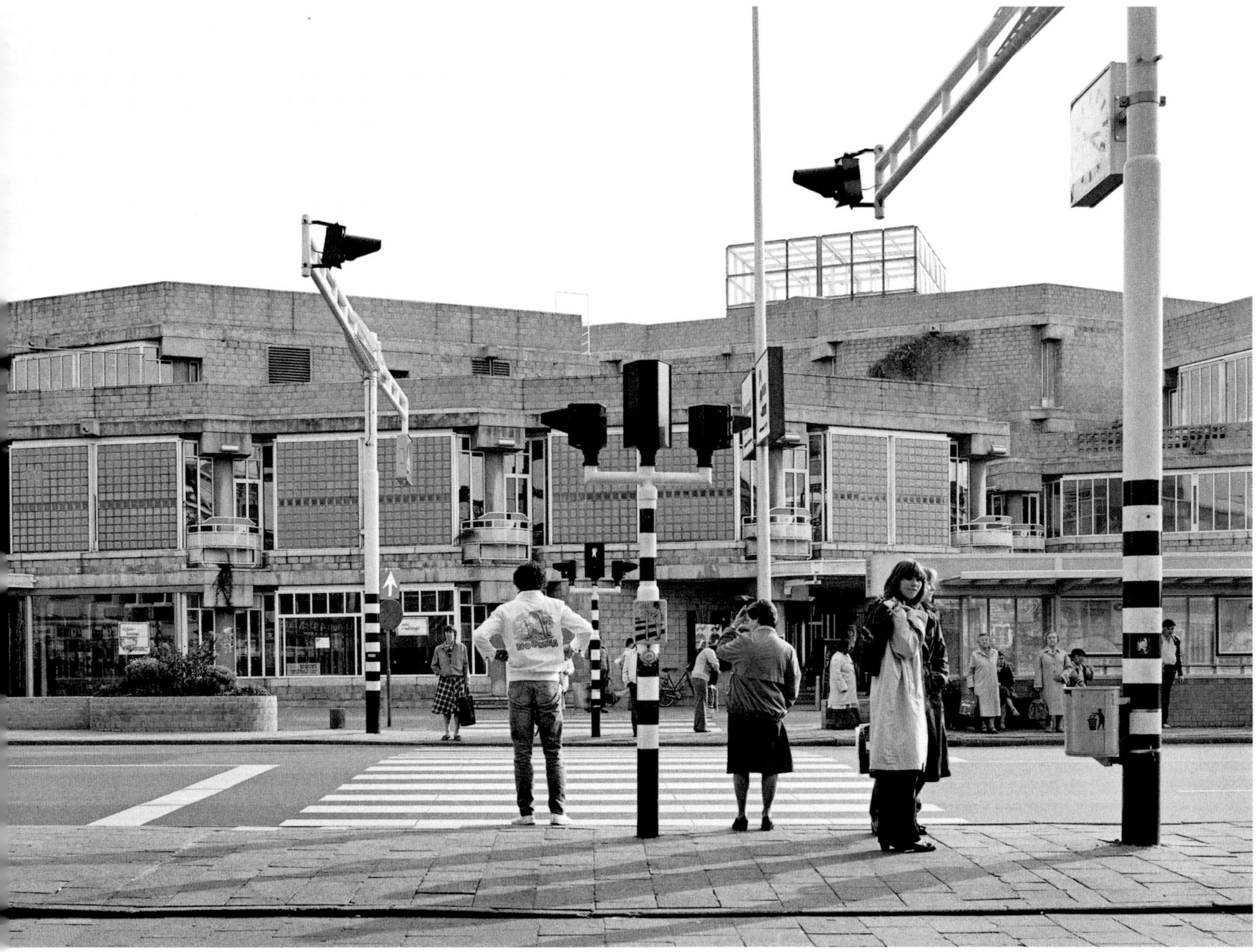

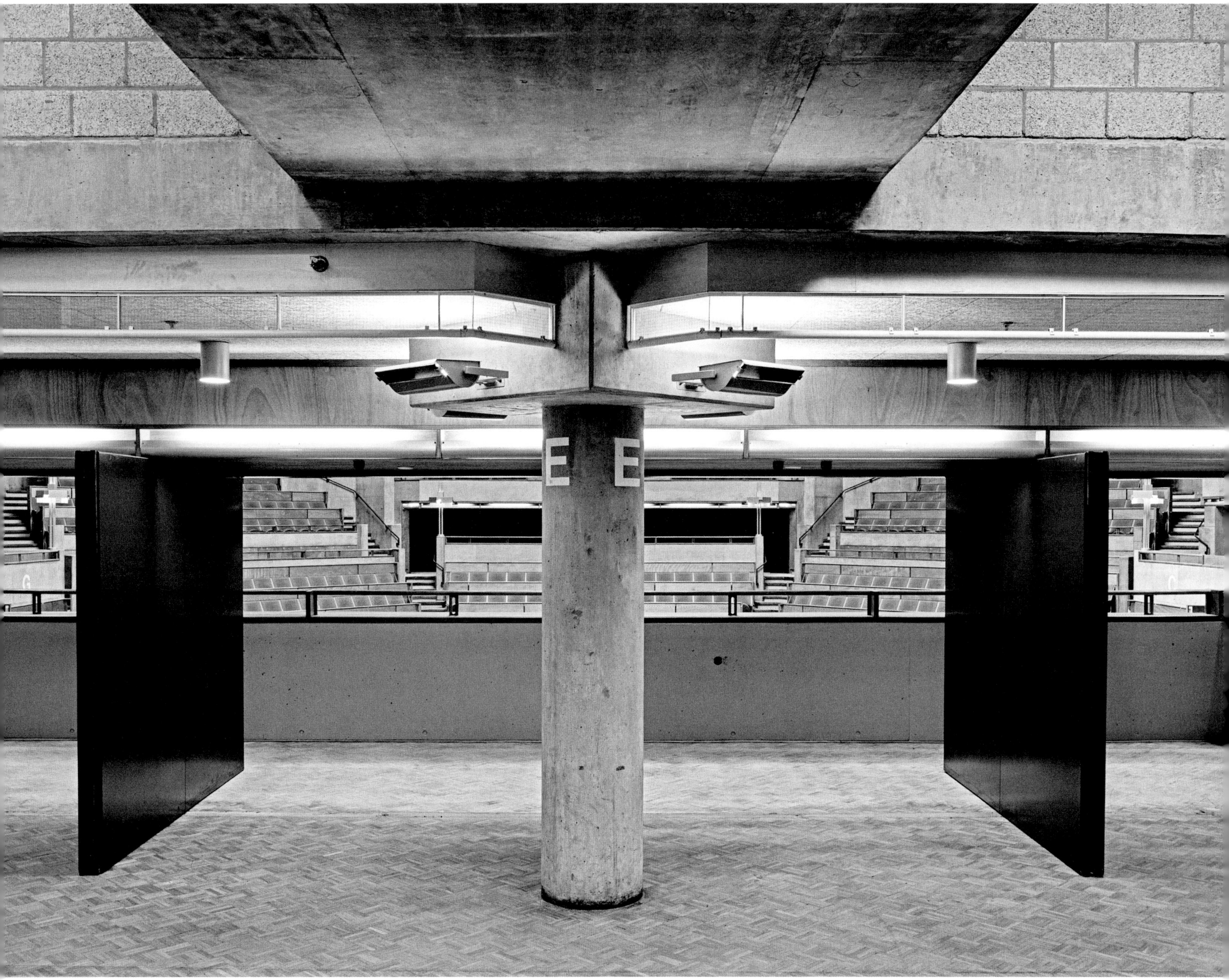
E
E

Carlo Scarpa

Friedhof Brion,
San Vito d'Altivole,
bei Asolo, Italien

Cemetery Brion,
San Vito d'Altivole,
near Asolo, Italy

Photo 1985

With his fidelity to the object, Kinold is following an old tradition of photography, and architectural photography in particular. At one time, the daguerreotypes were praised by contemporaries for their »uncompromising veracity and accuracy«.[3] Depicted on the silvered, light-sensitive copper plates was an inventory of what existed. Architecture was one of the most important themes of even the early unique prints, not least because it stayed still – an important characteristic in view of the long exposure times. The first photograph ever taken – its author, Joseph Nicéphore Niépce, called it a »heliograph« – showed the shadows of a farmstead near Chalon-sur-Saône. Scientific photogrammetry, developed at the end of the 19th century, drew a logical and radicalising conclusion from the possibilities already inherent in early documentary photography. A crucial factor was the desire that reality and representation correspond perfectly. Photographs became the indispensable documentary tools of reconstruction and historical preservation.

Manipulation then and now

Nowadays the areas of competence are no longer as clearly divided between the media of anticipation, the drawing and the plan, and of documentation, the veduta and the photograph. The ostensible self-evident truth that an architectural photograph shows what is there is no longer self-evident. This trend already began when the modellers, whose job it is to show the design in its three-dimensional form, allied themselves to the photographers. »Usually, it was the photographer's intention to have the depicted model appear as close to reality as possible and thus to cause the boundaries between the medium and reality to disappear.« (Rolf Sachsse)[4] In the process, the rough, temporary, fragmentary character of the clay, plaster, cardboard, plasticine, wood, acrylic glass or metal model was often lost, and thus also the evidence that the as-yet-unrealised building was provisional. The photograph gave it the semblance of credibility. Where modellers and image makers worked together closely and produced a perfect picture, viewers often wondered whether it was an anticipation of reality or a representation of what already existed. Sequences of interiors could be represented with the aid of an endoscope, similar to a medical probe. Combined with a film camera, this even made it possible to imagine the future user's walk-through of the future building as a process.

Since the 1980s, digital photography and processing techniques have opened the gate to manipulation even further. In the digital age, image production no longer keeps the unspoken promise of photography in a previous era: to represent reality realistically. The relevant software makes anything possible: change of proportions, distortion and rectification, removal or addition of portions of the image, new light and colour schemes, modification of surface textures. Often it is impossible to tell whether the datasets that have been obtained and reproduced are photographic images of something that exists or imaginations of things to come, whether we are dealing with analogue pictures processed by computer, digitally recorded images, or images made entirely with computers.

Naturally, digital manipulation is possible not only with digital photos, but also with analogue photos that were subsequently digitalised. As a result, such concepts as originality, authenticity, documentary fidelity have become suspect. Quoting Roland Barthes, Kinold spoke of »the mysterious degree of faith we still place in the documentary, in this-is-how-it-was«;[5] more and more, this faith is

3 Quoted from: Fritz Binder, »Photographie – Partnerin der Wissenschaft«, in: »*In unnachahmlicher Treue*«. *Photographie im 19. Jahrhundert*, exhibition catalogue, Josef-Haubrich-Kunsthalle, Cologne, 1979, p. 131.

4 Rolf Sachsse, »Eine kleine Geschichte der Architekturmodell-Photographie«, in: Oliver Elser, Peter Cachola Schmal (ed.), *Das Architekturmodell. The Architectural Model*, exhibition catalogue, Deutsches Architekturmuseum, Zurich, 2012, p. 23. In the same publication: Oliver Elser, »Zur Geschichte des Architekturmodells im 20. Jahrhundert«, pp. 11 ff.

5 Quoted from: Ulrich Weisner (ed.), *»Ich will Architektur zeigen, wie sie ist.« Klaus Kinold, Fotograf*, exhibition catalogue, Kunsthalle Bielefeld, Düsseldorf, 1993, p. 12.

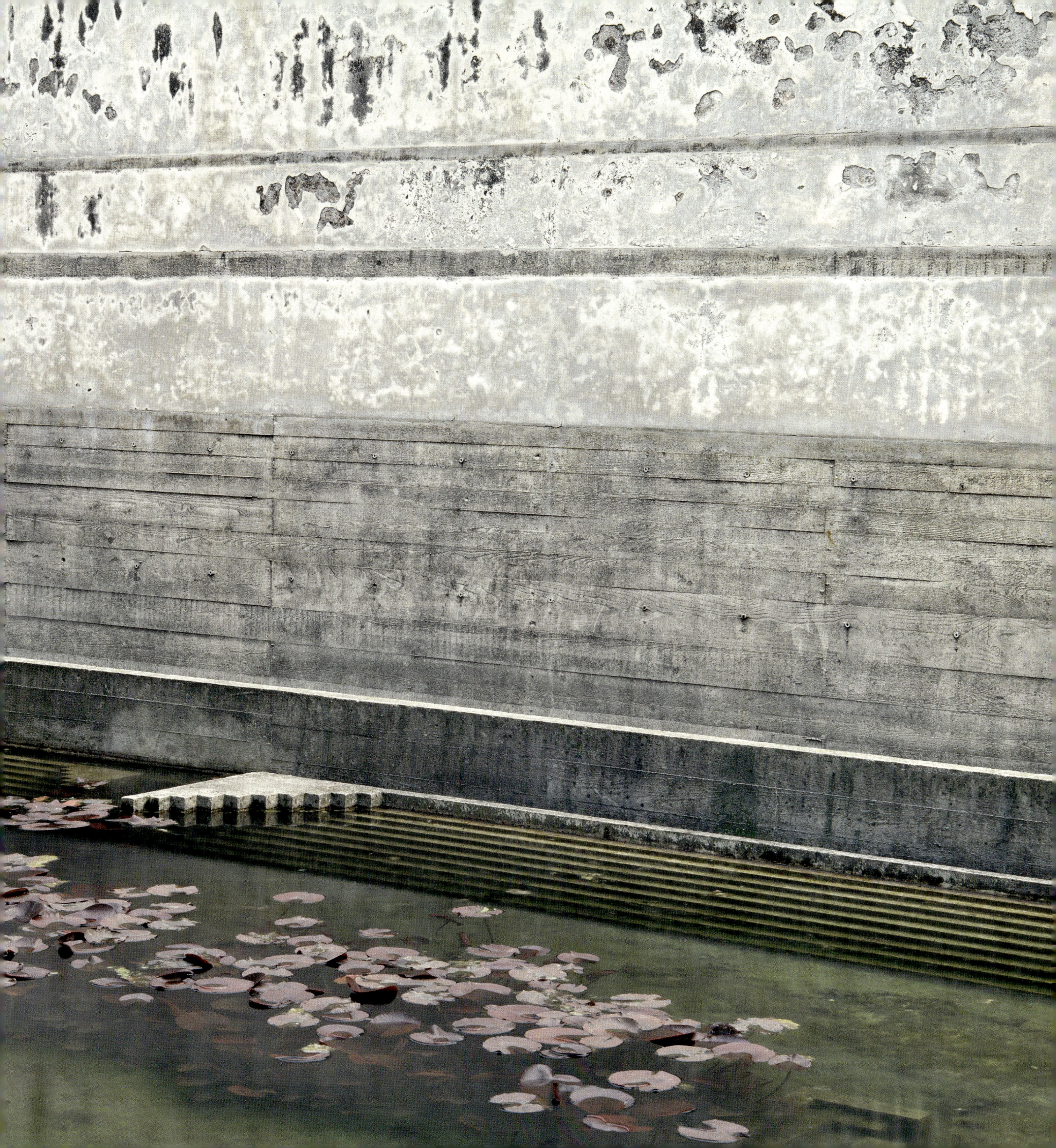

Carlo Scarpa

Friedhof Brion,
San Vito d'Altivole,
bei Asolo, Italien

Cemetery Brion,
San Vito d'Altivole,
near Asolo, Italy

Photos 1985

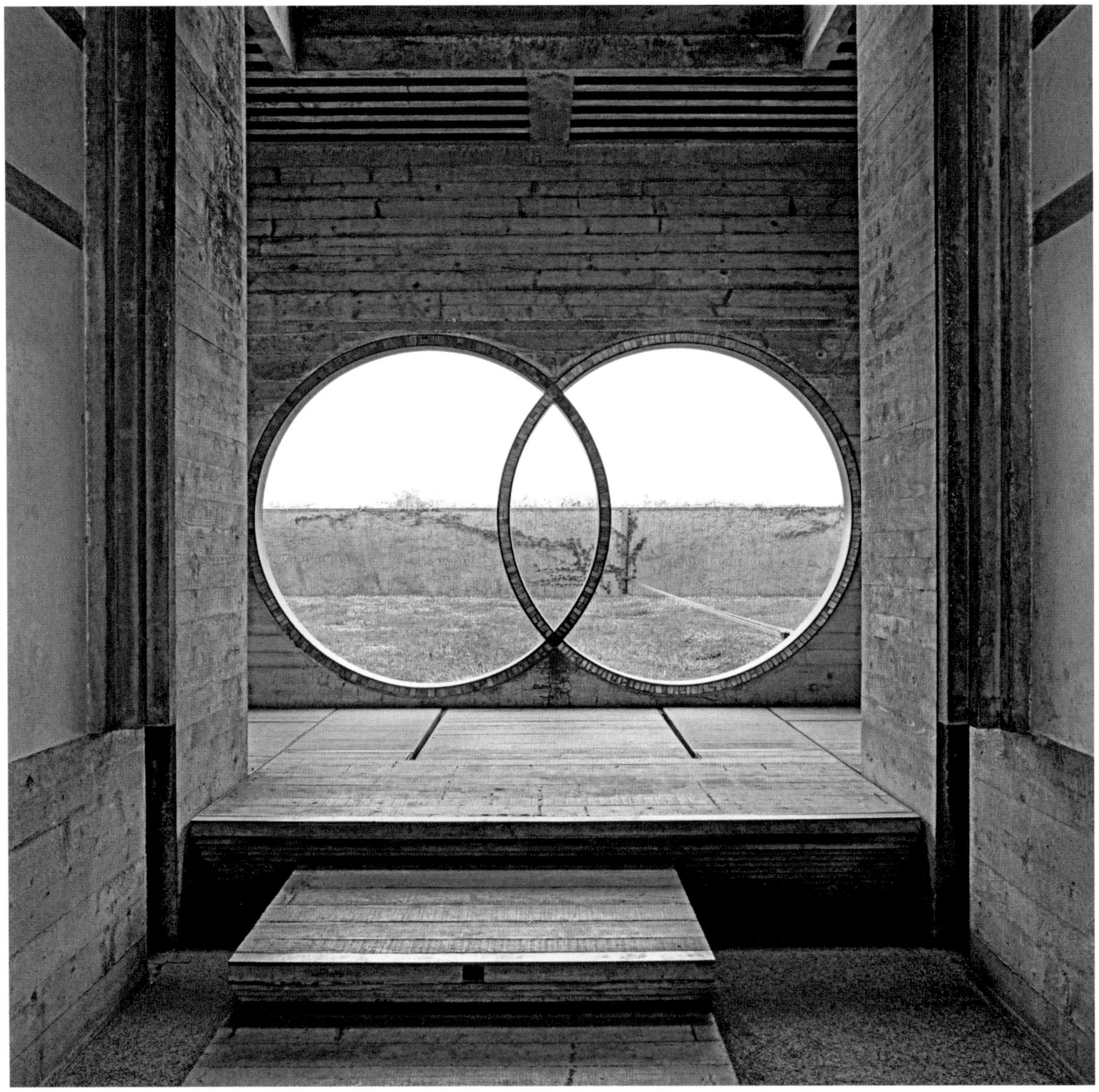

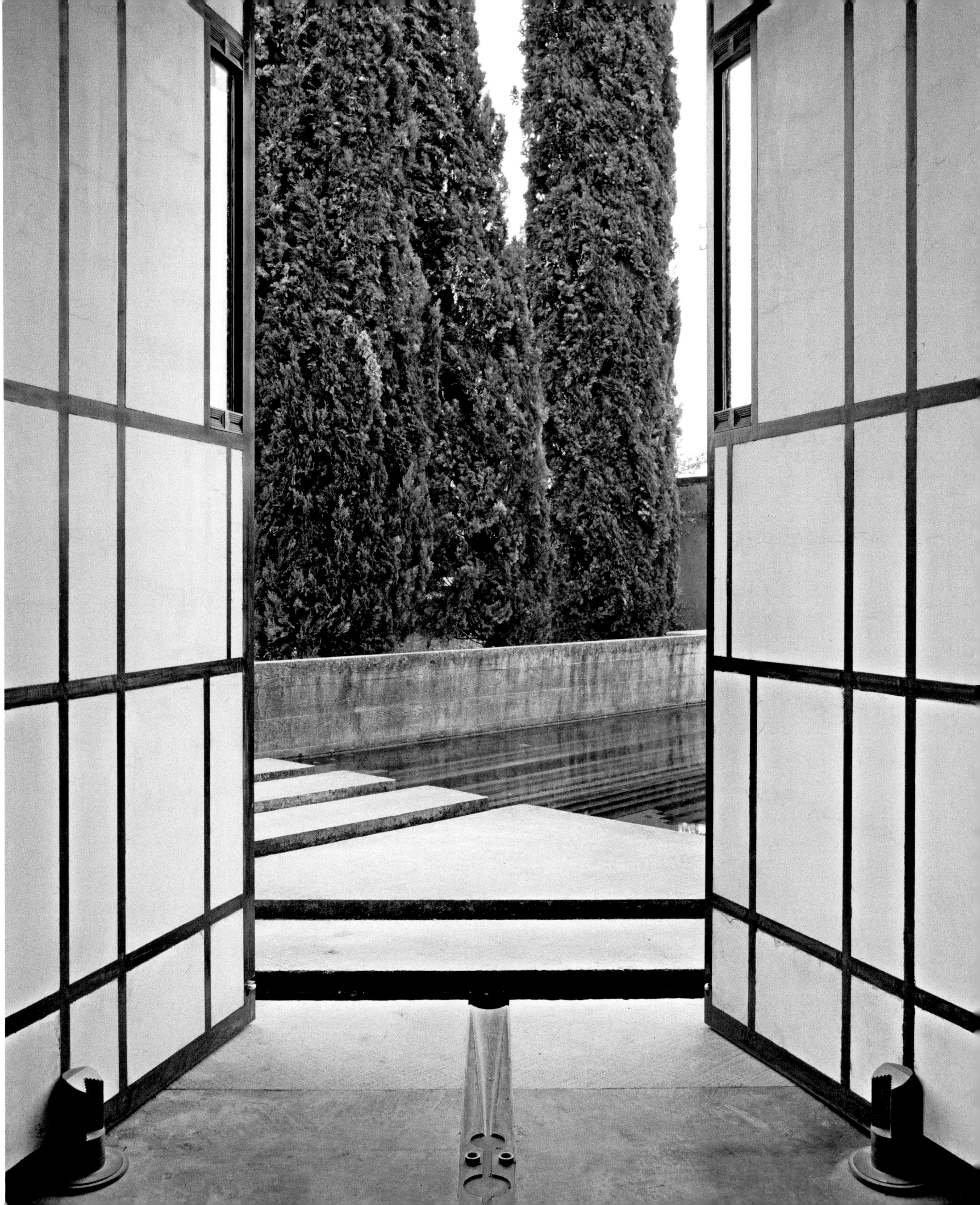

Carlo Scarpa

Friedhof Brion, San Vito d'Altivole, bei Asolo, Italien

Cemetery Brion, San Vito d'Altivole, near Asolo, Italy

Photo 1985

being destroyed by a photography that manipulates. Often only a comparative look at reality could answer Pilate's question, What is truth? »Images can be manipulated to represent anything we like, anything can be combined, anything can be computed, dithered, rendered.«[6] Architects confirm this practice, it is *state of the art*. »You can no longer entrench yourself behind a ground plan and sectional drawings. Today we present the client with a view of the completed building before we have a clue how to build it«, said one of the current stars, Jacques Herzog, even before becoming one.[7]

All his life, Klaus Kinold photographed analogously on film. For his architectural photographs he normally used adjustable, medium- to large-format 8 x 10 inch professional cameras. What was crucial for him was that – with the camera on the tripod and protected from incident light under the black »focusing cloth« – he could take his time and evaluate the motif of the picture on the focusing screen, and determine detail and perspective by means of the camera's adjustment features. His first camera had been a mirror-reflex Rollei by the Braunschweig firm of Franke & Heidecke that his parents had given him as a boy. This helped him from the start to evaluate the later picture for suitability as a two-dimensional image even before he took it. Today Kinold sees the key to his photography in this constant looking back and forth, now across the camera at the motif, now at the Rollei's focusing screen in front of his chest, in the constant comparison between reality and its projection. »It was the focusing screen that shaped the way I see as a photographer.«[8]

For Kinold the photographic part of the work is basically done once the shutter has been released, even though the part of the work that involves reproduction technology, the reproduction of the image on paper and in print, is no less important to him. As things stand now, his maxim – to show what is – seems like a call from another world. Even the documentary work of those of his colleagues who are working photographers today often does not show what exists, but what could, should or would exist. Not to mention the montage and combination tricks of recent digital photography, which sees itself as a visual art form and is based on the autonomous processing of the data of reality. We are not concerned with this type of photographs in any case, since, as fine arts products, they belong to another category.

Naturally photographers had their tricks of the trade even in the era of analogue photography. It was common practice to stage architectonic motifs. A crowded foreground was cleared, or overcome by taking the photograph from an elevated position. The Düsseldorf industrial photographers Bernd and Hilla Becher included a ladder among the equipment of their photo expeditions; others used a mobile crane. Julius Shulman, the master photographer of American post-war Modernism, went much further. He loved to give his photos of Californian villas an additional flair of casual luxury by arranging in them seemingly random groups of people who allegedly lived there – hired extras in actual fact.

The darkroom and lab made possible a plethora of tricks of the trade, as it were: corrections of the lighting, the editing of negatives or prints, the selection and correction of details. Unwelcome objects or persons were airbrushed out, perspective distortion was rectified, desired backgrounds were edited in. Particularly North American star photographers like Ezra Stoller or the Hedrich Blessing studio loved to pile up dramatic mountains of clouds behind their objects or to conjure up enchanting cirrus clouds. Kinold refrained from this strategy of *corriger la fortune* (improving upon luck).

6 Wolfgang Hagen, »Es gibt kein digitales Bild«, in: *Digitale Bildverarbeitung, eine Erweiterung oder radikale Veränderung der Photographie?*, Symposium im Museum Folkwang, Ludwigsburg, 2005, p. 16.

7 »Die Kommunikation ist ein Teil der Architektur. Benedikt Loderer befragte Jacques Herzog«, in: *db deutsche bauzeitung*, 1999, 9, p. 22.

8 Klaus Kinold in conversation with the author, 30.10.2012.

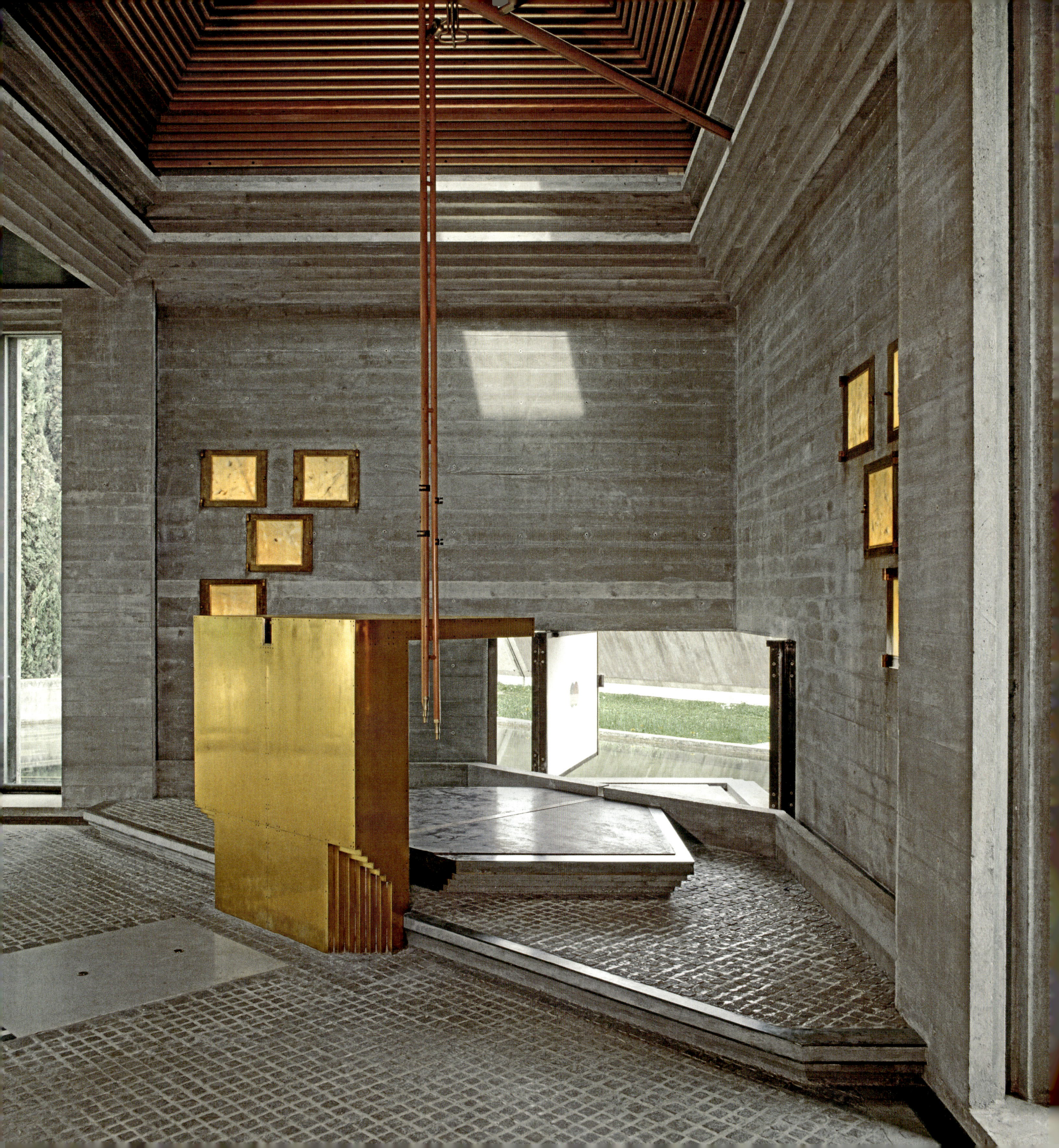

Models and fellow thinkers

Klaus Kinold's models go back further, to the classical years of Modernism. It stood to reason that he studied the era whose very name included the term objectivity – New Objectivity, or Neue Sachlichkeit. Here he found models for a descriptive, explanatory photography that adhered to what was there. But the photographers of the New Objectivity movement, too, had a distinct style of their own. His colleagues during those years whose work Kinold values, like Werner Mantz, Hugo Schmölz, Arthur Köster or, above all, Albert Renger-Patzsch, processed their motifs with methods that combined the need for information and the desire for contemporary expression. The Bauhaus teacher and photographer Walter Peterhans called it the »magic of precision«.[9] Often, and not only in so-called experimental photography, surreal elements would appear, spooky, deserted spaces or a puzzling juxtaposition of heterogeneous elements. Lighting played an important role. It was no coincidence that in 1919 the elite of German photographers organised to form an association that called itself the Gesellschaft Deutscher Lichtbildner. Shadows and brightness contrasts geometricised the image. Over and above the design decisions of the architects, rhythmical sequences in the photographs emphasised the fact that equal parts belonged together.

This is how photographers described not only the details of individual buildings, but also ascribed general concepts to the buildings: the solidarity of the many, the return of the same in a series, the hectic pace of the modern era, the coolness, purity and hygiene of ordered functions. While in any event architecture can be properly experienced only as vantage points change, or in movement, the dynamic Modernist movement demanded that those who view it intentionally keep changing their vantage point constantly. In Erich Mendelsohn's »picture books« *Amerika* and *Rußland, Europa, Amerika*, these professionally designed albums of what were not always professional photos, there are cinematic sequences in which the photographer – partly Mendelsohn himself – approaches the silos or high-rises as a cameraman and circles around them, capturing everything from the total view down to selected details.

Kinold collects and admires architectural publications from the 1920s and early 1930s such as the Werkbund periodical *Die Form*, the collections of photographs of Renger-Patzsch (*Die Welt ist schön, Eisen und Stahl*), El Lissitzky's book about Russia in the series *Neues Bauen in der Welt* or the volume of Sigfried Giedion's *Bauen in Frankreich* designed by László Moholy-Nagy. Kinold shares with the documentarians of architectural photography of the 1920s such features as the rational analysis of his objects, the systematic predetermination of vantage points, the preparation of »scripts«. Like them, whenever possible, he invests a great deal of time in studying and photographing his objects, which pays off in the accuracy and completeness of the visual information. »Pour qu'une chose soit intéressante, il suffit de la regarder longtemps«, said Gustave Flaubert:[10] For a thing to be interesting, it is sufficient to watch it for a long time.

The ruling element in these photos is not the moment at which a thing suddenly reveals its essence, the lucky chance discovery – Lessing's »fruitful moment« –, but rather the productive, long-term state the photographer considers to be essential, taken from the right vantage point. Sharpness of observation, precision in detail, the translation of the three-dimensional object into a convincingly

9 Lutz Schobe (ed.), *bauhaus photographie,* Florence, 2004, p. 23.

10 Gustave Flaubert to Alfred Le Poittevin, September 1845. *Flaubert Correspondance. Année 1845*, Rouen, 2003.

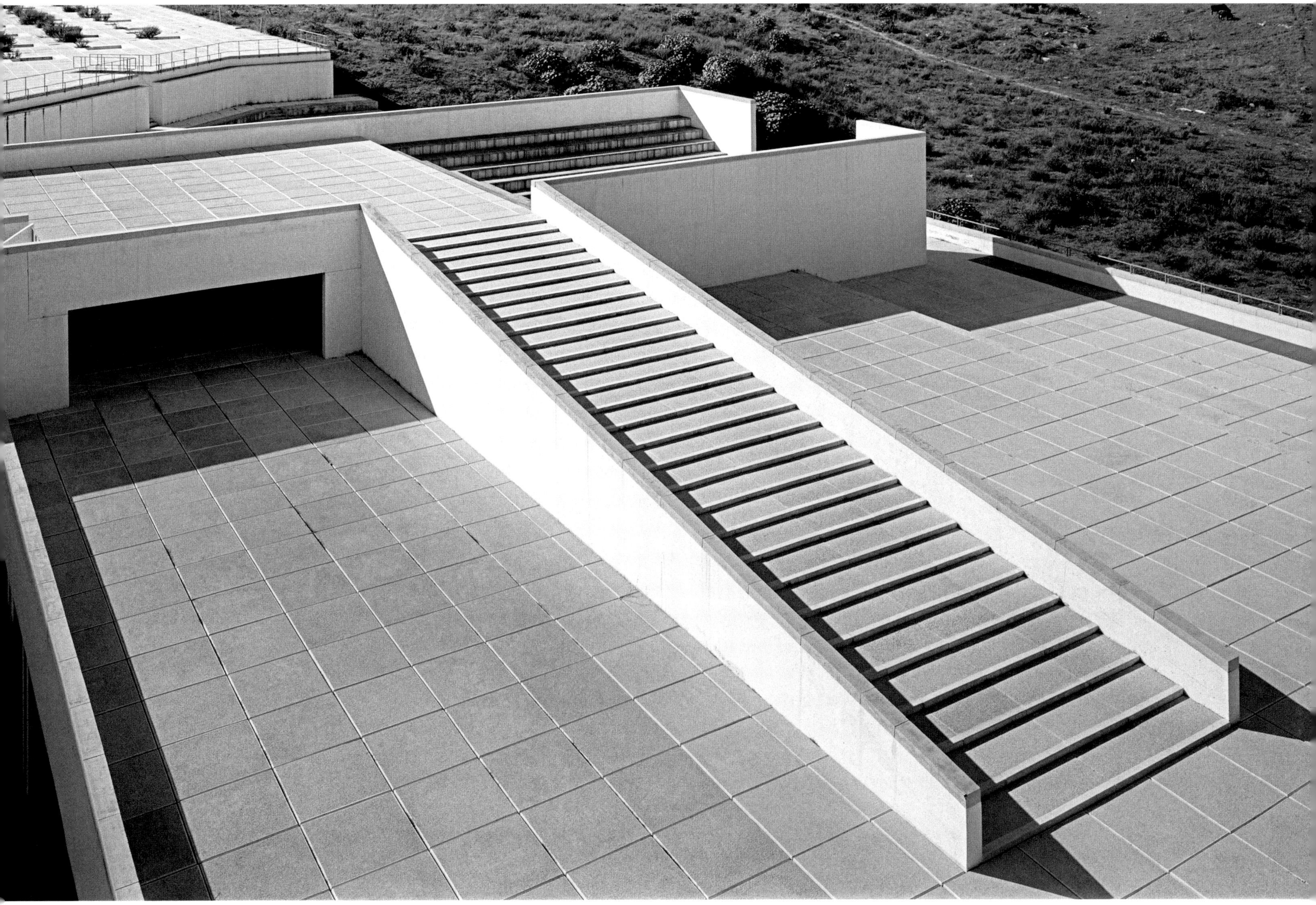

Vittorio Gregotti, Gino Pollini

Neubauten der Universität
von Palermo, Italien

New buildings for the University
of Palermo, Italy

Photo 1988

constructed image were the imposing achievements of early modern photography. Kinold, on the other hand, never or only rarely adopted such features of the 1920s avant-garde as the eccentric perspectives, the camera daringly angled up or down, the plunging lines, the distortion possibilities, the dynamics that were among the »newly conquered optical ways of seeing«.[11] He preferred to adhere to »Sachphotographie« rather than to the »New Vision« espoused by El Lissitzky, Moholy-Nagy or Hans Richter.[12]

It is not only the set, the rhythm of the layout, the alternation of picture formats and the confident handling of the typographic space that fascinated Kinold about the early publications. It is also the didactic, indeed the moral impetus that emanated from the work of the classic Modernist writers and photographers. In the periodicals he published himself, Kinold also did not merely promote his clients, the sand-lime brick, concrete and cement industry. Rather, he used the assignments as an opportunity to promote quality construction. Thus he served both his clients and building culture. »Culture is that which remains«, Max Bächer once wrote regarding Kinold's journalistic work.[13] Unlike other advertising material, Kinold's booklets did not land in the waste paper basket, but were saved due to their uncompromising quality. As collector's pieces, they »remained«, even after the construction industry had turned to other advertising strategies it considered more profitable.

When Kinold began working as a professional photographer, in the late 1960s, the heroic phase of the Modernist movement was already a thing of the past. Pathos had been corrupted by the Third Reich and had a bad press in postwar architecture. Thus, in spite of his admiration, Kinold's work showed no evidence of the pathos inherent in the photographs of his 1920s predecessors of the New Objectivity movement – where one would have thought one was on the »battlefields ... of a great global movement«.[14] What prevented him was his fidelity to the object and conscientiousness, as well as his scepticism toward the universalistic utopias that once inspired the era of classic Modernism. Also, as Kinold saw it, in many 1920s photographs too much visual information was lost. In an architectural photograph dramatically organised with the aid of light and blackness, blinding brightness and deep shadows, plunging lines forced the eye to look all too violently downward or up, sunlit surfaces became immaterial backgrounds, shaded parts vanished completely in darkness. Kinold's photos, on the other hand, inform the users of his photographs about the consistency, structure, graininess and plasticity of the surfaces of the building, show them the spatial depth and details concealed even in its shaded portions, and in what dimensional ratios the latter present themselves to the user.

The architect as photographer

Kinold's own biography has something to do with this affinity for the documentary, and the conscientious description of what is real and found. He had no photo lab training. He did not study at any of the established schools for emerging photographers and photographic artists, although the Folkwangschule in his native town of Essen had an excellent reputation. At the time, Kinold ignored Otto Steinert's »subjective photography«, his photograms, fragments and montages; he planned to become an architect. After graduating from secondary school in 1958 he began to study architecture in Munich at what was then the Technische Hochschule München. Disappointed by the anonymity

11 Sigfried Giedion to László Moholy-Nagy, 29.11.1928, Archiv gta, quoted from: Martin Gasser, »Giedion, der selbst viel photographierte ...«, in: Werner Oechslin, Gregor Harbusch (ed.), *Sigfried Giedion und die Photographie. Bildinszenierungen der Moderne*, Zurich, 2010, p. 62.

12 Cf. László Moholy-Nagy, *Malerei Photographie Film, Bauhausbücher*, Munich, 1927². – Werner Graeff, *Es kommt der neue Photograph!*, Berlin, 1928.

13 Max Bächer, »Adieu KS Neues«, in: *KS Neues – Europäischer Architekturpreis 2001*, Hanover, 2001.

14 Rudolf Schwarz, *Wegweisung der Technik* (with photographs by Albert Renger-Patzsch), Potsdam, 1928, p. 566, new edition: Cologne, 2008.

Jørn Utzon

Kirche und Gemeindezentrum,
Bagsværd, Dänemark

Church and Community Centre,
Bagsværd, Denmark

Photo 2005

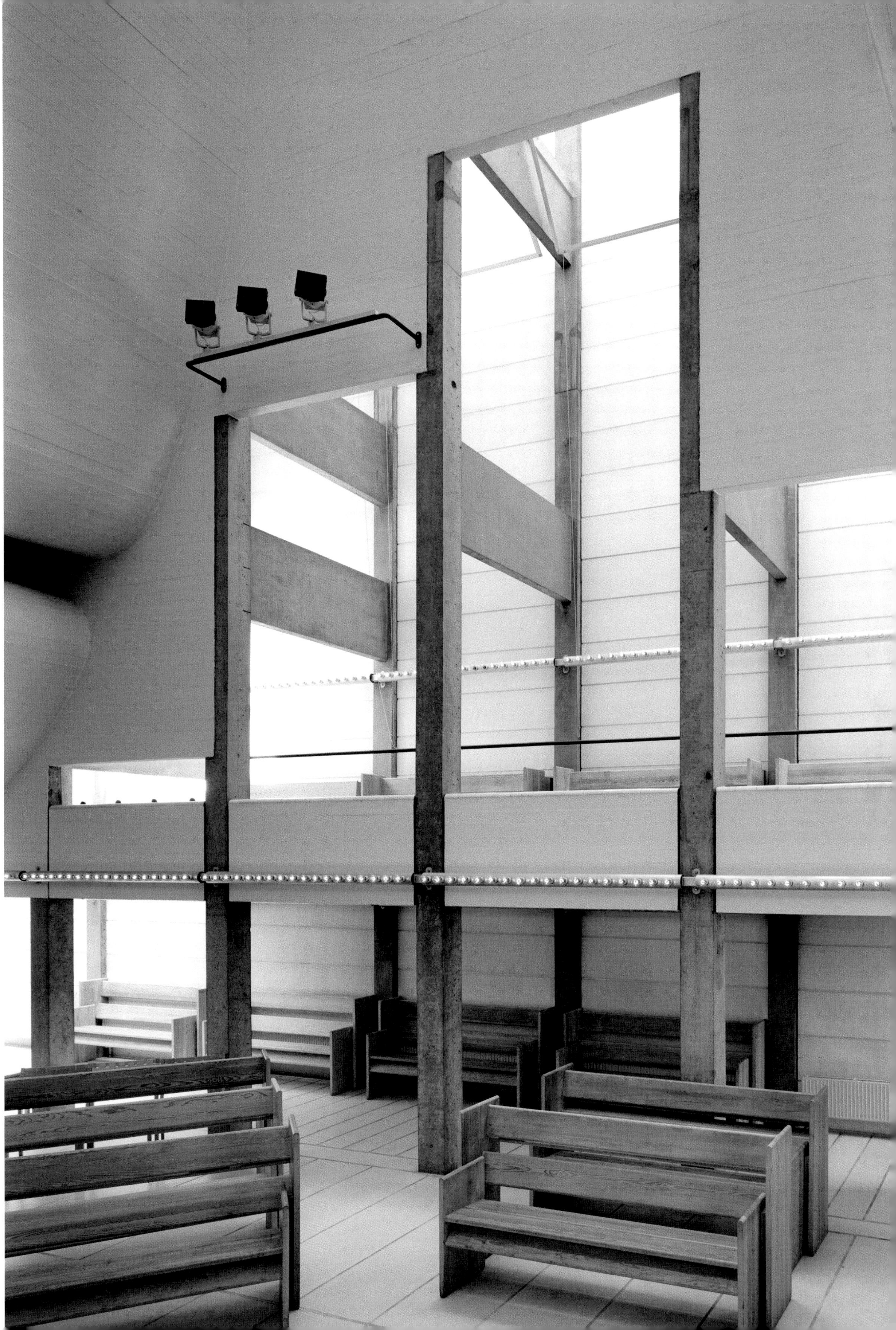

Herman Hertzberger

Apollo-Schulen,
Amsterdam, Niederlande

Apollo Schools,
Amsterdam, The Netherlands

Photos 1985

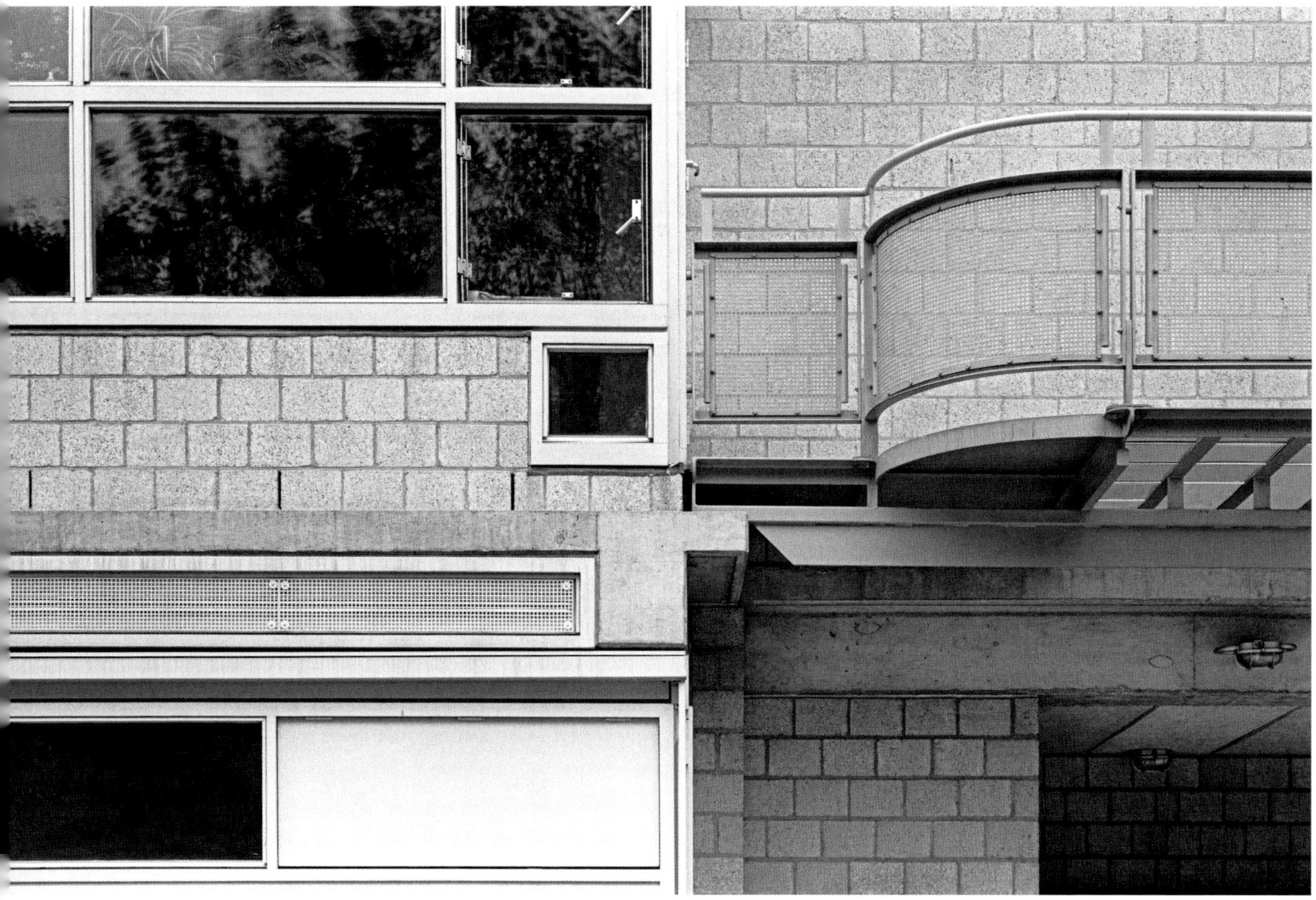

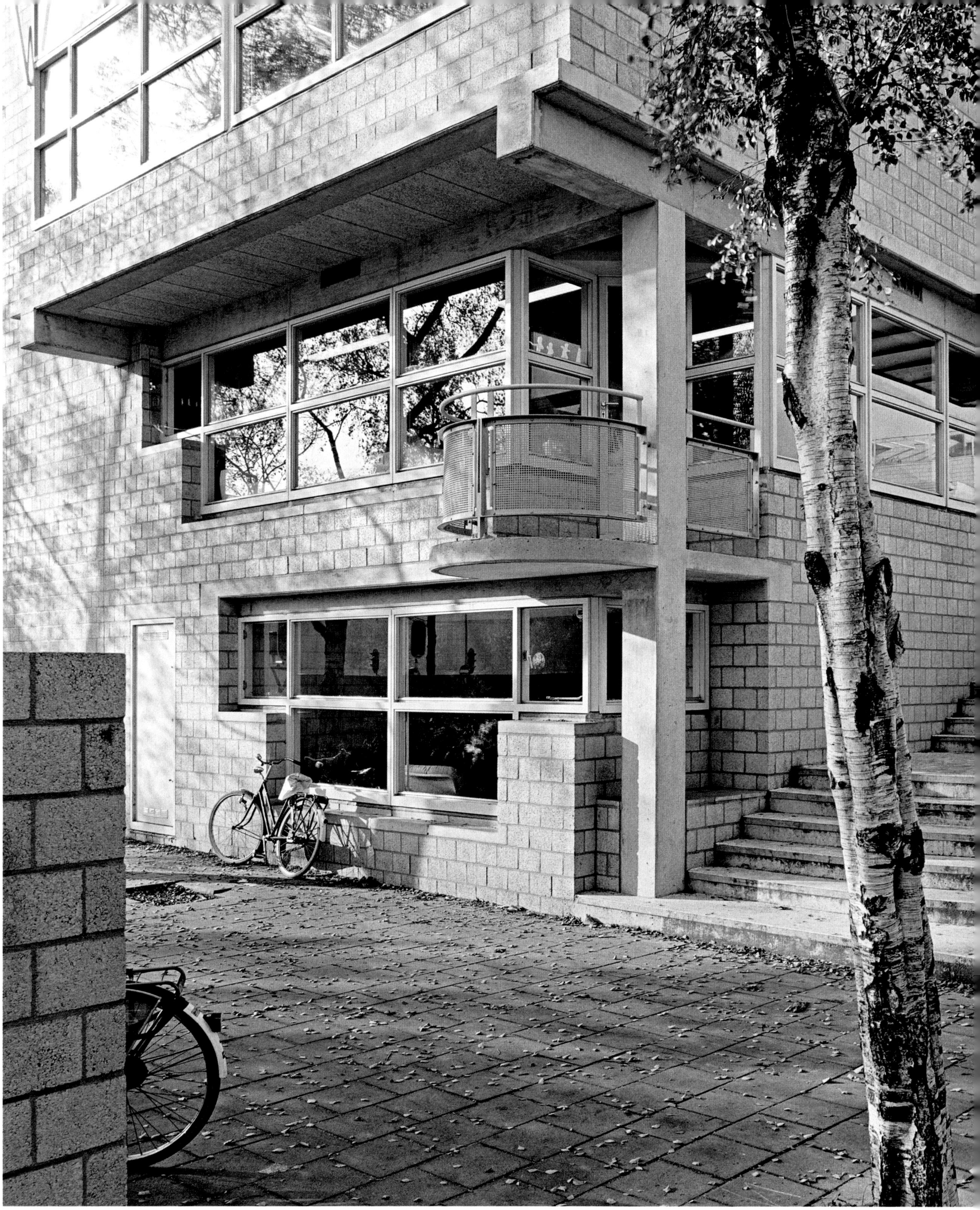

Herman Hertzberger

Apollo-Schulen,
Amsterdam, Niederlande

Apollo Schools,
Amsterdam, The Netherlands

Photos 1985

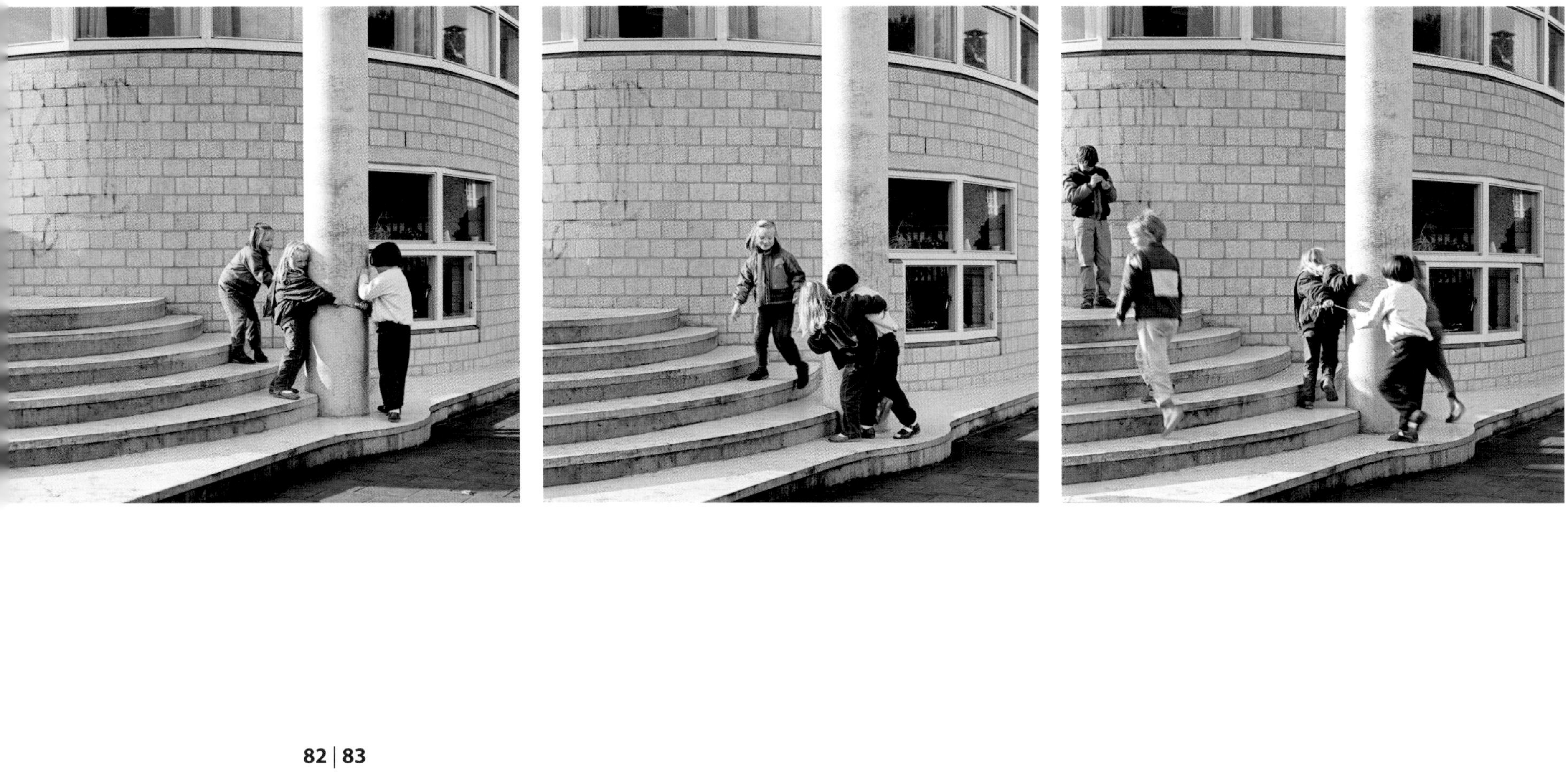

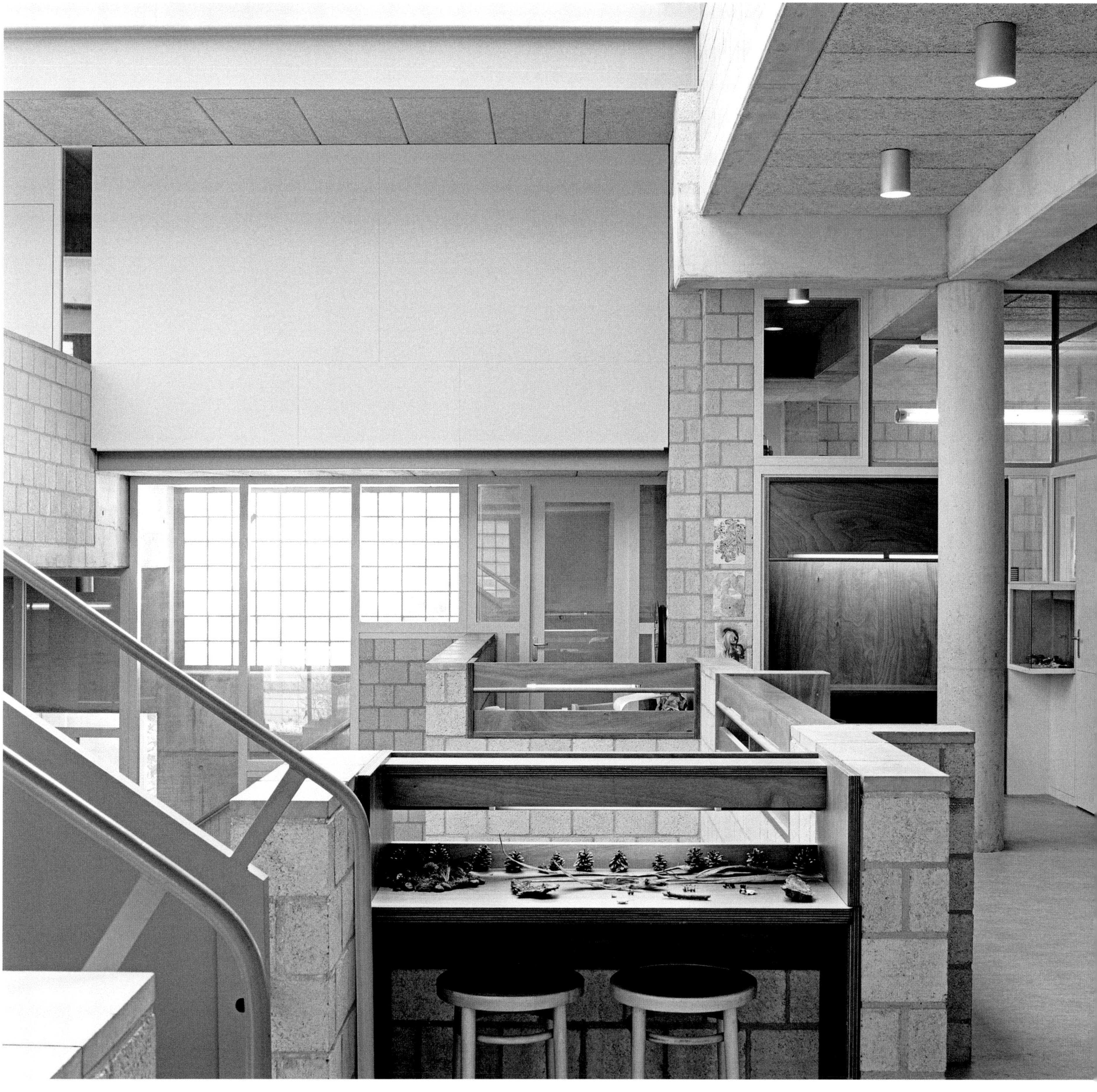

Karljosef Schattner

Bischöfliches Seminar mit Alumnenkapelle, Eichstätt, Deutschland

Episcopal seminary with alumni chapel, Eichstätt, Germany

Photos 1984

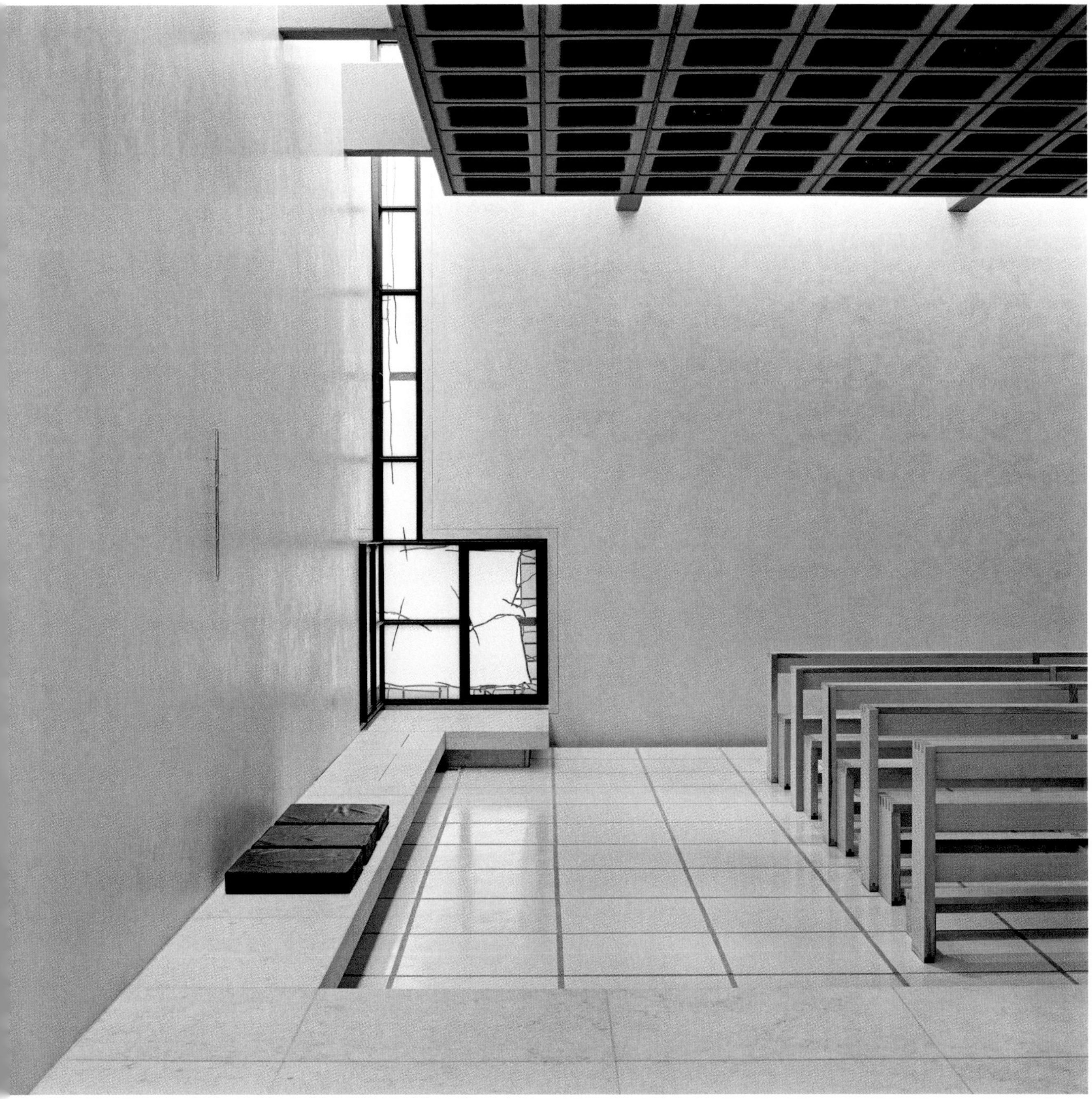

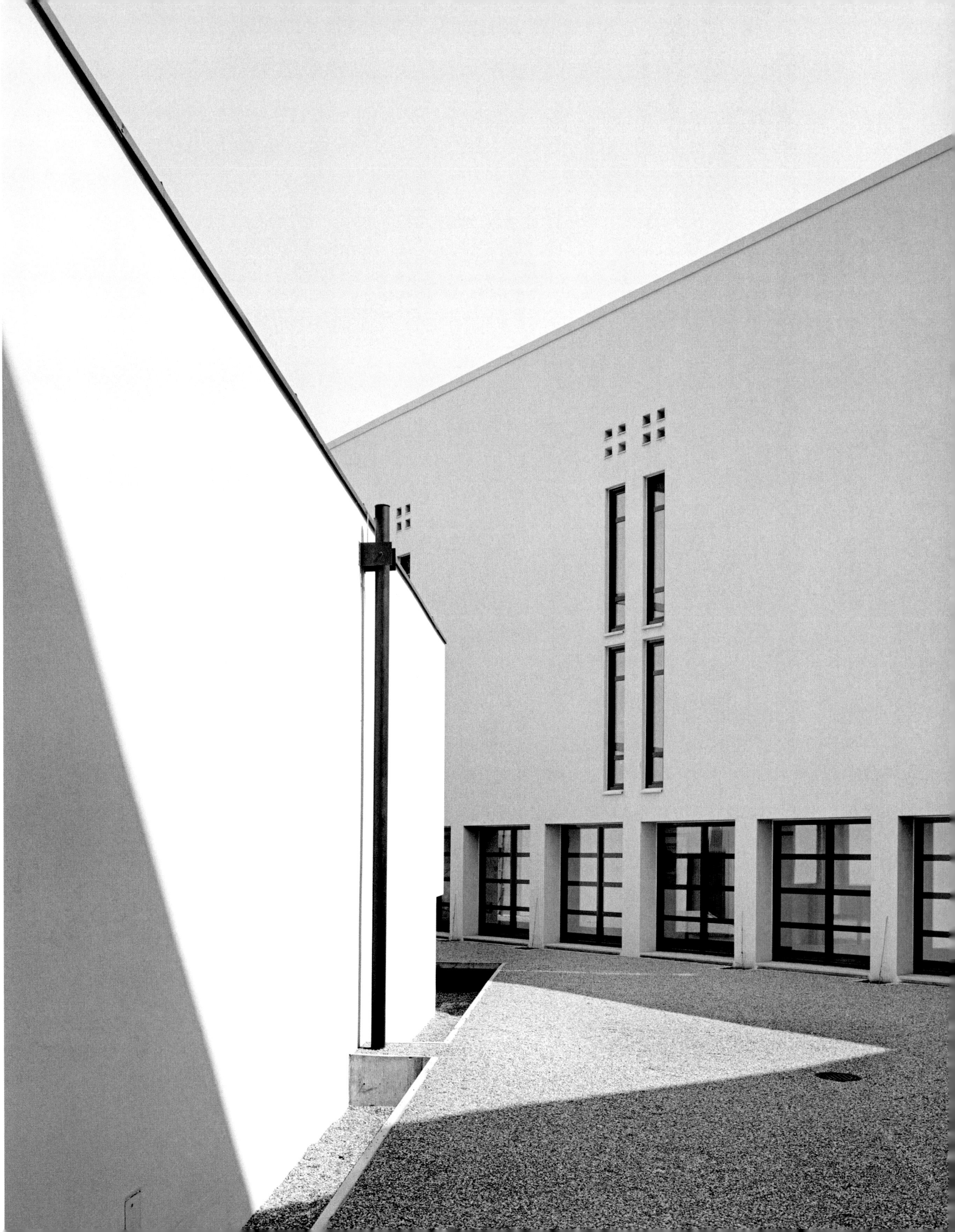

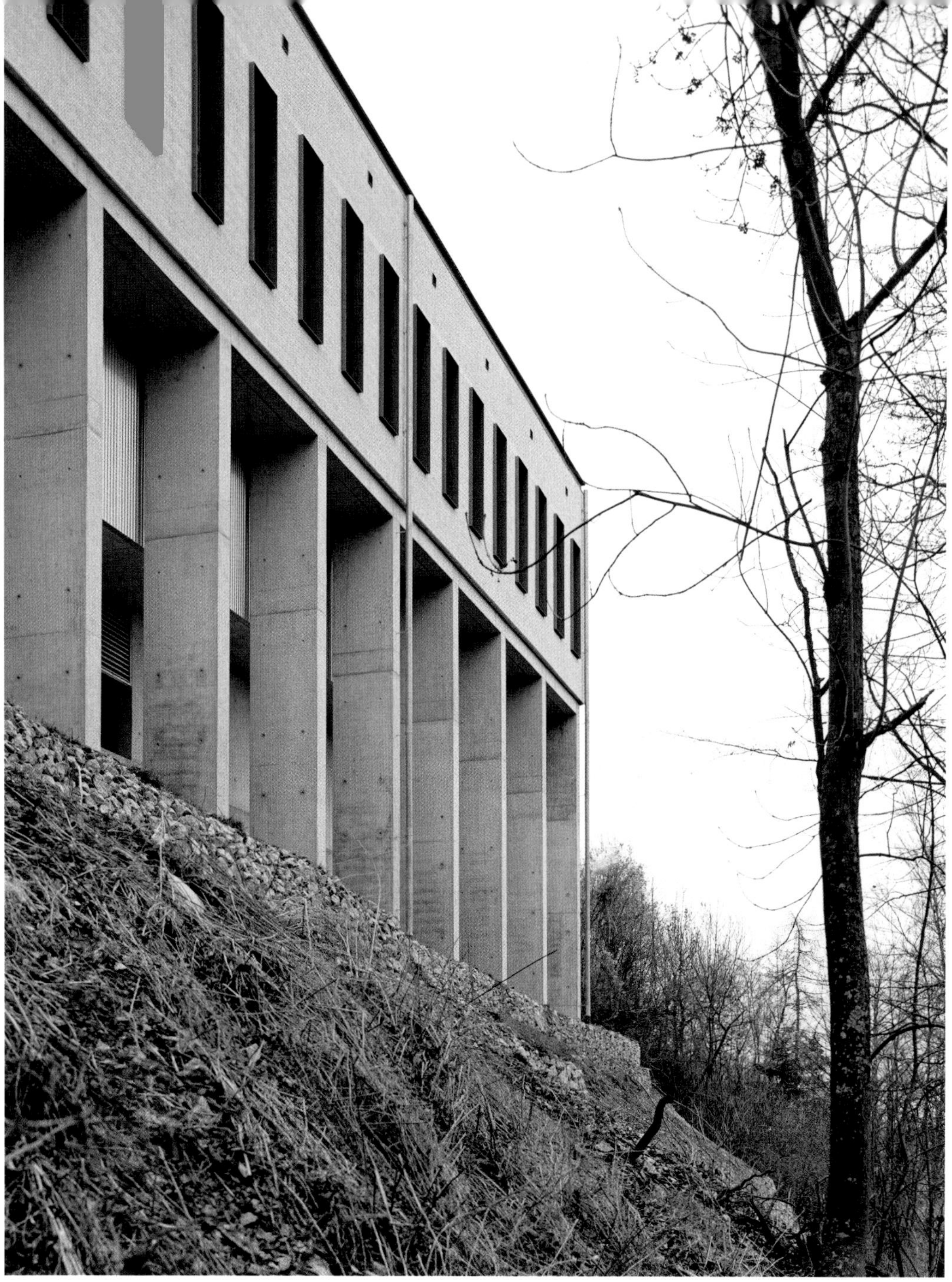

Karljosef Schattner

Erweiterung Schloß Hirschberg
bei Beilngries, Deutschland

Extension of Hirschberg castle
near Beilngries, Germany

Photos 1992

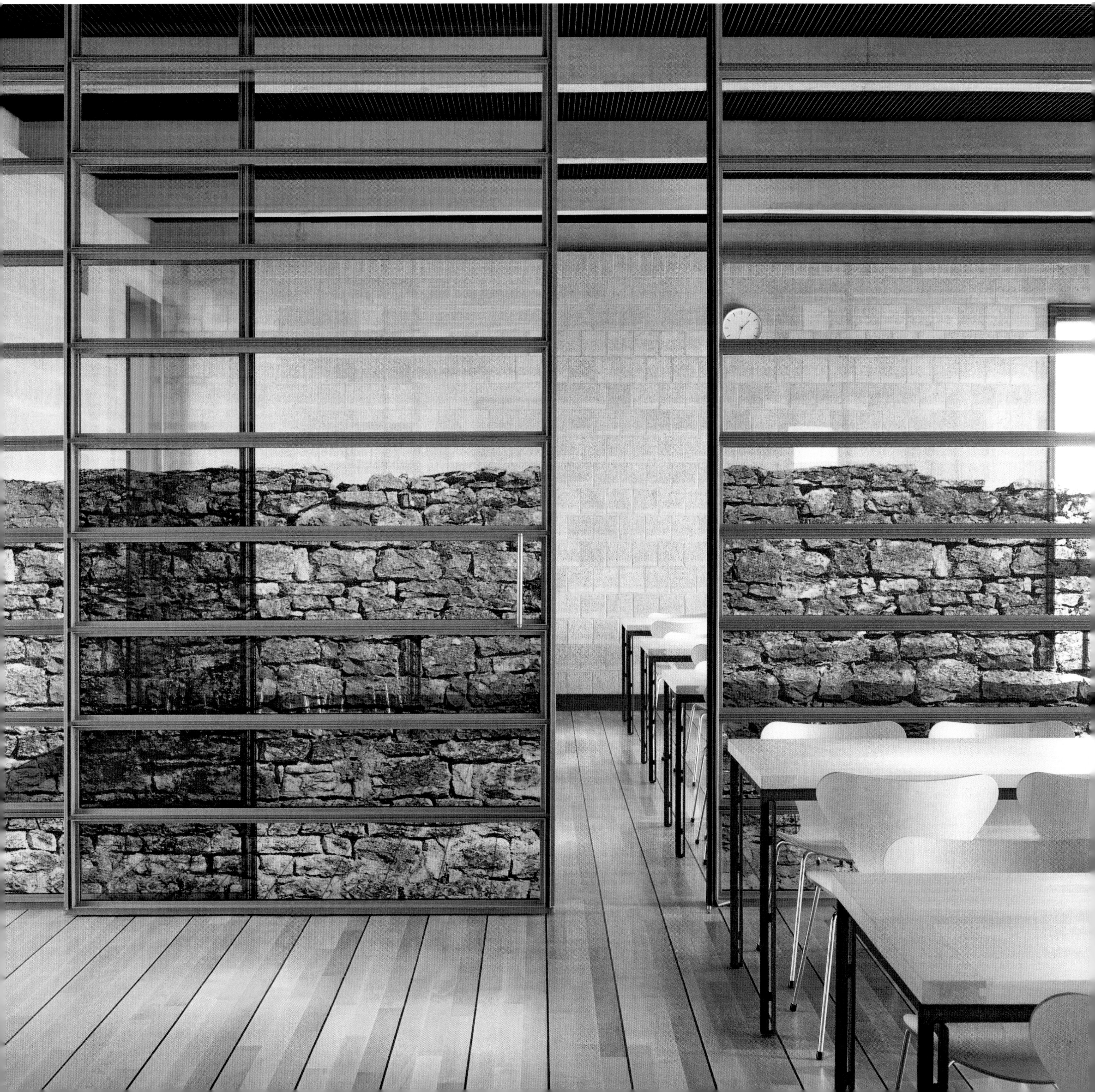

of a large university, he transferred for two semesters to the Munich Academy of Fine Arts, to study under the painter, caricaturist, graphic artist and stained glass artist Josef Oberberger. Then he resumed his study of architecture, this time in Karlsruhe. There, it was easier to establish personal contact with teachers and teaching assistants.

In postwar Germany, the Karlsruhe Fridericiana (Karlsruhe Institute of Technology), which has been called a university since 1967, was a prestigious school for future architects. Otto Ernst Schweizer, one of the great and far too little known architects of the period, had already retired when Kinold began his studies. Klaus Lankheit, who specialised in the period of the Revolution and Restauration and in Romanticism, and who was also a chronicler of the Blauer Reiter (Blue Rider), taught art history, while Arnold Tschira, who among other things had made a name for himself with studies on the Romanesque period and late antiquity in Rome and Latium, taught architectural history. The charismatic figure that towered above all the others was Egon Eiermann, who at the time – as the direct opposite of Hans Scharoun – was one of the most prominent architects in the German Federal Republic. Eiermann held the chair for construction planning and design, and Rudolf Büchner, who during the war years had worked in Eiermann's architectural office and had been teaching in Karlsruhe since 1950, held one of the two chairs for building construction and design. Kinold did not do his diploma work under Eiermann, but under Büchner, who had fewer diploma candidates to supervise. His project was the design of a new town hall in the historic centre of Ettlingen, a county town in Baden. Later, when he worked as a photographer, Kinold was to explore at length the topic »New construction in an old-town setting« in the work of Hans Döllgast, Karljosef Schattner and others.

The influential figure in Karlsruhe continued to be Eiermann, the spontaneous, witty, vain, sometimes abrasive, brilliant, inspired and inspiring teacher. He was of special importance to Kinold in two respects. For one, Kinold was fascinated by the logic, purity and clarity of his architecture. Eiermann built up a structure in readable layers. He insisted that both the primary construction – mostly in steel – and the secondary appurtenances should be plausibly comprehensible. He was a master of the choreography of lightness, of the transparent. The elements of his buildings, both the supporting structure and the load it supports, seem to touch only minimally, seem to be fastened together only lightly, as though someone had whispered, »Noli me tangere«. When he was at his best, for all his rational order, Eiermann achieved vivid, memorable configurations: tent, chalice, terraced hill, pavilion.

Eiermann also influenced Kinold's career choice, photography. During his internship with Büchner, the young man who knew how to handle cameras was hired as a student assistant with a fixed salary to take care of whatever photographic work there was – reproduction work, creating course material, photographing building models and the teachers' building projects. In this work he was allowed to use the department's photographic equipment. Kinold's work attracted the attention of Eiermann's chair. Thanks to the good offices of Eiermann's assistant Heinz Jakubeit, Kinold photographed models of the current major projects of Eiermann's architecture firm – the IBM in Stuttgart and the Olivetti headquarters in Germany in Frankfurt-Niederrad. After Eiermann's sudden death, Kinold photographed the entire Olivetti headquarters in Niederrad (1968–72), the first major complex

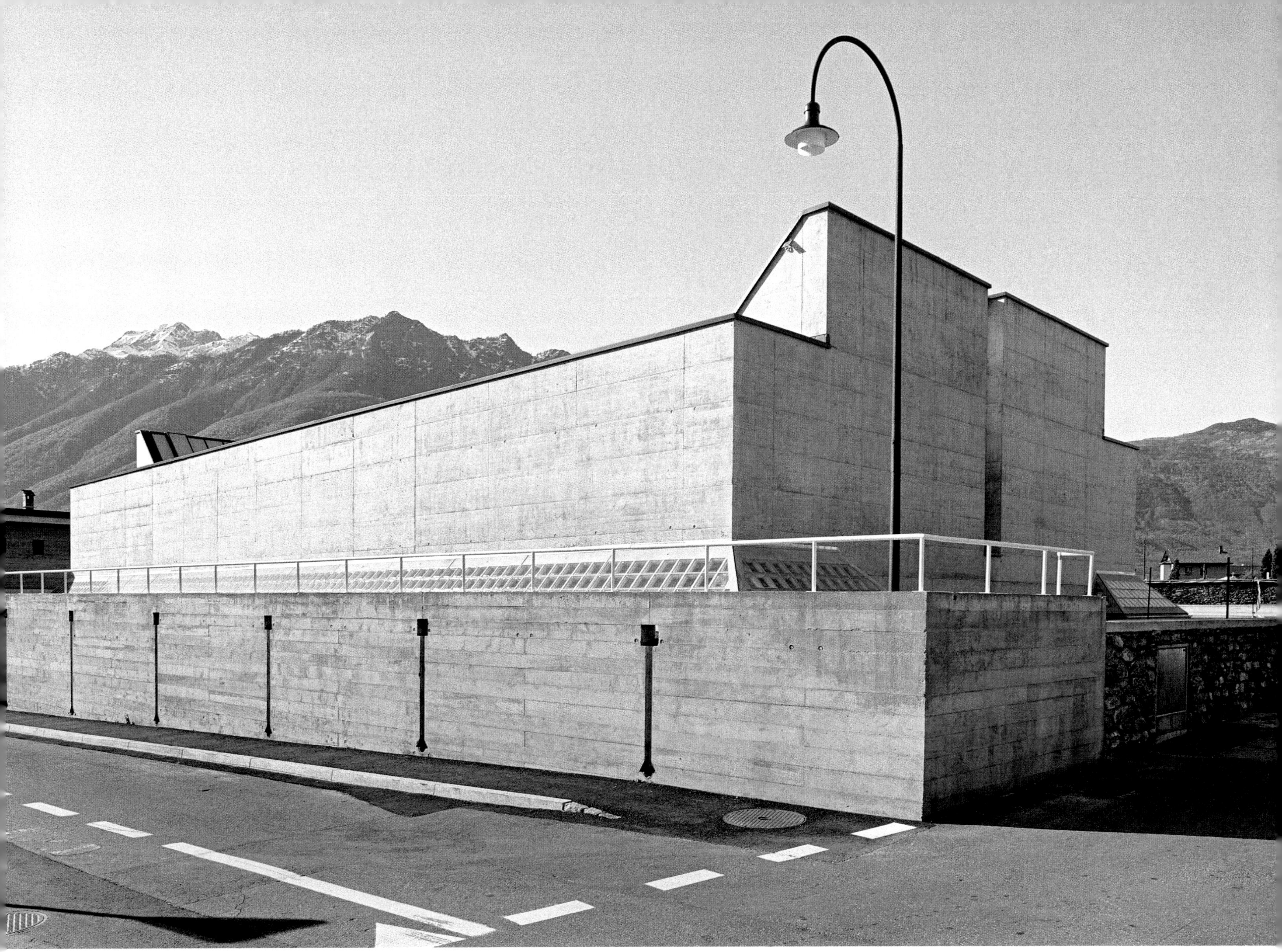

Luigi Snozzi

Turnhalle, Monte Carasso,
Tessin, Schweiz

Sports hall, Monte Carasso,
Ticino, Switzerland

Photo 1985

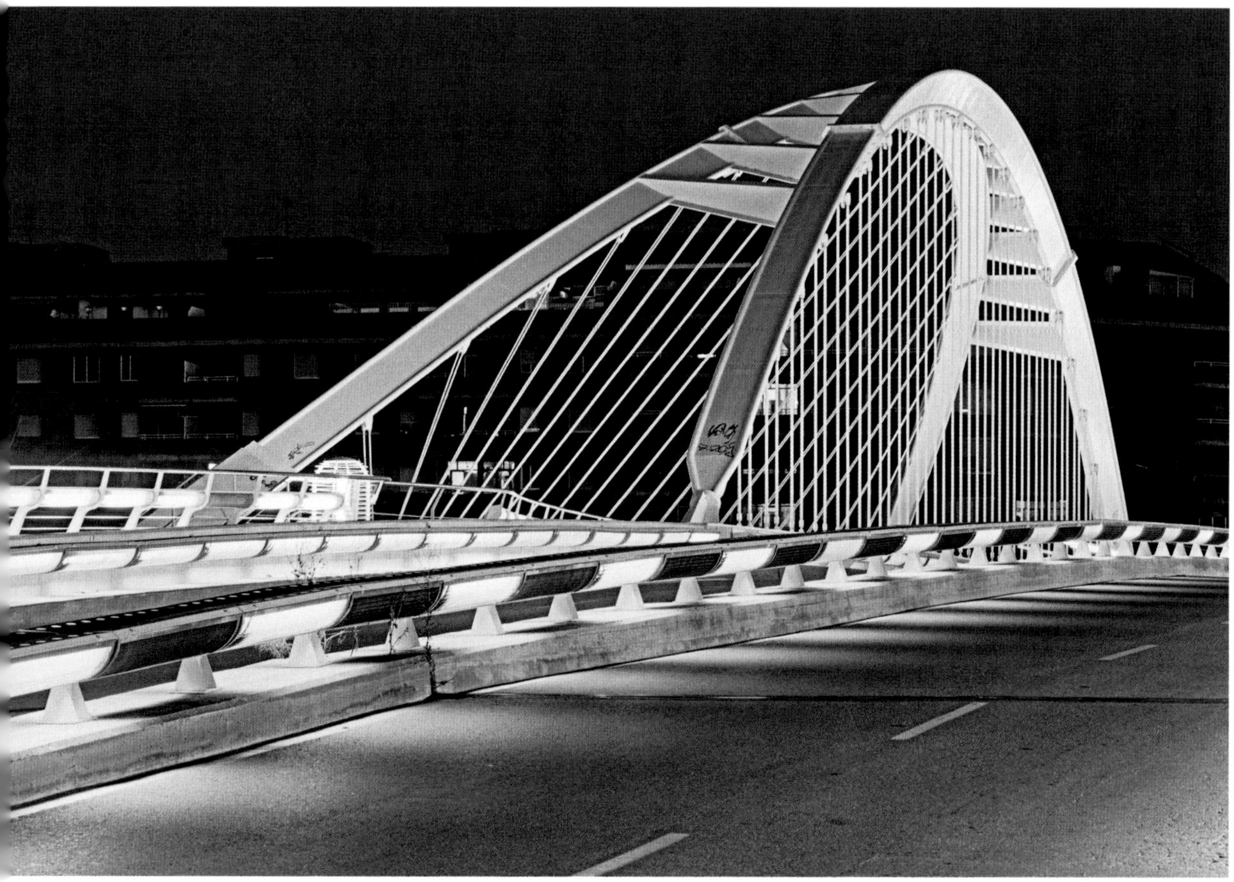

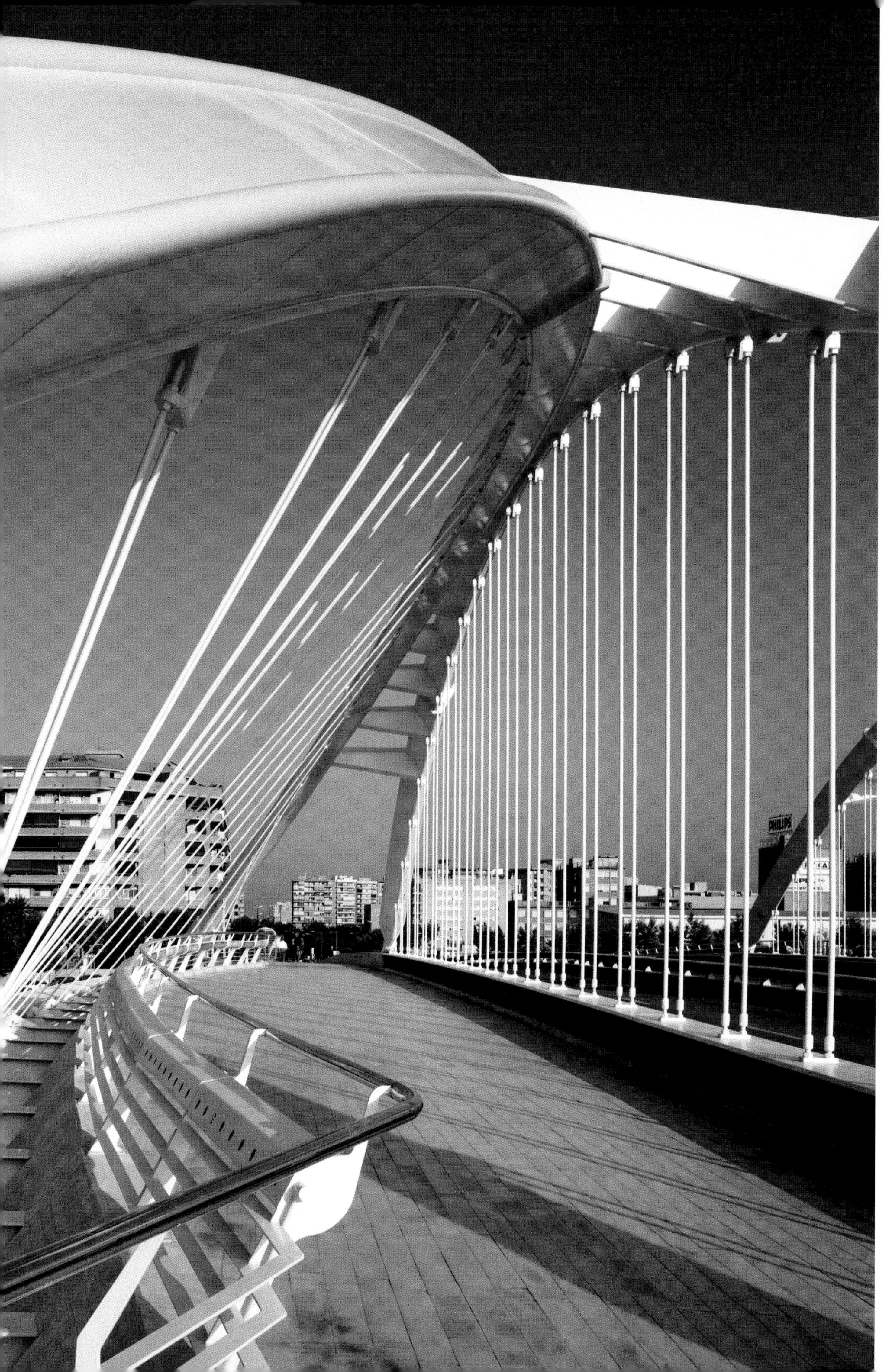

Santiago Calatrava

Brücke Bac de Roda, Barcelona

Bac de Roda Bridge, Barcelona

Photos 1992

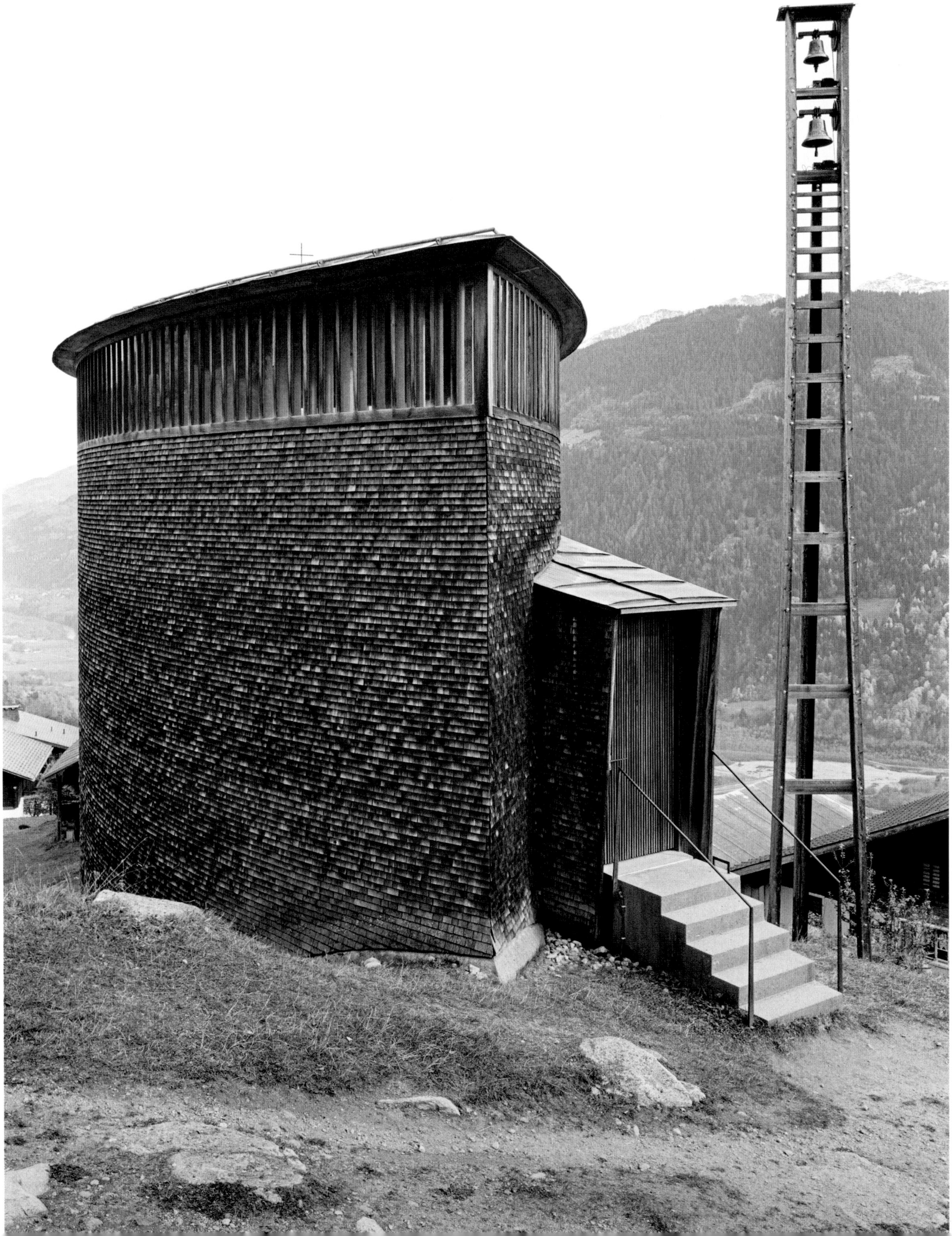

Peter Zumthor

Kapelle Sogn Benedetg,
Sumvitg, Schweiz

Sogn Benedetg chapel,
Sumvitg, Switzerland

Photos 2009

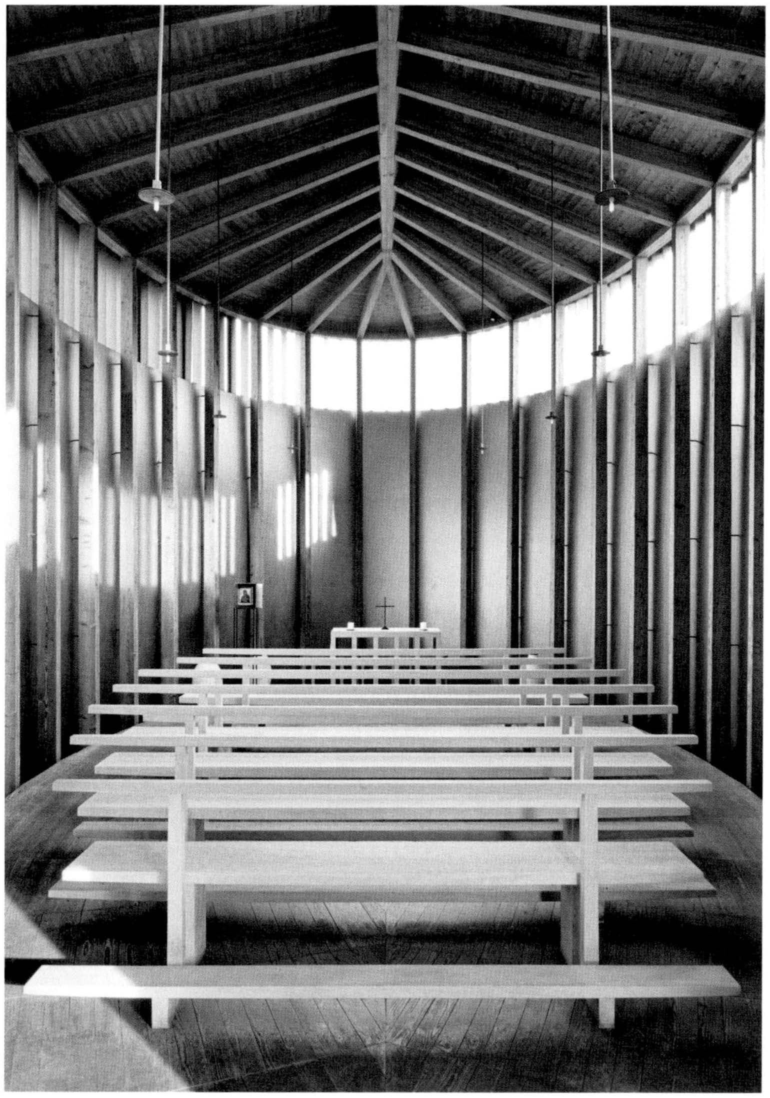

Heinz Bienefeld

Haus Babanek,
Brühl, Deutschland

Babanek house,
Brühl, Germany

Photos 1996

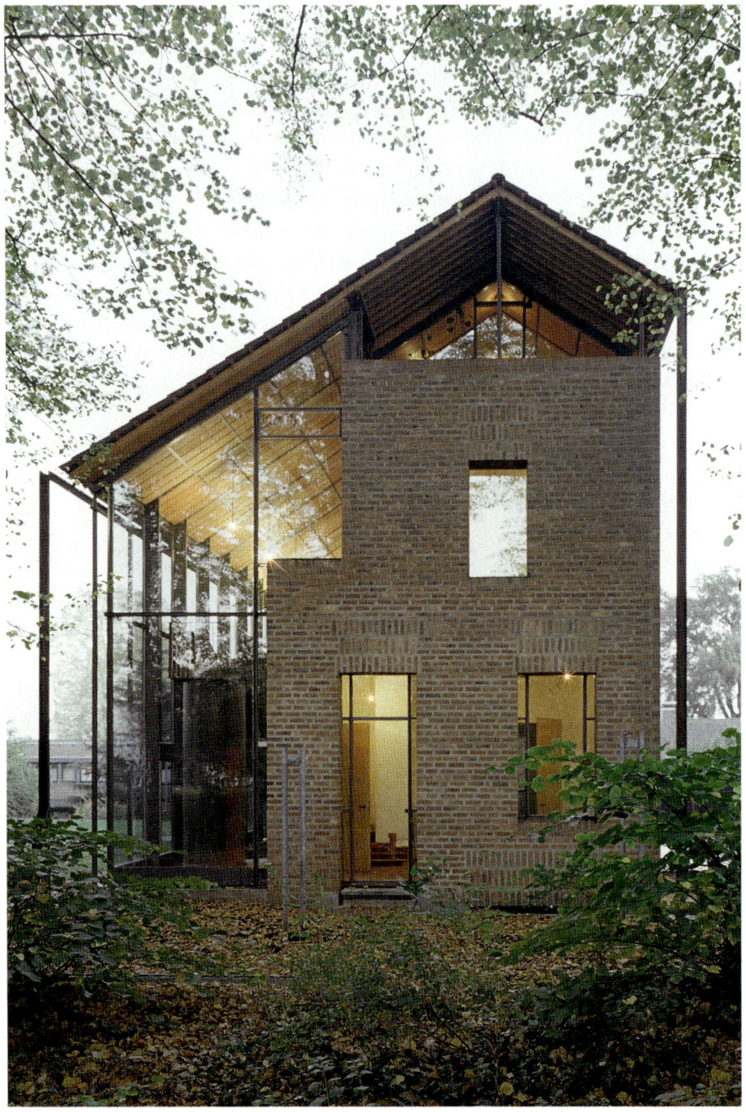

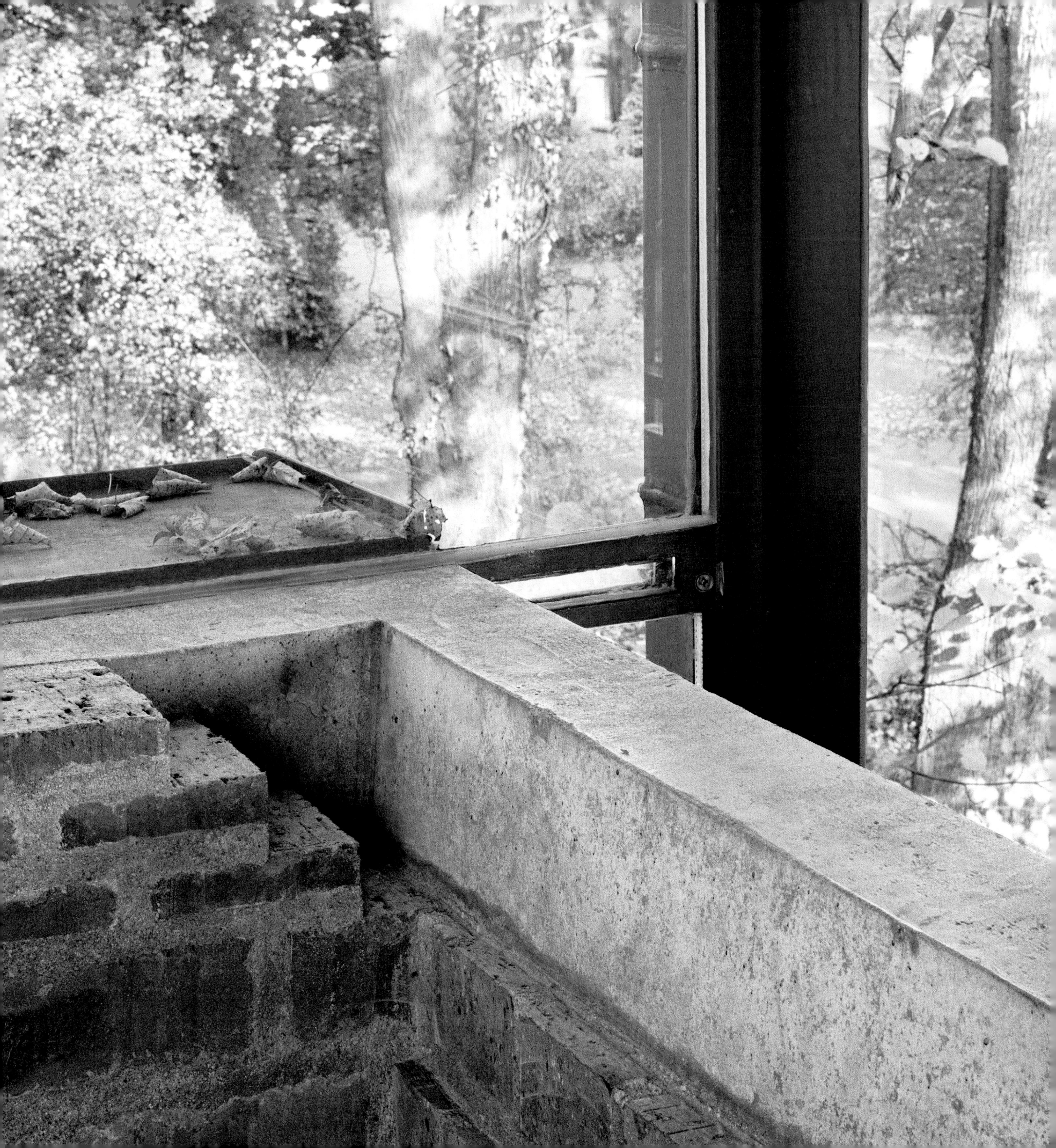

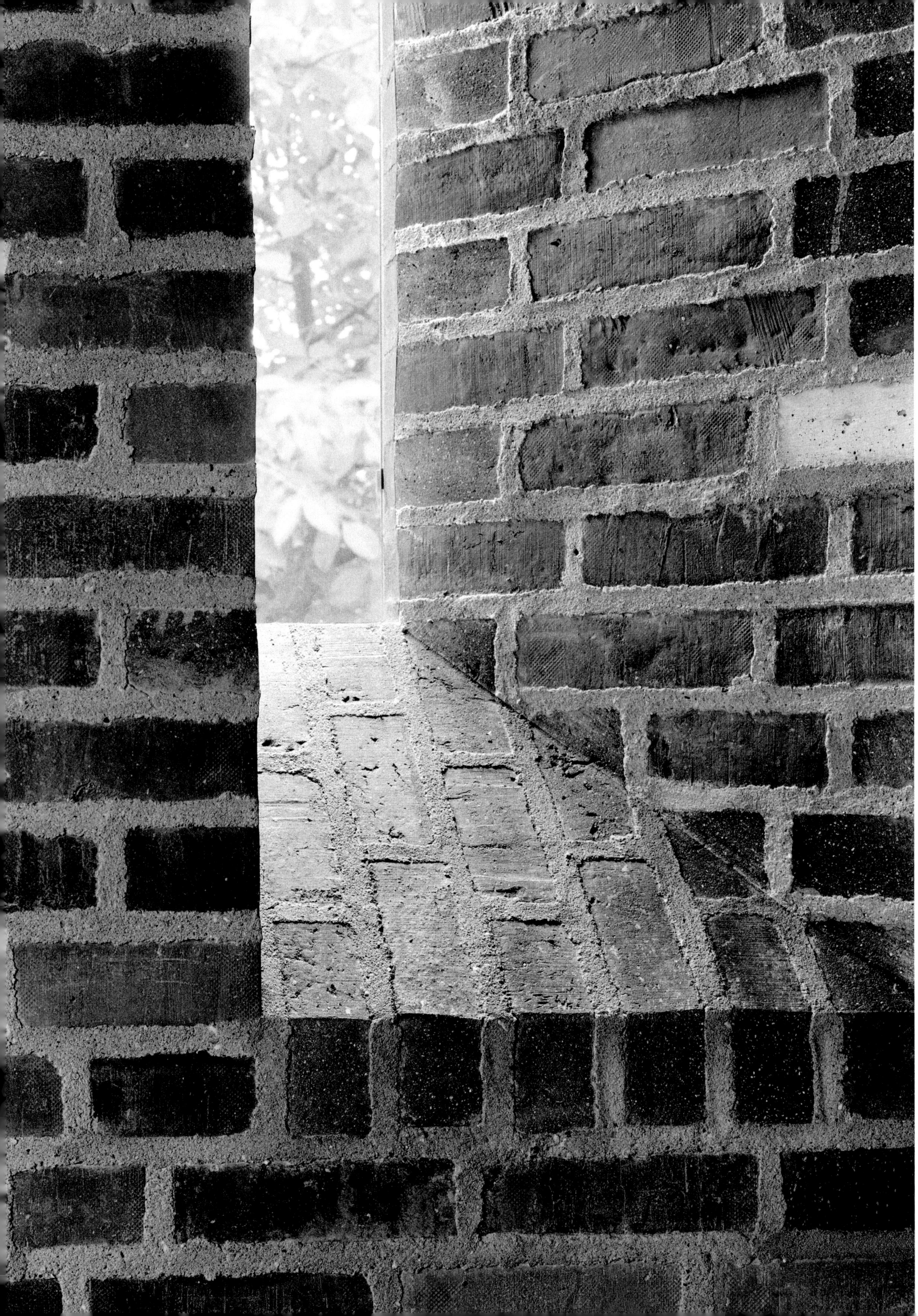

Heinz Bienefeld

Haus Kühnen,
Kevelaer, Deutschland

Kühnen house,
Kevelaer, Germany

Photos 1991

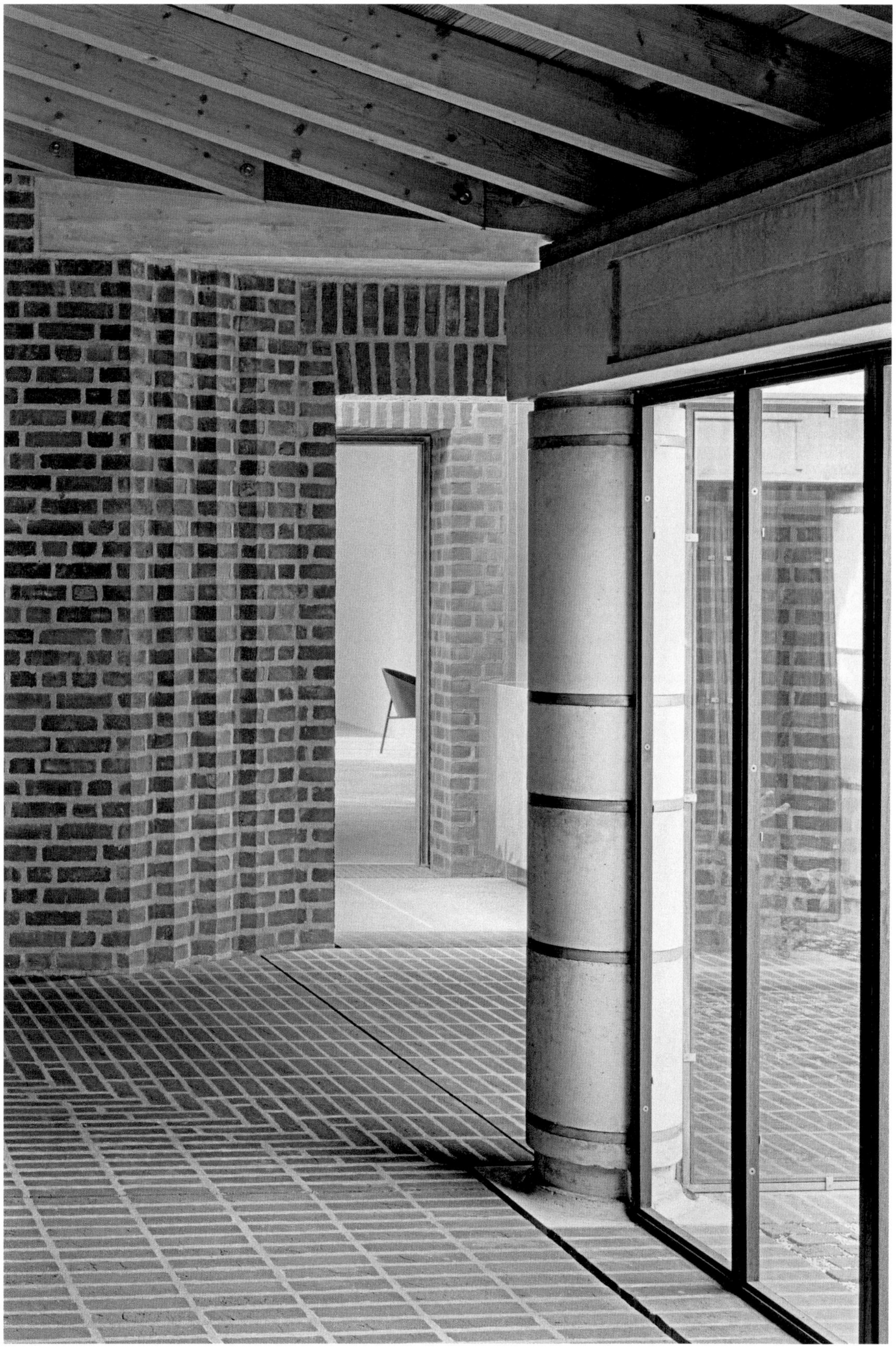

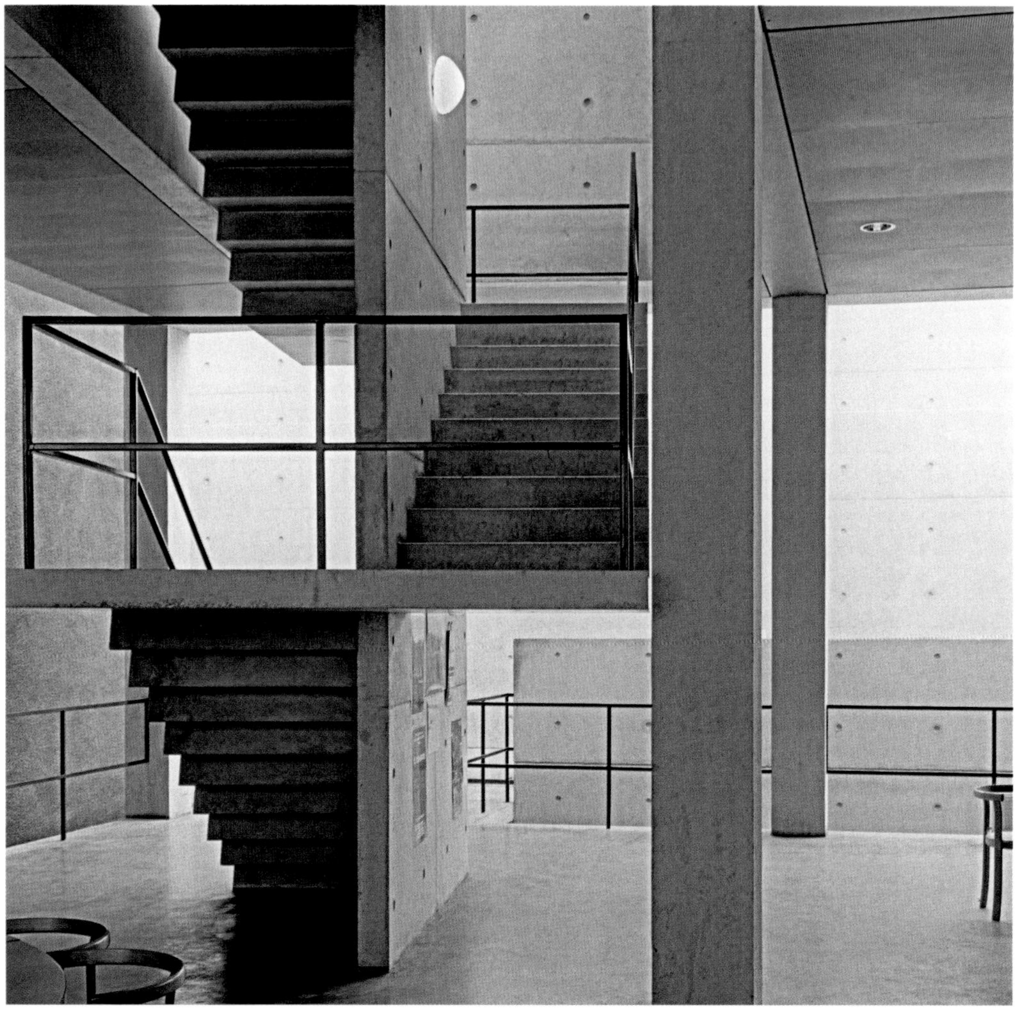

Wiel Arets

Erweiterung der Kunstakademie
Maastricht, Niederlande

Extension of Maastricht Academy
of Fine Arts, The Netherlands

Photos 1994

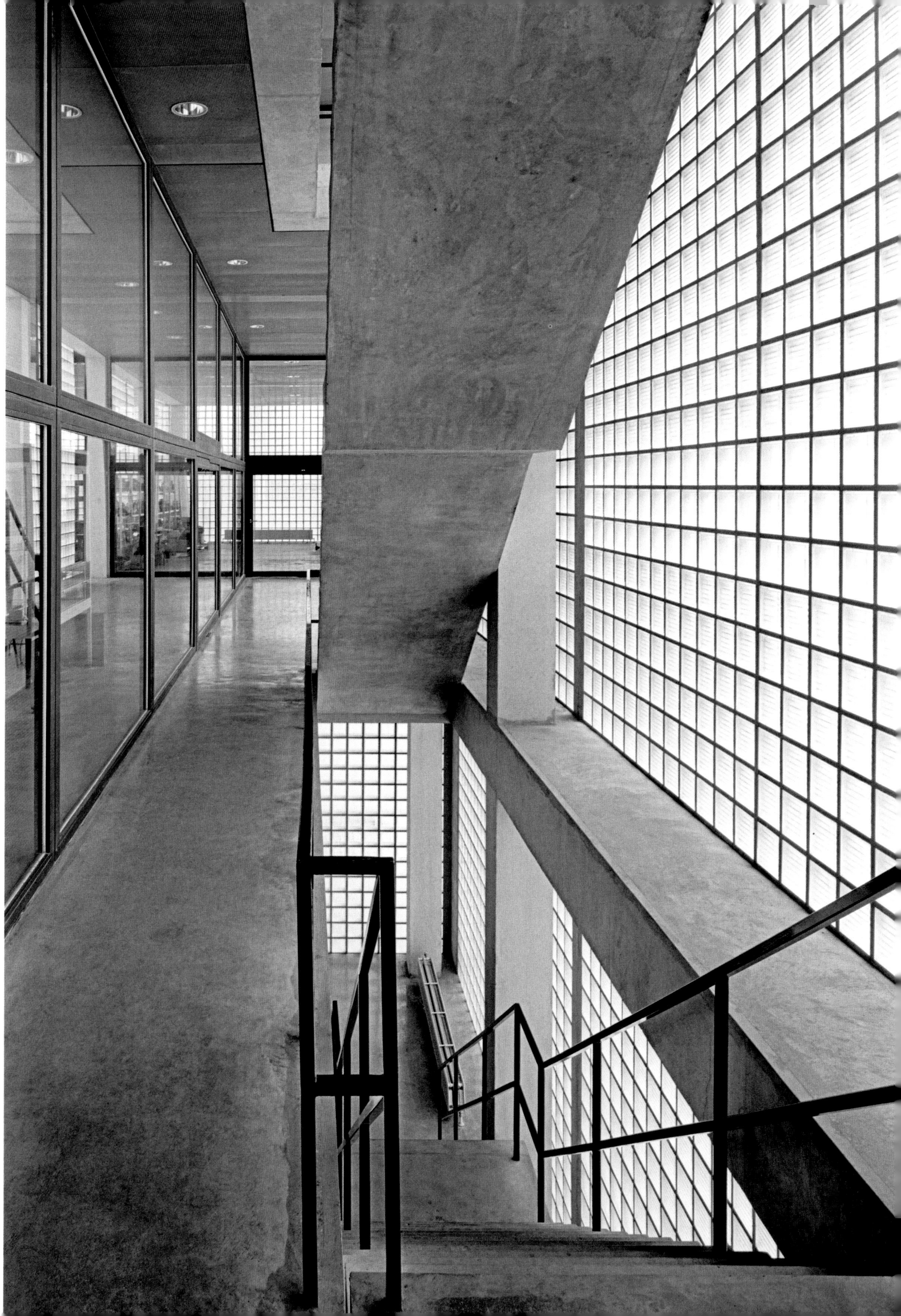

Herzog & de Meuron

Sammlung Goetz, München

Goetz Collection, Munich

Photos 1995

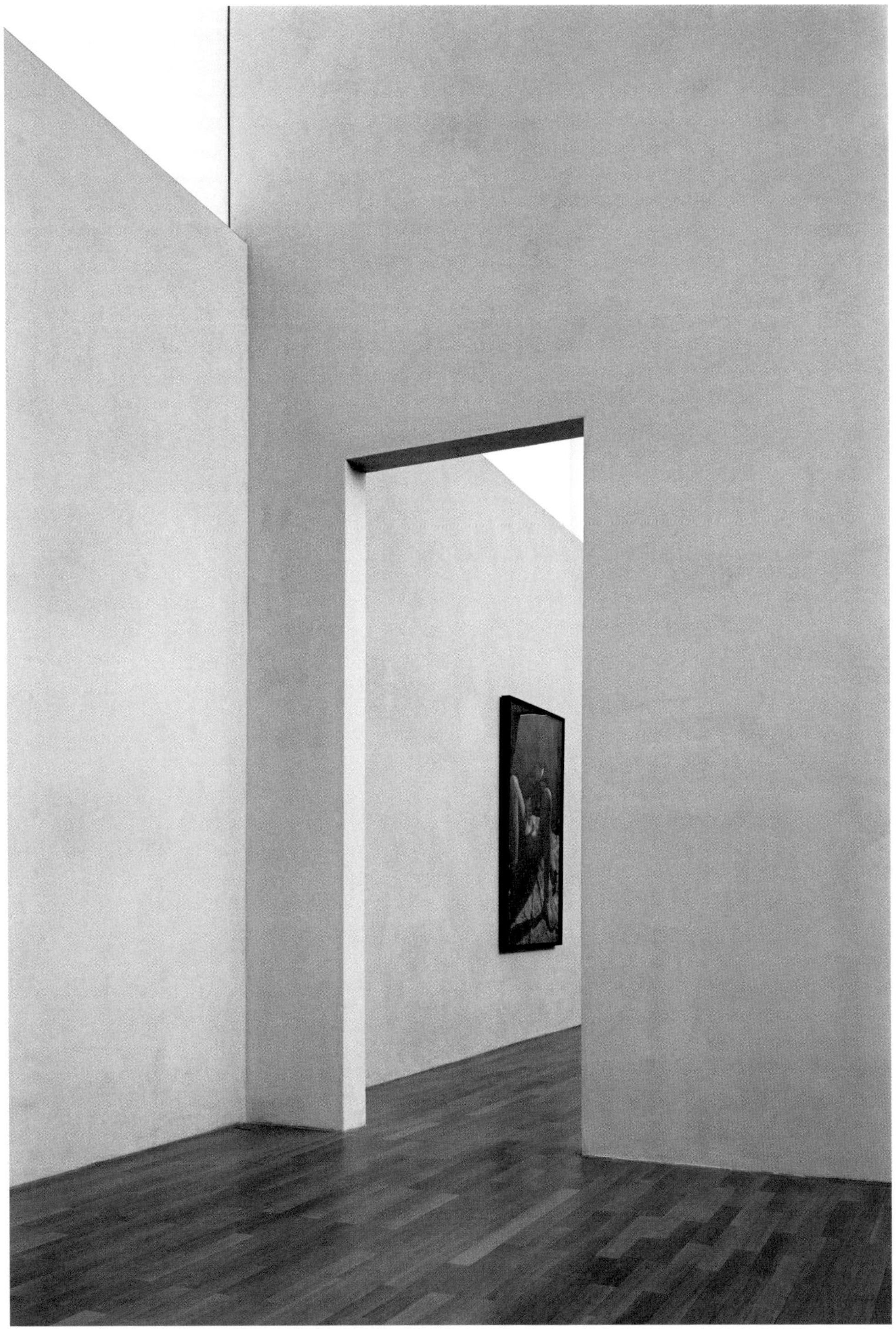

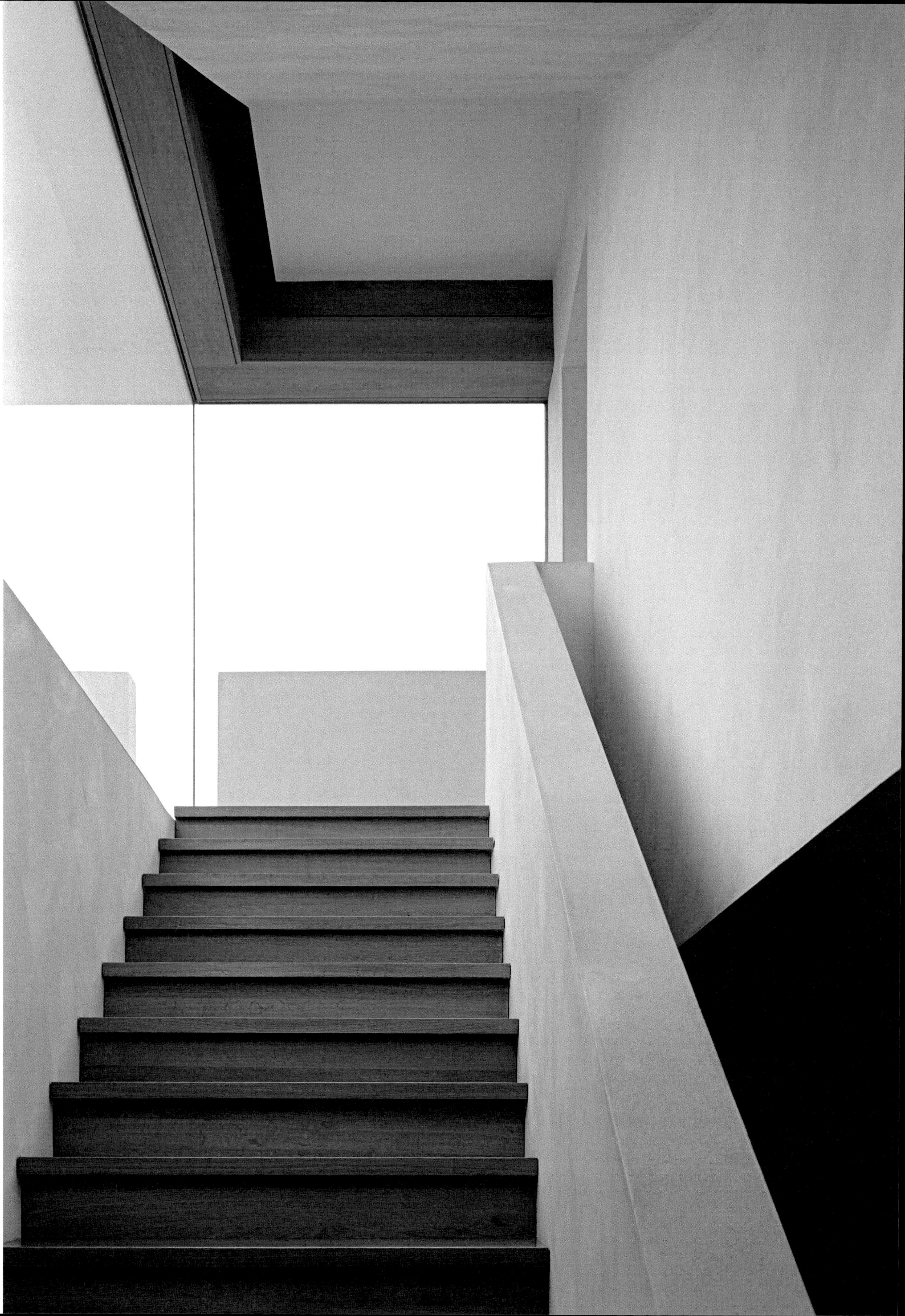

Enric Miralles, Carme Pinós

Friedhof Igualada
bei Barcelona

Igualada cemetery
near Barcelona

Photos 1992

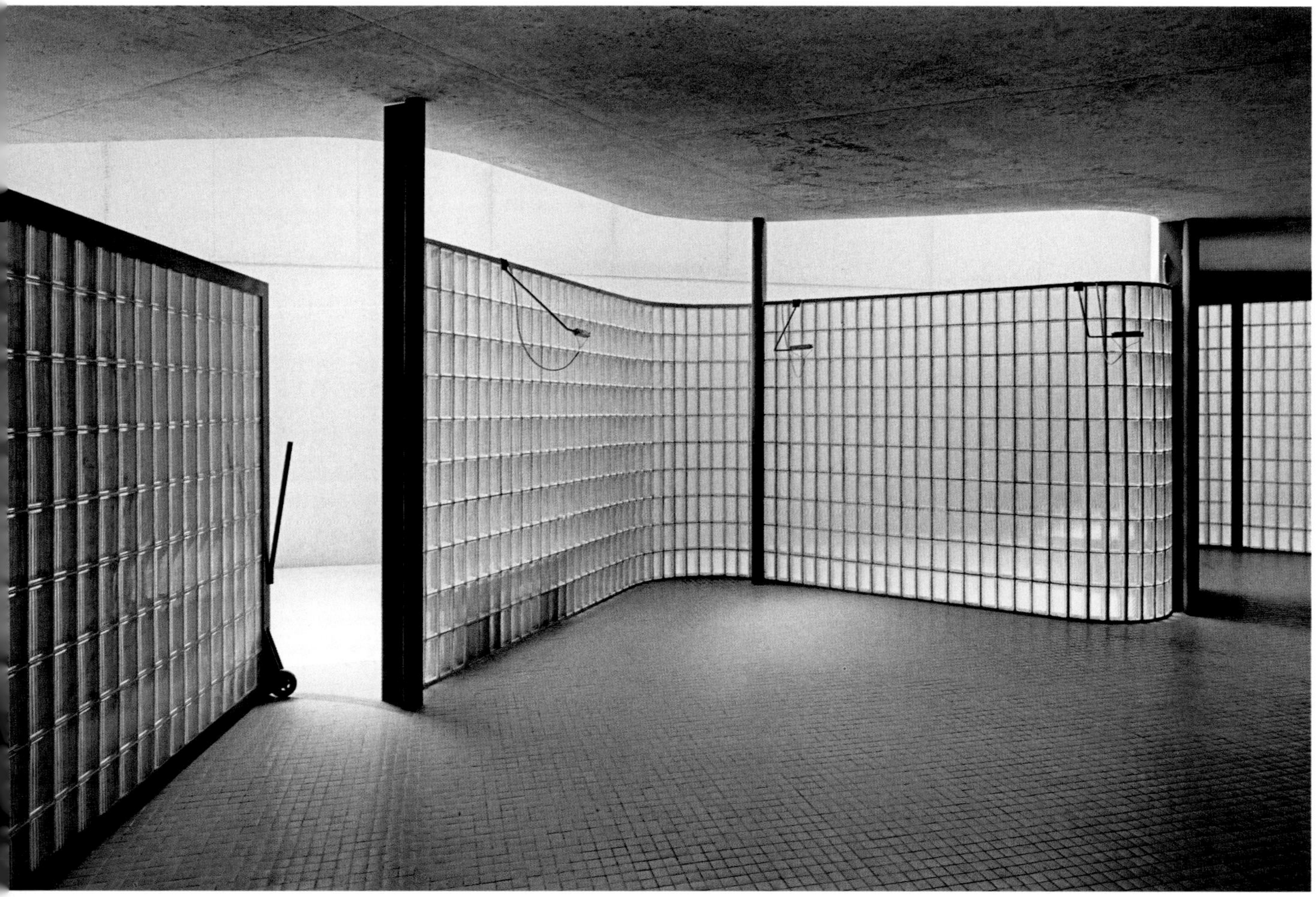

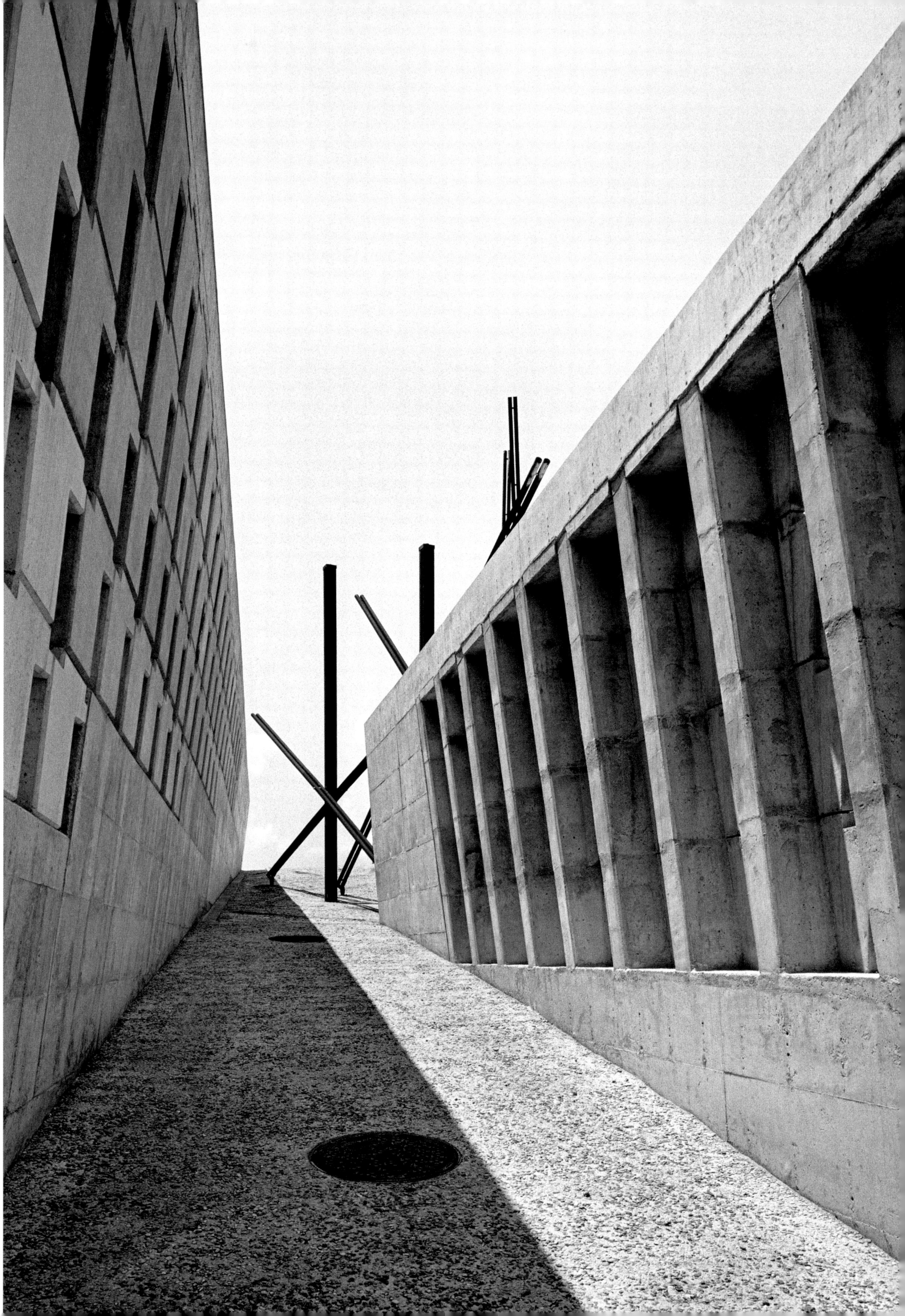

Tadao Ando

Konferenzpavillon der Vitra AG,
Weil am Rhein, Deutschland

Conference pavilion of Vitra AG,
Weil am Rhein, Germany

Photo 1994

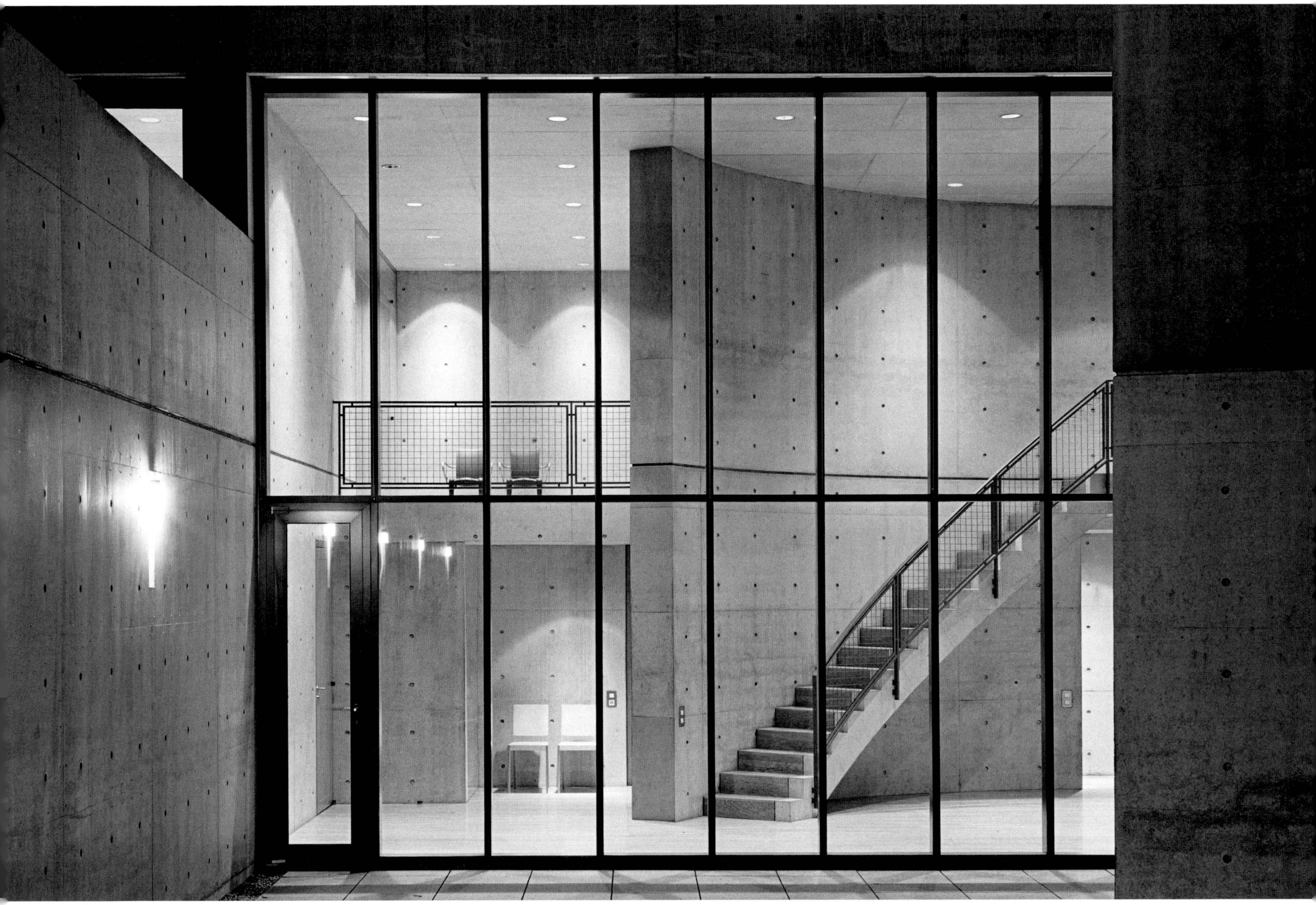

of buildings he recorded on film. Eiermann was not only a client with very specific wishes and instructions, but also engaged Kinold in exhaustive dialogue, discussing Kinold's work down to the last detail. Kinold admits that he learned more about architectural photography from him than from anyone else. »I have never again encountered an architect who could look at photos at such length and so intensively, and then analyse and evaluate them so precisely.«[15] And who even entered his corrections in the photos.

Before he developed his distinctive style as an architectural photographer, Kinold also took other kinds of photographs, and photographed other things. In his Schwabing studio, as a reminder of this period of evolution, he displays object studies in a kind of magical realist style, or sensitive portraits of fellow students. Yet it is the photographs of buildings that are considered to be characteristic of his work. The goal is for viewers to learn to understand the buildings. In order for them to be able to understand them, the photographer must have understood them himself. Kinold says that he does not photograph the way people make a phone call, unprepared, without reflection, but only after he has grasped the principles of construction underlying the design of the building, understood its structure, recognised the interplay between construction and form. There is the object, and here is the picture. The more clearly it describes its object, the better. Vantage points and visual axes are specified beforehand. Predominant in his photographs are façades that are parallel to the picture plane, axial perspectives, vanishing lines, and positions at right angles to each other that are aligned with the formats of the picture. Kinold is convinced that there are absolutely correct settings at which something goes »click« in the photographer's head and not merely in the camera's shutter. In the process the buildings come to have an almost ideal quality, and so do the pictures.

»Architectural photography ... does not serve the self-discovery or self-realisation of the photographer ... The autonomy of the picture as opposed to that of the object has no place in architectural photography, which is commissioned by the client.«[16] And so, as we view his work, apart from the panoramas not contained in this volume, we do not think first and foremost of how they were made or even of the art with which he represents buildings. The method must take a subordinate role, it serves to describe what is real. The less noticeable it is, the clearer the object becomes. Kinold takes the name of his most important instrument, the objective, literally; he remains objective. As a trained architect he opts for the objective qualities of the building, not for the charms of the setting where it is located. Those who knew Eiermann intimately know something about exact work, whether it involves designing buildings or taking photographs.

Style at play

Style is at play even in working methods that are as intently focused on functionality and objectivity as are Kinold's. The very fact that the photographer isolates the object and its individual aspects signals a significance that does not correspond to that of the building in its real-life setting. Walter Benjamin spoke of »random perception« (as opposed to »intense observation«) as the normal way architecture is perceived.[17] Those who see with the eyes of a photographer do not »notice« in passing, however. They see intentionally and selectively. They focus, and as they focus they are already staging

15 Klaus Kinold, quoted from: Ulrich Weisner (ed.), *»Ich will Architektur zeigen, wie sie ist«. Klaus Kinold, Fotograf,* exhibition catalogue, Kunsthalle Bielefeld, Düsseldorf, 1993, p. 36.

16 Ibid., p. 13.

17 Walter Benjamin, *Das Kunstwerk im Zeitalter seiner technischen Reproduzierbarkeit,* Frankfurt am Main, 1963 (Edition Suhrkamp, 28), p. 47.

James Stirling, Michael Wilford

Zentrale der B. Braun AG
Melsungen, Deutschland

Headquarters of B. Braun AG
Melsungen, Germany

Photos 1992

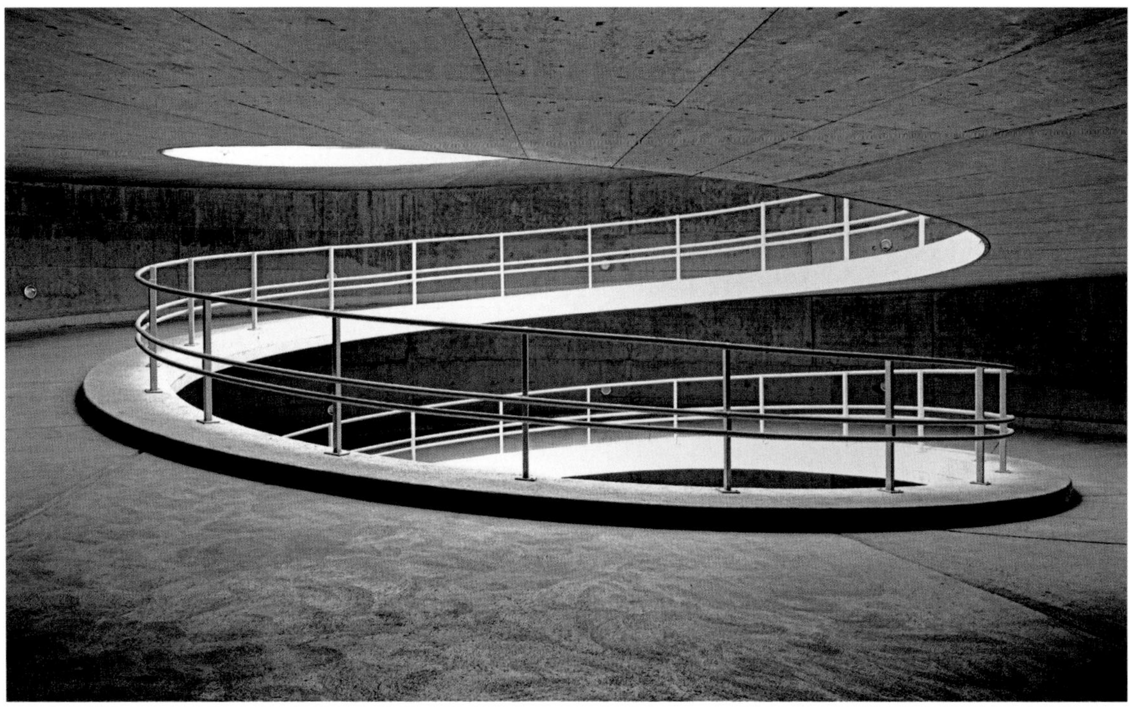

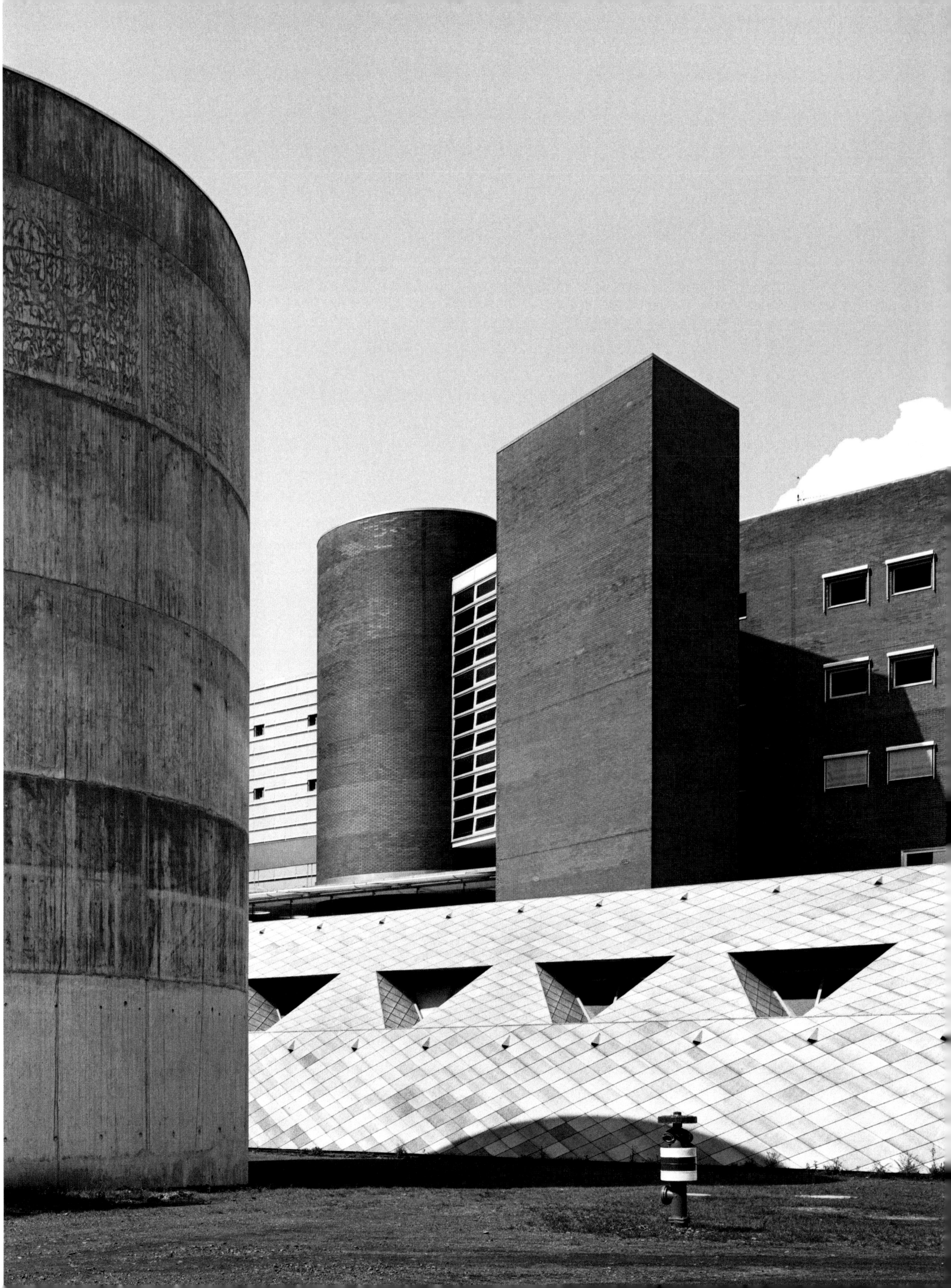

Dolf Schnebli, Tobias Ammann, Flora Ruchat-Roncati

Schulerweiterung Kappelerhof, Baden, Schweiz

Extension of the Kappelerhof school, Baden, Switzerland

Photos 1994

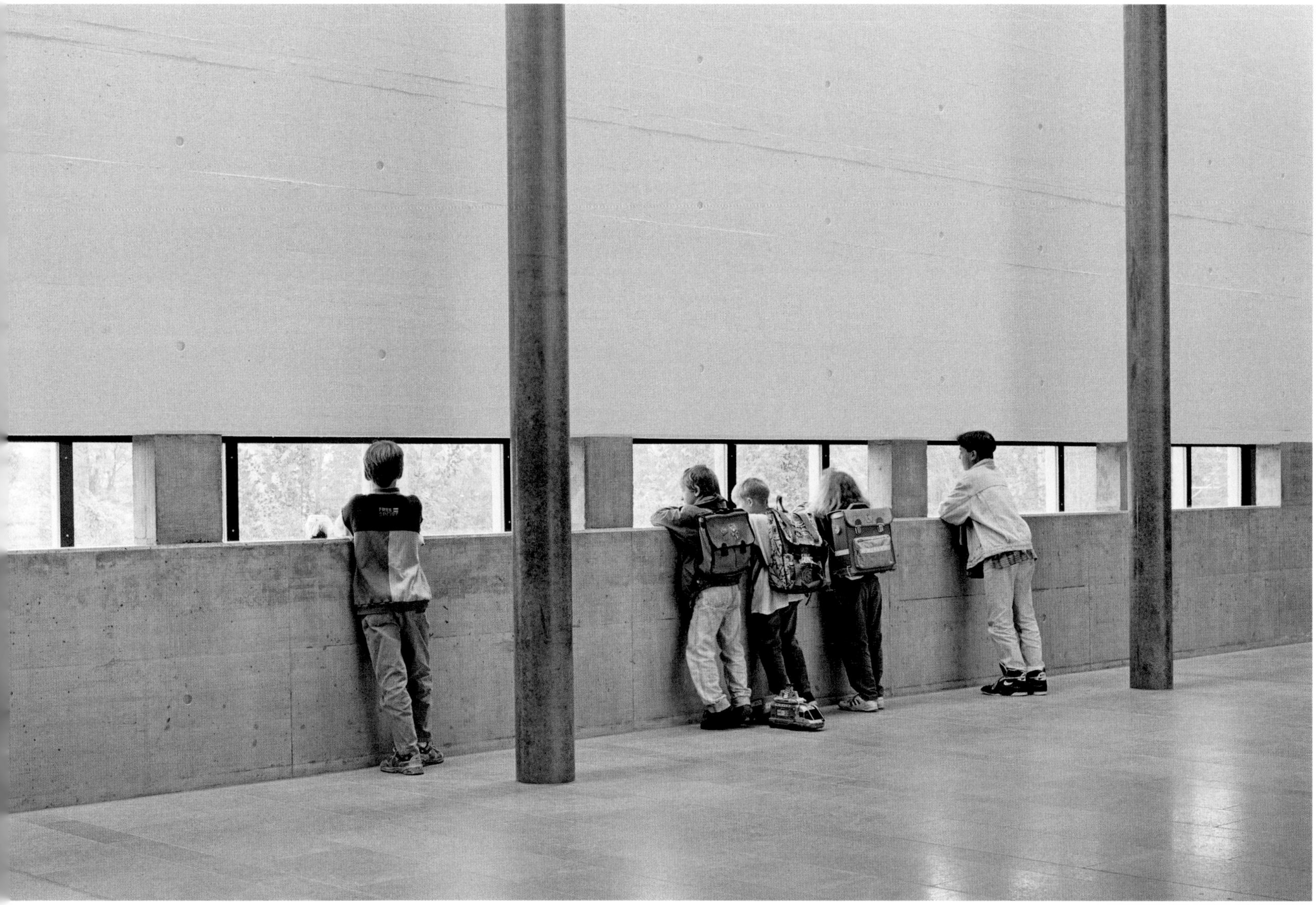

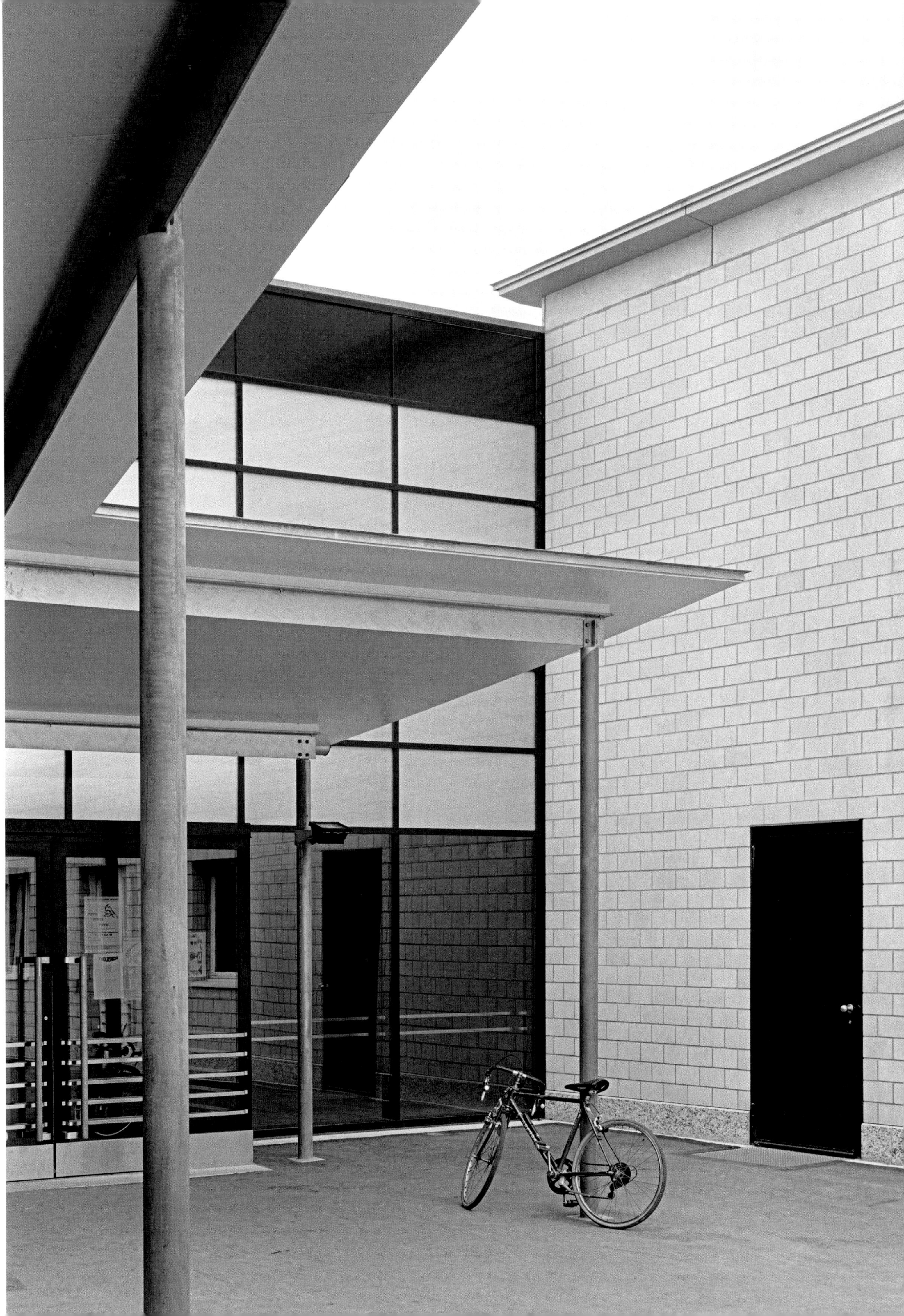

Peter Märkli

La Congiunta, Museum für den Bildhauer Hans Josephson, Giornico, Tessin, Schweiz

La Congiunta, museum for the sculptor Hans Josephson, Giornico, Ticino, Switzerland

Photos 2003

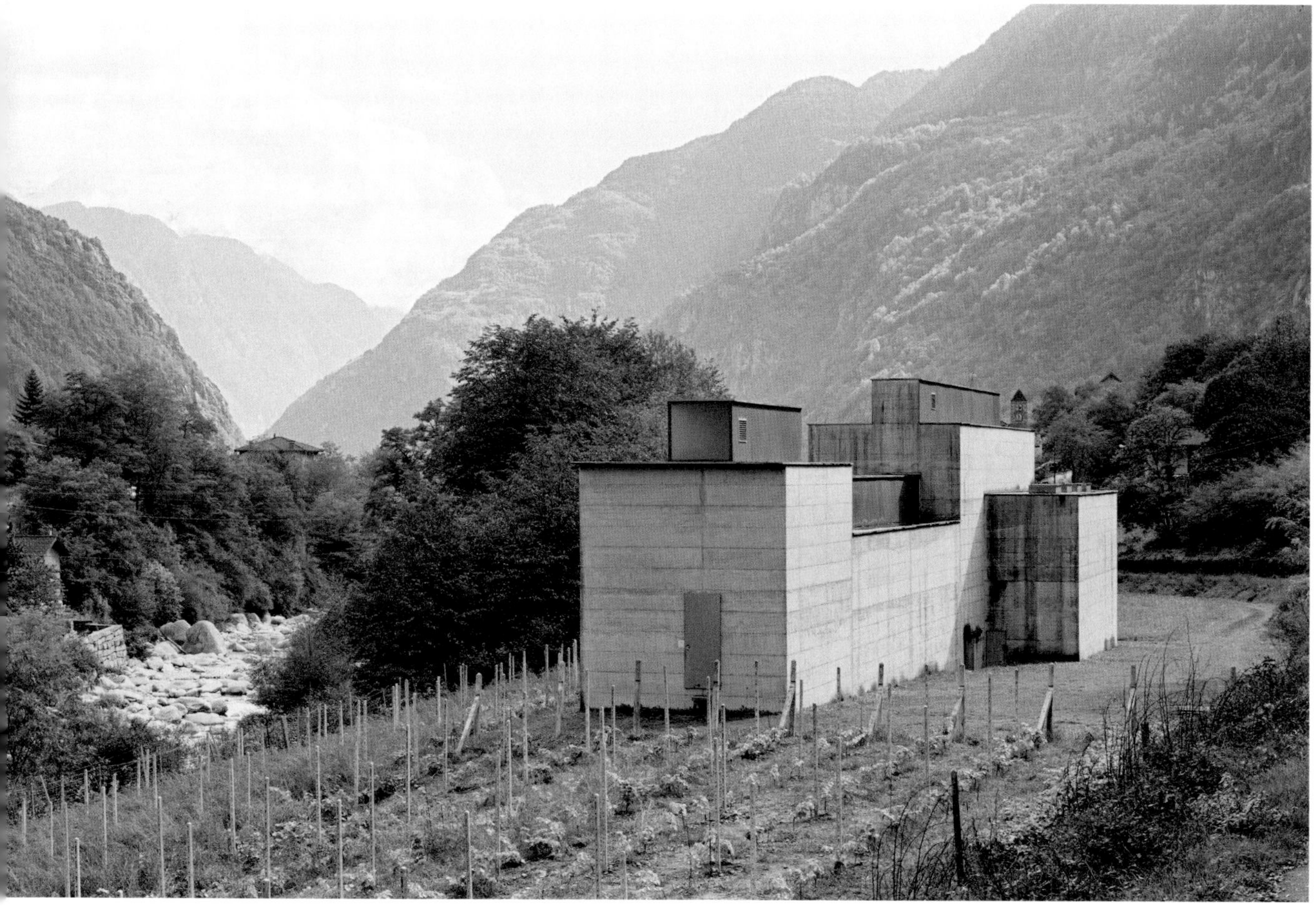

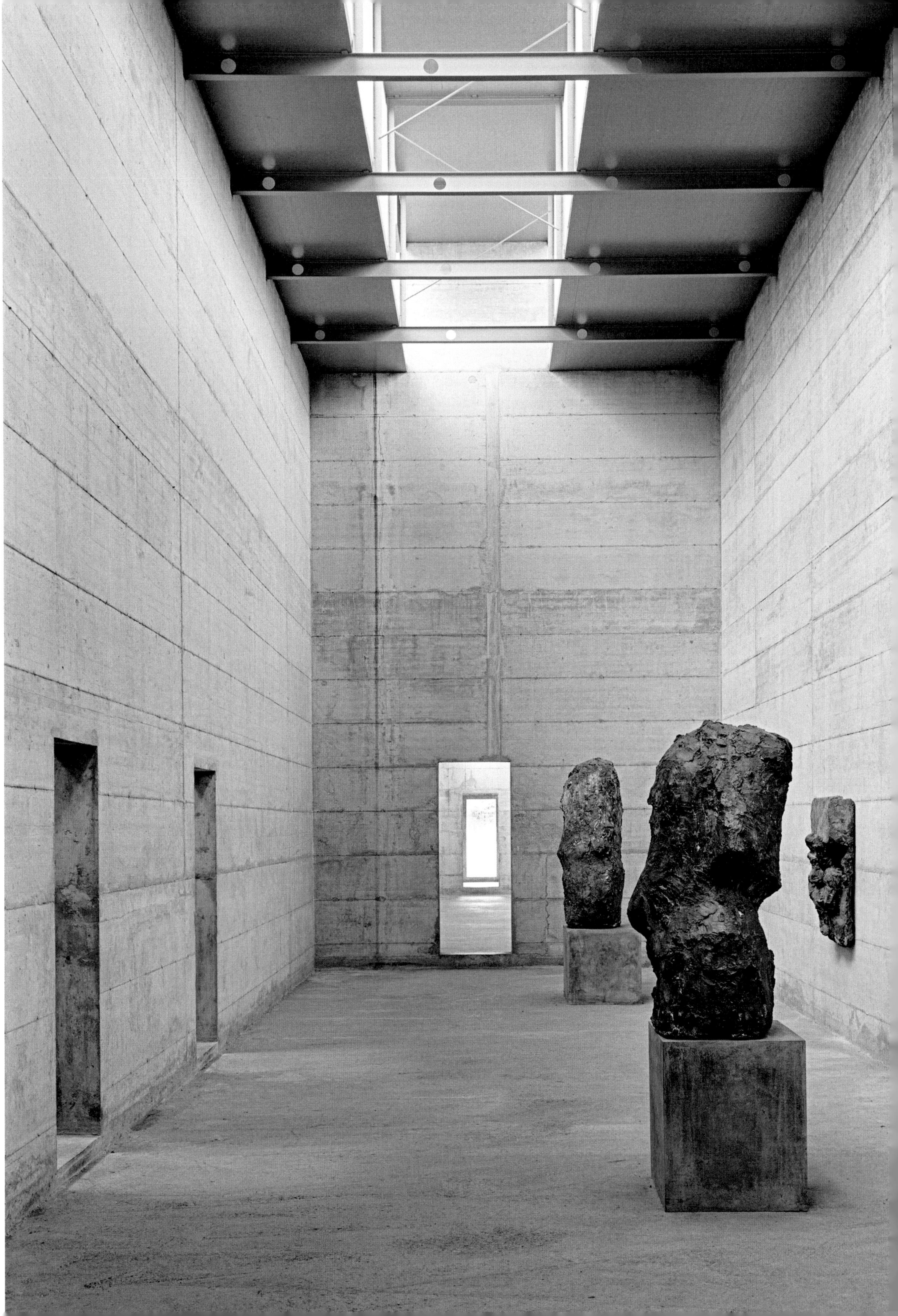

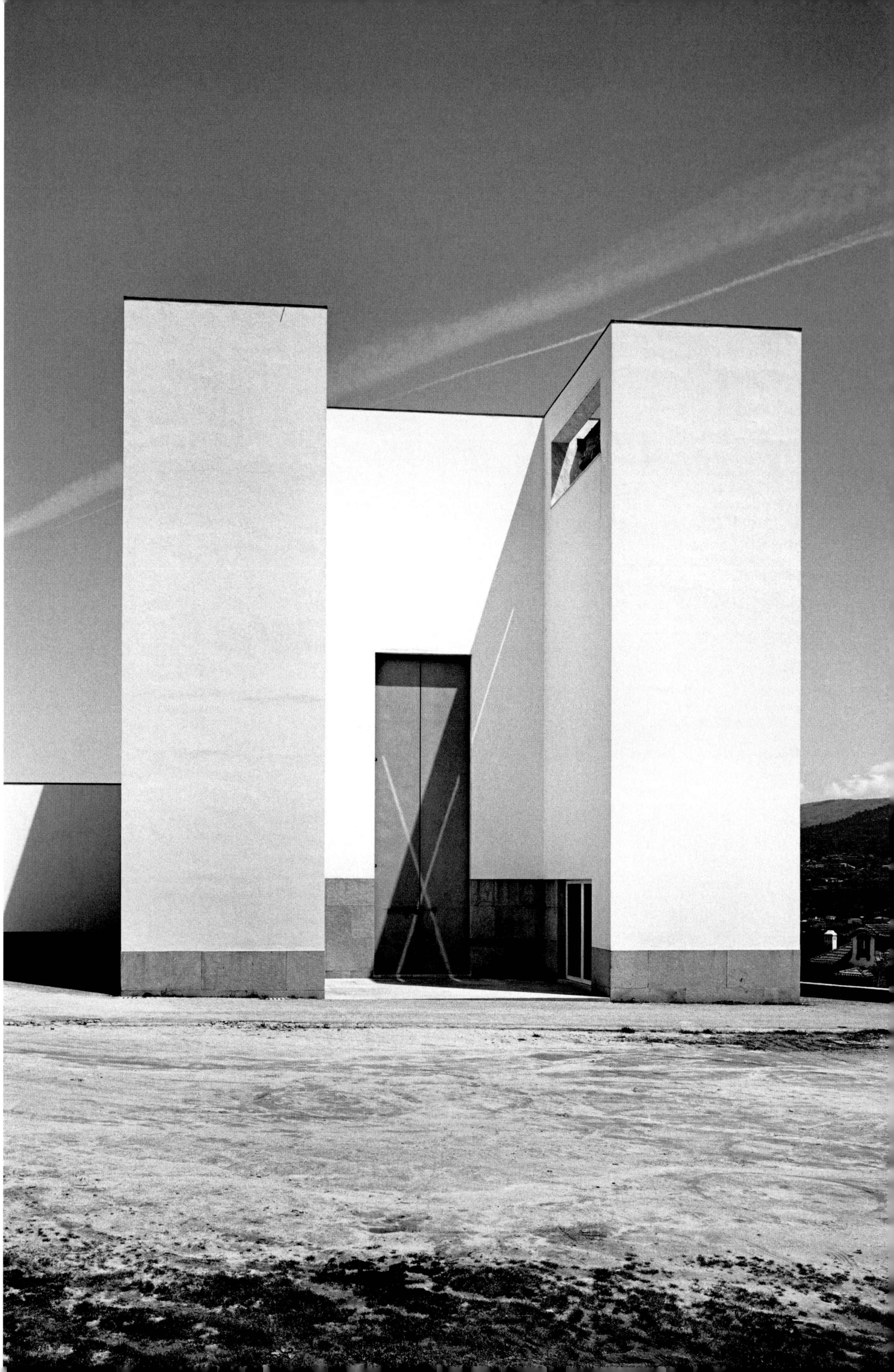

Álvaro Siza

Kirche Santa Maria,
Marco de Canaveses, Portugal

Church of Santa Maria,
Marco de Canaveses, Portugal

Photo 2002

a photograph. The gesture of pointing makes that which has been pointed at into something different than it was before someone pointed at it. Things lose their naivety; in front of the camera they become ill at ease, embarrassed, so to speak. It is the task of the photographer to make them appear natural, to give them back their innocence.

The discreet staging of the object continues as the photographer makes decisions about cropping, time and vantage point, about depth of field and lighting, about filters, flash and flare or natural light, all the way to development, enlargement, contrast and choice of paper during processing in the lab. Architectural photographers often dispense with the ephemeral and transitory aspects of life; with human beings and the coincidental stories told by their faces and postures; with everyday things and the associations linked to them. A building is designed to be permanent. It stands to reason that the accidental things that have collected around it, as well as the ways it has been disfigured, are ignored. Whatever is not part of a building is omitted.

Kinold has not turned this into a doctrine. He would never impose such rigorous discipline on the subject. Each individual thing is right, and so is the individual person – the passerby, the casual stroller, the observer, each with his own perceptions. Kinold's camera respects him, usually photographing him from eye level: The photographer views the scene like a normal observer, the tripod is as tall as the latter. Sometimes, though rarely, there'll be a parked bicycle, a pile of rubble that has not been cleared away, a tool, a group of chairs looking as though they are having a conversation, the curious productions of human artistic taste in museums or in the open air. Mostly the photographer could have moved them out of the way or chosen another detail; now, traces of the owners or users tell of a hidden human presence. Sometimes a glint of humour appears – as when, in the courtyard of Aalto's summerhouse, untidy fence pickets and an overturned metal drum betray the fact that even the work of great architects, supposedly geniuses at planning and organisation, does not always run smoothly.

Kinold takes black and white photographs, with some exceptions. However, when Kinold does use colour, he does so with almost Franciscan moderation. In the series about Carlo Scarpa's tomb of the Brion family near Asolo, the coloured areas between concrete gray seem so reserved as if the artist had hand-coloured them subsequently, and only in part. As a result the walls come to have a subtlety and depth similar to that of a mud wall around a Zen garden. In Kinold's work there are no seductive twilights, in which interiors begin to glow by artificial light like Aladdin's magic lamp, and orange or Nile green coloured light bathes white walls and pillars.

One wonders – and Kinold himself wonders – whether the fact that the photographer dealt with the unpretentious building materials – architectural concrete, precast concrete, lime sandstone – to which Kinold's periodicals were devoted was the reason for his tendency toward purism, or at least intensified it. Or was it the other way round? Did his preference for the fine differences and subtle surfaces offered by light gray lead him to those materials, which had the added advantage of being cheap? These were building materials that were compatible with other similarly »poor« building materials, went well with natural wood, truthfully showed the grid of joints in precast stones, and the pores and inclusions in cast concrete.

Álvaro Siza

Fakultät für Architektur,
Universität Porto,
Portugal

Department of architecture,
University of Porto,
Portugal

Photos 2002

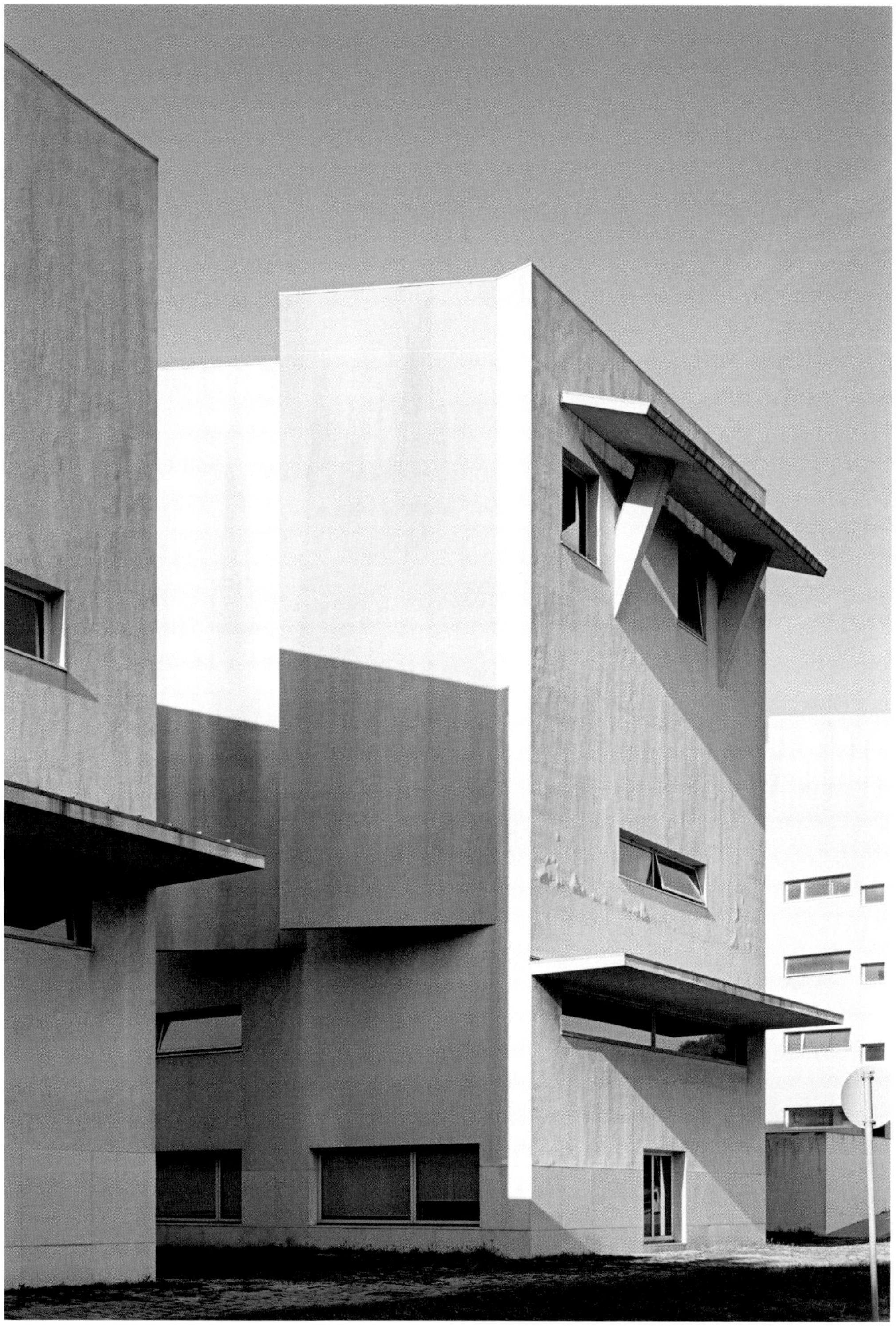

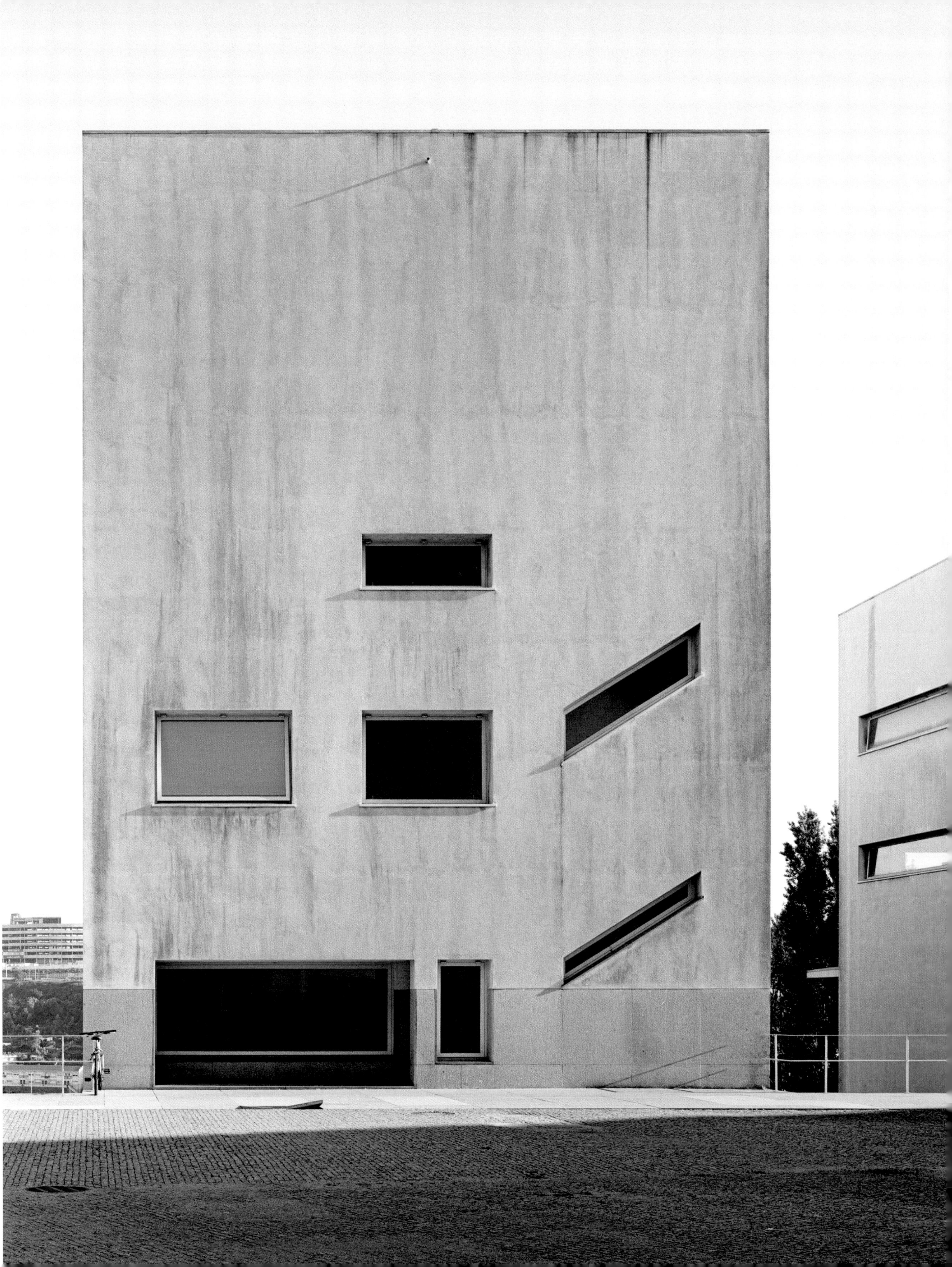

A contemporary of great architects

Kinold is a photographer with whom self-confident – and, ideally, self-critical – architects liked to collaborate. He shows their achievements without embellishing them, and the best architecture can take it. Kinold does not accept every photographic assignment. He permits himself to choose those commissions that live up to his sense of quality. Being photographed by Kinold was regarded as an honour. He recorded highlights of avant-garde architecture, including, among many others, Walter Gropius' classic buildings in Dessau, Le Corbusier's seemingly floating Villa Savoye in Poissy, Mies van der Rohe's (reconstructed) pavilion in Barcelona, the manifestos of the architecture of the Russian Revolution that are so little appreciated in Russia itself, and Rudolf Schwarz's ascetic master-piece, the St. Fronleichnam church in Aachen.

Among post-war architecture that has impressed him is Hans Döllgast's sensitive reconstruction of ruins in Munich. Kinold's images of Louis Kahn's Song of Songs in praise of concrete, the architect's Salk Institute in La Jolla, California, were almost ceremonial. His friendship with Karljosef Schattner, the architect of the Diocese of Eichstätt, went back many years. Today, we see Schattner's response to the Gothic-Baroque architectural legacy of the small Bavarian university town through Kinold's eyes. This is a selection of contemporary architecture that seems to have certain characteristics in common: an economical and at the same time poetic approach to the material, the controlled detail, so that one may look even into remote corners or under staircases without being disappointed; the balanced ratio of wall and aperture; the poetry of precision, overall and in detail.

Kinold was not doctrinaire in choosing his photographic engagements. He gained surprising insights from the study of such patriarchs of pre-modern architecture as Gottfried Semper or Theodor Fischer. In the period from the 1950s to the 1970s, when Modernist architecture had become dogmatic, the work of the Finnish architect Alvar Aalto was held to be a variety of Modernism that was humane and in harmony with nature. Kinold admired it (as, by the way, did Eiermann), perhaps precisely because Aalto took the opposite position to the disciplined rigour of the Karlsruhe school. When Kinold studied Herman Hertzberger's Structuralism, a large-scale attempt to link structural order with the freedom of that which is individual, Hertzberger's human kindness left its mark on Kinold's photographs as well. Nowhere else has the photographer given as much free rein to children and passersby as he did in his Hertzberger pictures. Of the postmodern architects, James Stirling has been admitted into Kinold's Mount Olympus. Kinold saw Stirling's production centres for Braun AG as large erratic objects that keep a surreal tryst on the vast meadow of Melsungen in North Hesse and make their appearance with dignity. Even the crash architecture of a Frank Gehry, when photographed by Kinold, looks more ordered, less wild and arbitrary than when viewed by other photographers.

His self-imposed duty to be as objective as possible does not imply that Kinold's work was limited to merely reproducing what was there. The photographer merges with his picture. However, he is not lost in it, he re-emerges from the picture. That is to say: a Kinold photograph in its unflinching objectivity and its solid composition is more than the photographic image of something that anyone might see if they were ready to see. The pictures are characterised by a kind of lucidity, an evenly distributed brightness that serves a purpose. This brightness creates a particular luminous mood,

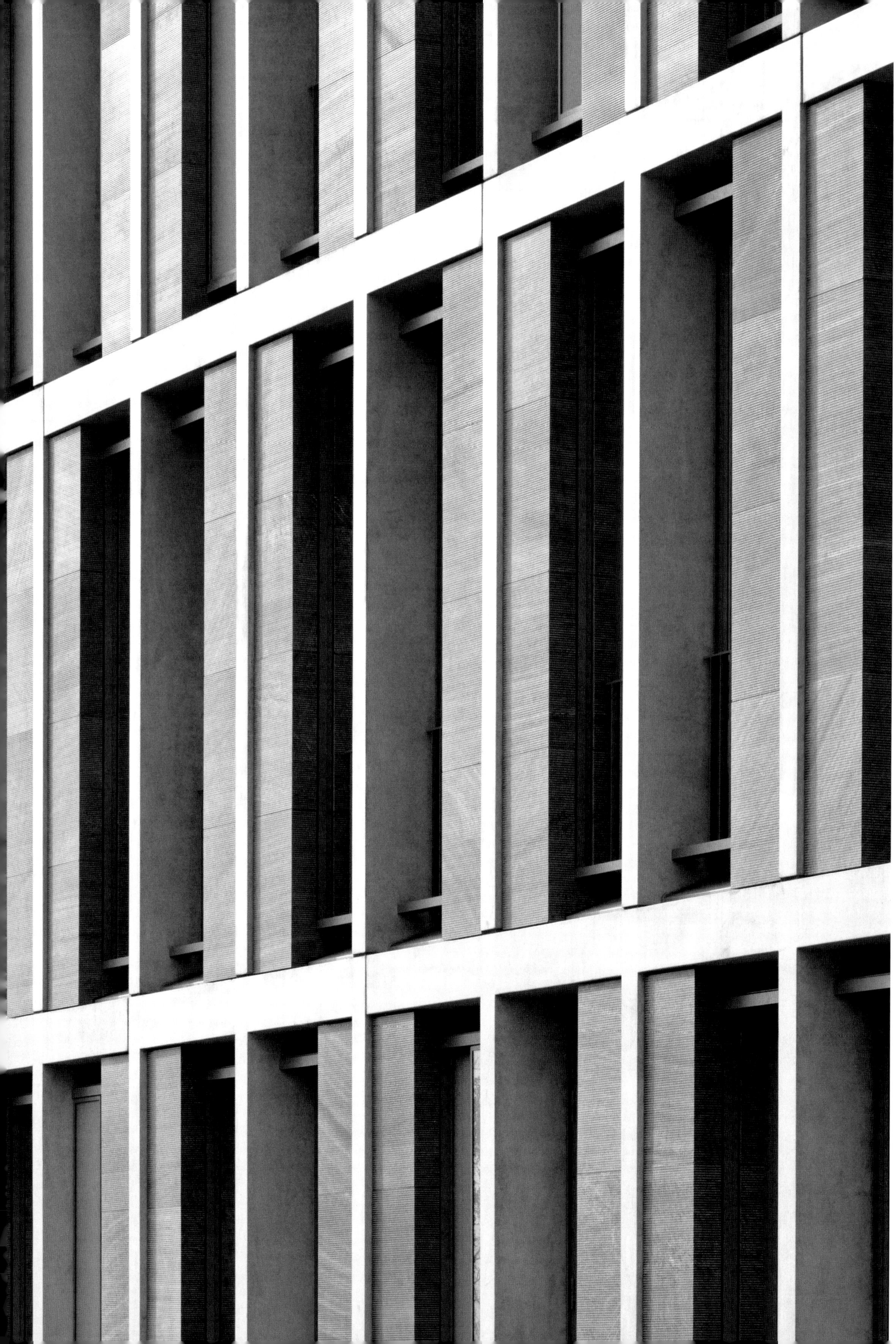

Gesine Weinmiller

Bundesarbeitsgericht,
Erfurt, Deutschland

Federal Labour Court,
Erfurt, Germany

Photo 2003

or shall we say atmosphere, of its own. As a rule, Kinold does not require additional lighting control, spotlights, reflective mirrors or flashlights. When he does, indirect light is used to brighten the image, or diffuse supplementary light is switched on when lighting is dim. But natural light takes precedence. Its levels of brightness and tonal values, far from polarising them dramatically, allow objects to impart their message to the viewer with serenity. The objects thus assume a silent grandeur one would be inclined to regard as their own, not one supplied extrinsically.

Since the late 1960s, German dealers, too, have been marketing photographs as fine art. In one of the galleries that has been a pacesetter for this medium, the Galerie Rudolf Kicken in Aachen/Cologne (later Berlin), Kinold had his first one-man show, in 1983. Many other galleries, as well as prominent museums, followed, such as the Kunsthalle Bielefeld in 1993 and the Architecture Museum of the Munich Pinakothek der Moderne in 2009. The fact that Kinold regards his work primarily as objective documentation was not an obstacle. Bernd and Hilla Becher, a husband and wife team in Düsseldorf, pursued a similar course. In their case what began as industrial documentation led them from taking inventory of historical conservation measures to the heights of figurative arts, to documenta and to the Biennale.

After a long professional career Kinold has now been so bold as to select from his large archive the photographs of which he himself is particularly fond. The decisive factor in his choice was their photographic quality. The photographs do not constitute an architectural history of the 20th century, nor are they meant to do so. Many photos came about as a result of a chance commission or were taken during university excursions he participated in as an expert chronicler, and not because they were intended to seamlessly illustrate the course of history. Nevertheless we are introduced to a plethora of magnificent buildings of the past hundred years in artistic interpretations that show them from their classical as well as their unusual sides. In the 1920s, a period so highly regarded by Kinold, there was a book series called *Schaubücher* (books for the eye). Its publishers[18] claimed that the *Schaubücher* showed »our world through the eye – that is, faster, more accurately and comprehensively«. Kinold's collection *Fidelity to the Object* is such a *Schaubuch*, though admittedly it is technically superior, in large format and, unlike its predecessors, not »extremely cheap«.[19]

In all the architectural photos taken by Kinold it has always been the building, not the photographer, that was in the foreground. That still holds true of every one of the photographs. But in this volume as a whole, a stocktaking of his artistic work, Kinold should be allowed to be the centre of attraction just this once.

18 Orell Füssli in Zurich und Leipzig.

19 Advertising brochure *SB Schaubücher*, reproduced in: Werner Oechslin, »Gestaltung der Darstellung«, »optische Wahrheit« und »Der Wille zum Bild«, in: Werner Oechslin, Gregor Harbusch (ed.), *Sigfried Giedion und die Photographie. Bildinszenierungen der Moderne*, Zurich, 2010, p. 55.

The author
Wolfgang Pehnt, who studied German literature, art history and philosophy in Marburg, Munich and Frankfurt am Main, has produced seminal works on the history of German architecture, including *Expressionist Architecture* and *Deutsche Architektur seit 1900*, and also a number of monographs on individual architects, including Gottfried Böhm, Hans Poelzig, Rudolf Schwarz and Karljosef Schattner. From 1995 to 2009, he lectured on architectural history at the Ruhr-Universität Bochum. He is a member of academies of art and sciences in Berlin, Düsseldorf and Munich and got numerous awards.

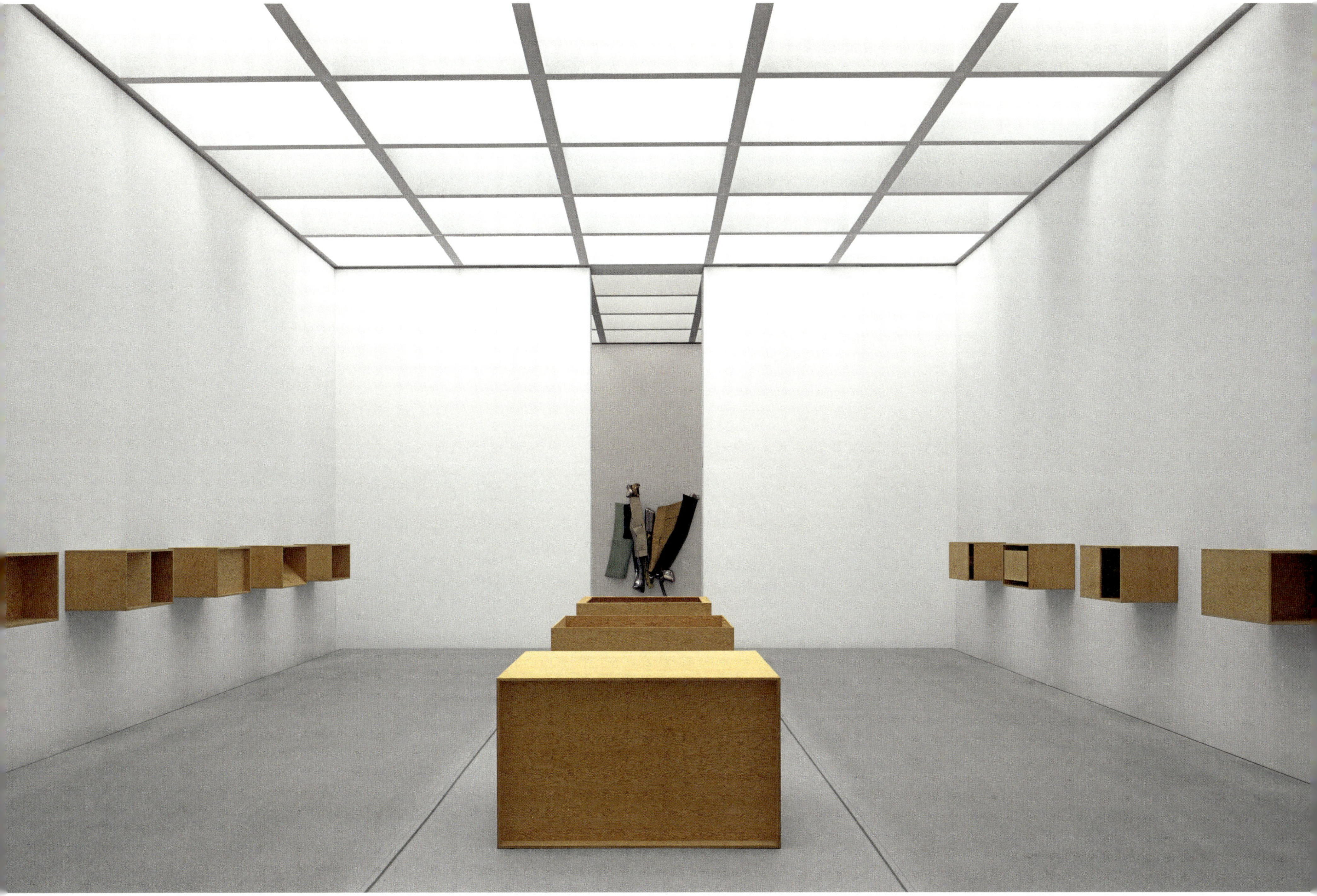

Stephan Braunfels

Pinakothek der Moderne,
Donald-Judd-Installation,
München | Munich

Photo 2003

Anhang
Appendices

»Ein Photo beginnt bei mir immer mit größeren räumlichen Bewegungen. Ein paar Schritte vor, einige zurück, nach links, in die Hocke und auf die Zehenspitzen. Das Auge, aber auch der Körper schwingen sich ein in das räumliche Liniennetz perspektivischer Überschneidungen. Die Schwingungen werden immer kleiner und kommen schließlich zum Stillstand. Ein Photo machen, heißt einen Standpunkt beziehen!«

»For me, a photo always starts with larger spatial movements. A couple of steps forward, a few back, to the left, crouching down and on tiptoes. The eye, and the body too, swing into the spatial linear network of perspective overlaps. The oscillations become smaller and smaller and finally come to a standstill. Taking a photo means taking a stance!«

Klaus Kinold

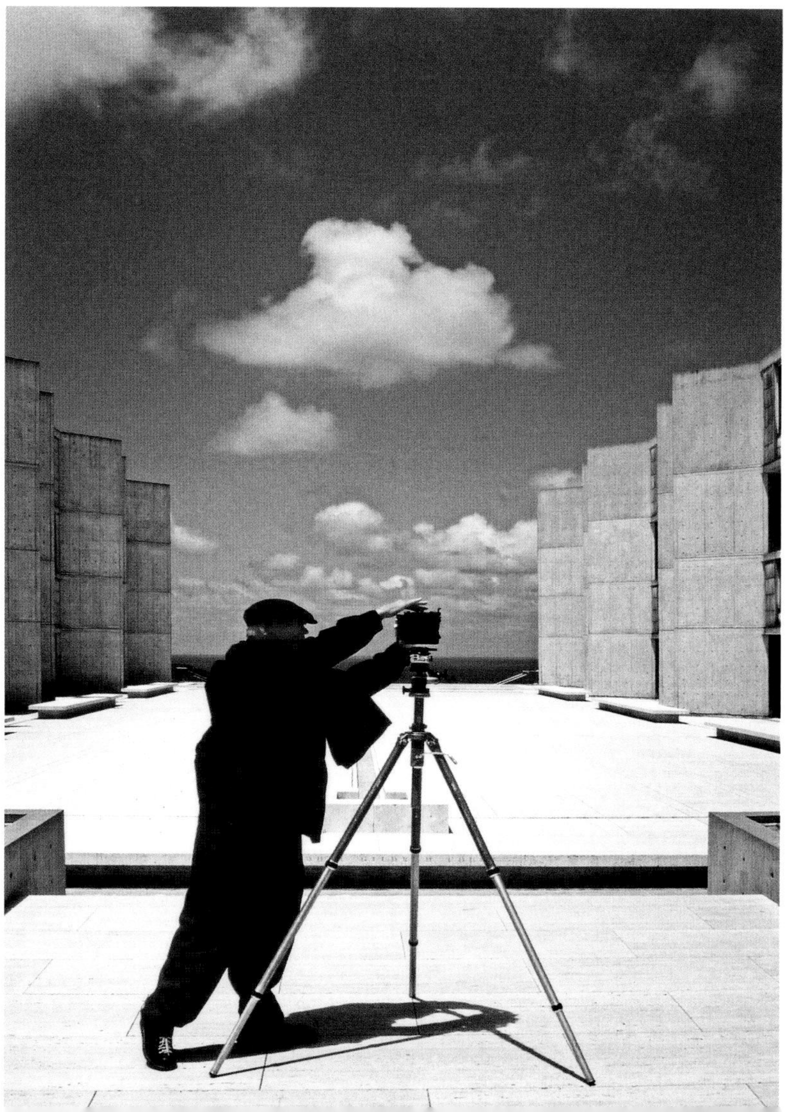

Photo: Carl Lang, 1998

Klaus Kinold
Biographie

1939 geboren in Essen, lebt in München. 1962 bis 1968 Studium der Architektur bei Egon Eiermann und Rudolf Büchner an der Technischen Hochschule Karlsruhe. 1968 Diplom und Eröffnung eines Ateliers für Architekturphotographie. Seit 1969 Herausgeber von Architekturzeitschriften wie *KS Neues* und *Bauen in Beton* sowie von Büchern. 1987 bis 1996 Lehrauftrag für Photographie an der Staatlichen Akademie der Bildenden Künste Stuttgart. 1983 erste Einzelausstellung der Panorama-Photographien in der Galerie Rudolf Kicken, Köln. Weitere Ausstellungen u.a.: 1988 17. Triennale, Mailand, 1993 Kunsthalle Bielefeld, 1994 Palazzo Reale, Neapel, 1995 Die Neue Sammlung, München, 1996 Kunstverein Ingolstadt, 2001 Neues Museum, Nürnberg, 2009 Architekturmuseum der Technischen Universität München in der Pinakothek der Moderne, München.

Klaus Kinold
Biography

Born 1939 in Essen, lives in Munich. From 1962 to 1968 he studied architecture with Egon Eiermann and Rudolf Büchner at the Technische Hochschule Karlsruhe. After graduation in 1968 he opened a studio for architecture photography. Since 1969 he was editor of architecture periodicals such as *KS Neues* and *Bauen in Beton* and also of books. From 1987 to 1996 he taught photography at the Staatliche Akademie der Bildenden Künste Stuttgart. 1983 first solo exhibition of panorama photographs at the Galerie Rudolf Kicken, Cologne. Other exhibitions include: 1988 17th Triennale, Milan, 1993 Kunsthalle Bielefeld, 1994 Palazzo Reale, Naples, 1995 Die Neue Sammlung, Munich, 1996 Kunstverein Ingolstadt, 2001 Neues Museum, Nuremberg, 2009 Architekturmuseum der Technischen Universität München at the Pinakothek der Moderne, Munich.

Werke in öffentlichen Sammlungen (Auswahl)
Works in public collections (selection)

The Denver Art Museum
Museum Folkwang, Essen
Museum Ludwig, Köln
Canadian Centre for Architecture, Montreal
Städtische Galerie im Lenbachhaus, München
New Orleans Museum of Art
Musei Comunali, Rimini
The Metropolitan Museum of Art, New York
Fotografiska Museet I Moderna Museet, Stockholm
Architekturmuseum der Technischen Universität München
Die Neue Sammlung, München

Klaus Kinold
Der Architekt photographiert
Architektur

Pinakothek der Moderne,
München 2009

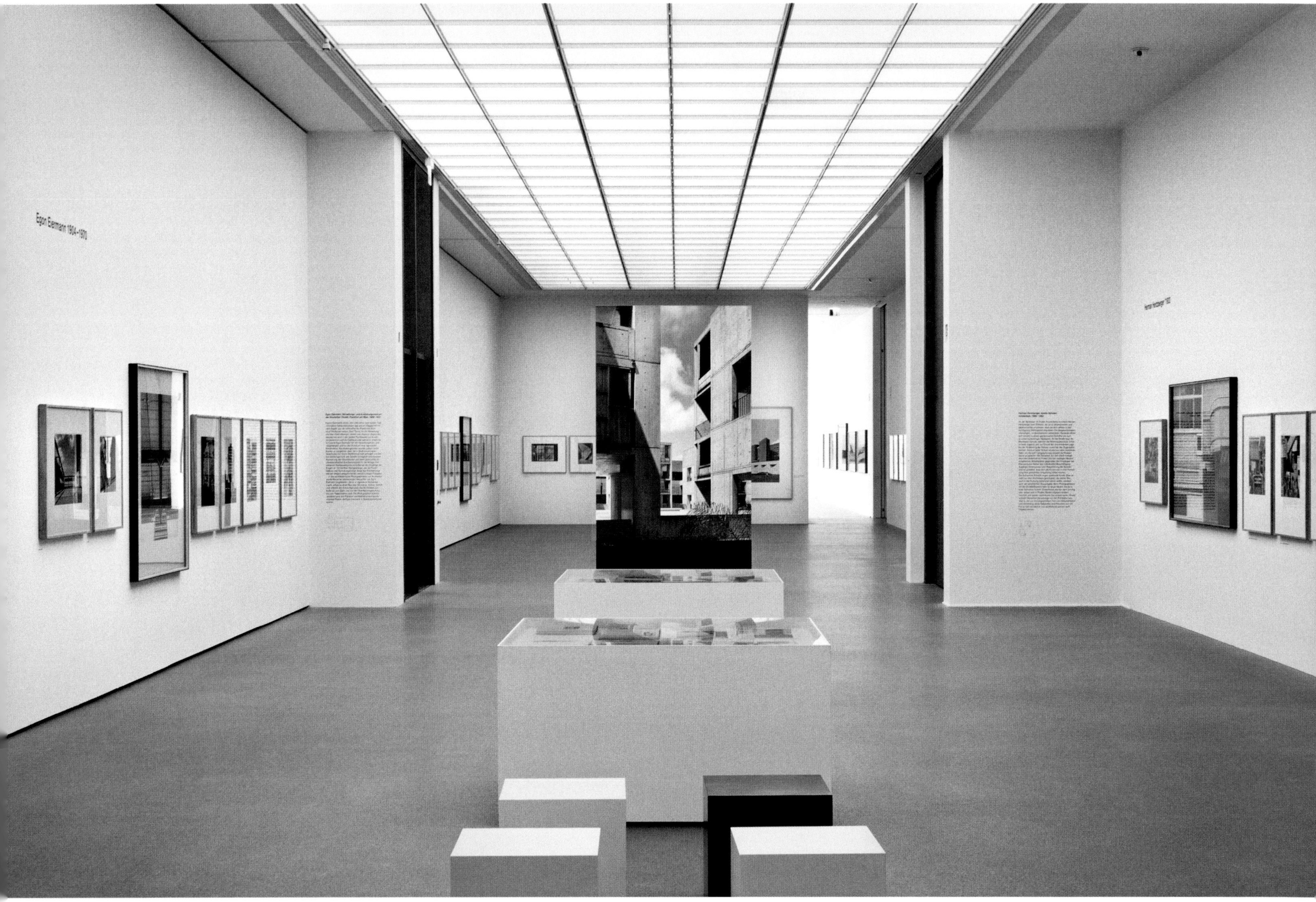

Einzelausstellungen
Solo exhibitions

1983 Rudolf Kicken Galerie, Köln

1984 Galerie für Fotografie Jutta Rößner, Stuttgart
Musei Comunali, Rimini
Spectrum Photogalerie im Sprengel Museum, Hannover

1985 Werkstatt Galerie, München
Portfolio Galerie, Antwerpen

1987 Galerie Roland Angst, München

1993 Kunsthalle Bielefeld

1994 Lichtbildgalerie, Worpswede
Sächsischer Landtag, Dresden

1995 Die Neue Sammlung, München
Galerie der Stadt Kornwestheim

1996 Kunstverein Ingolstadt

1997 Ausstellungsfoyer Vereinte Versicherungen, München

1998 Kicken Gallery, Berlin

1999 Lindenkeller Freising
Dany Keller Galerie, München

2001 Haus der Fotografie Hannover
Neues Museum, Nürnberg

2002 Galerie Stefan Vogdt, München

2004 Galerie Stefan Vogdt, München

2008 Galerie Günter Lang, Eichstätt
Galerie Stefan Vogdt, München

2009 Architekturmuseum der TU München in der Pinakothek der Moderne, München
Galerie der DG, München
Ehemalige Johanniskirche, Eichstätt

2010 Galerie der DG, München
Architekturgalerie, München

2016 Walter Storms Galerie, München

Gruppenausstellungen (Auswahl)
Selected group exhibitions

1984 PPS. Galerie, Hamburg
Fotomuseum im Münchner Stadtmuseum, München

1985 Musée des Beaux-Arts, Toronto | Ontario
Kunstverein, München

1986 Sala Comunale Esposizioni, Reggio Emilia
Kunstverein, Salzburg
Diana Archibald Gallery, Montreal

1988 Triennale, Mailand

1989 Kunsthalle Bielefeld

1990 Galerie Roland Angst, Praterinsel München
Antico Foro Boario, Reggio Emilia
Kicken Pauseback, Köln

1992 Galerie für Fotografie, Rotenburg

1993 Palazzo delle Esposizioni, Rom

1994 Palazzo Reale, Neapel

1995 Kunst- und Ausstellungshalle der Bundesrepublik Deutschland, Bonn

1996 6. Architekturbiennale, Venedig

2000 SK Josefsberg Studio, Portland | Oregon
Museum Ludwig, Köln

2002 Martin-Gropius-Bau, Berlin

2004 Théâtre de la Photographie et de l'Image, Nizza

2007 Galerie der DG, München

2009 Kicken Gallery, Berlin

2013 Galerie Dittmar, Berlin

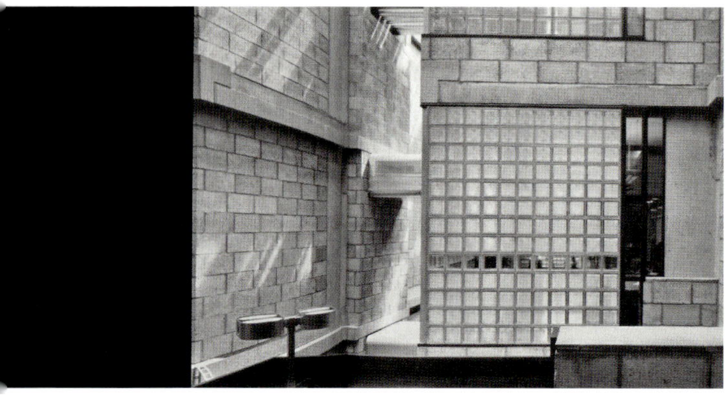

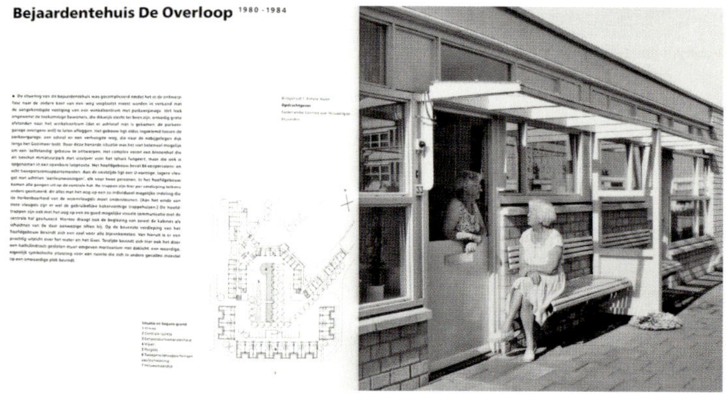
Bejaardentehuis De Overloop 1980 · 1984

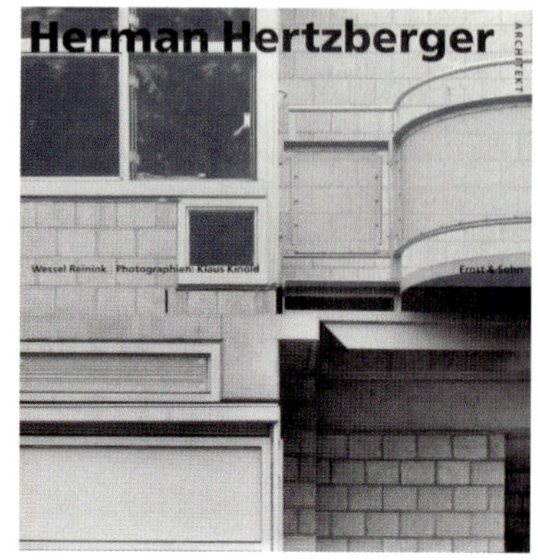
Herman Hertzberger

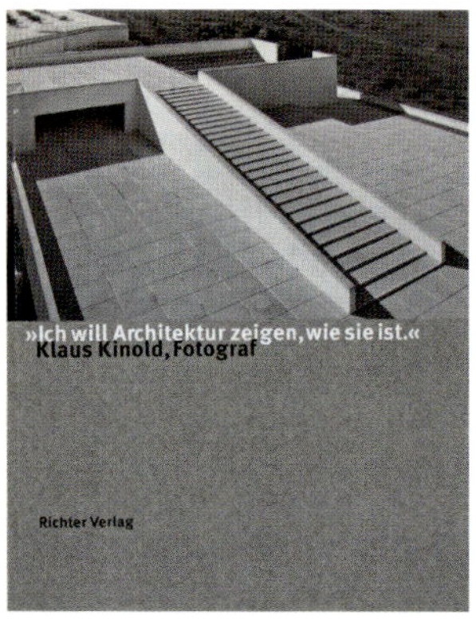
»Ich will Architektur zeigen, wie sie ist.«
Klaus Kinold, Fotograf
Richter Verlag

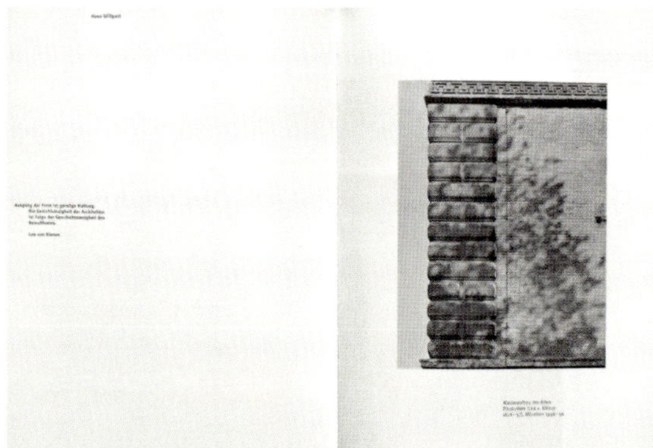

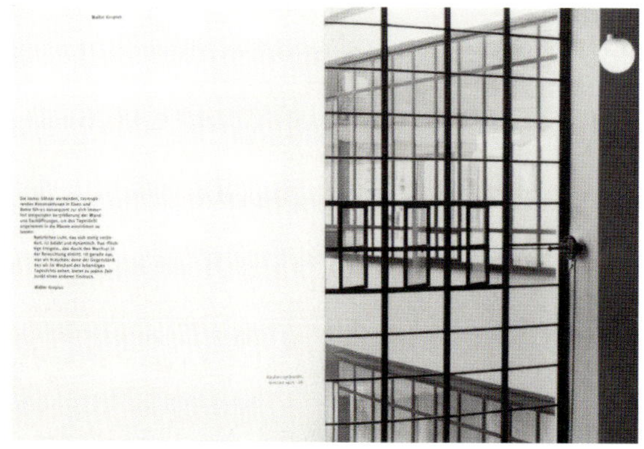

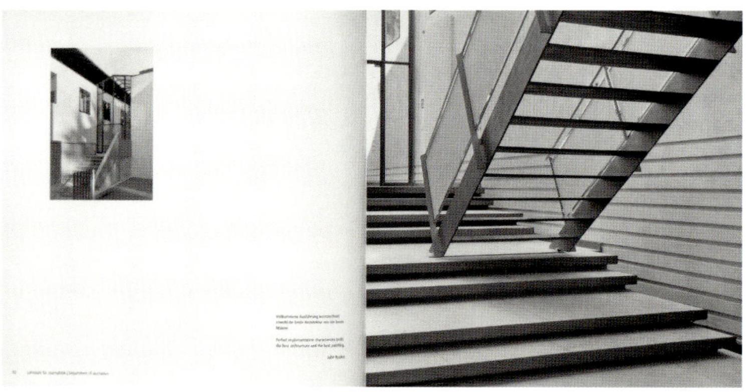

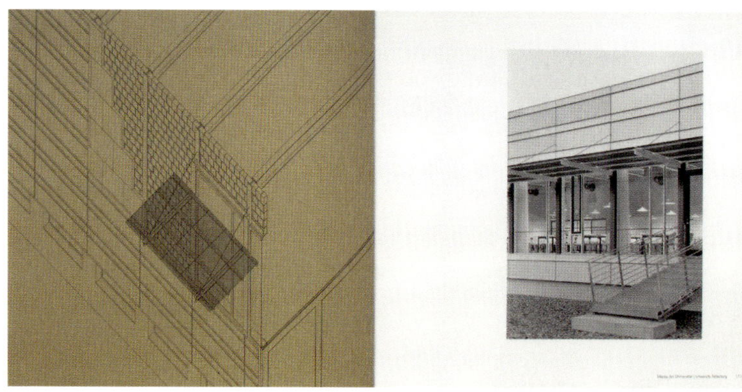

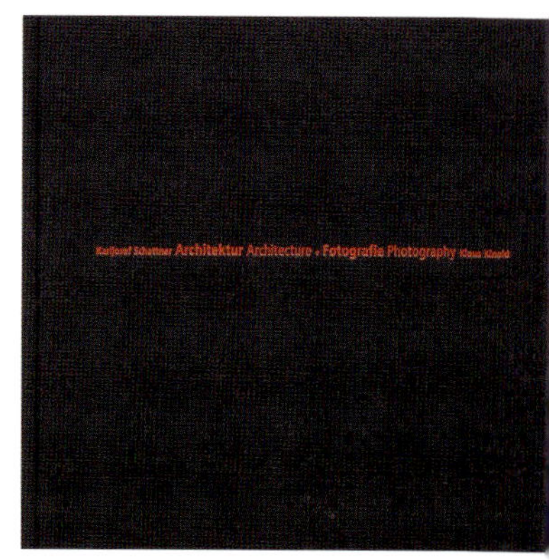
Karljosef Schattner Architektur Architecture + Fotografie Photography Klaus Kinold

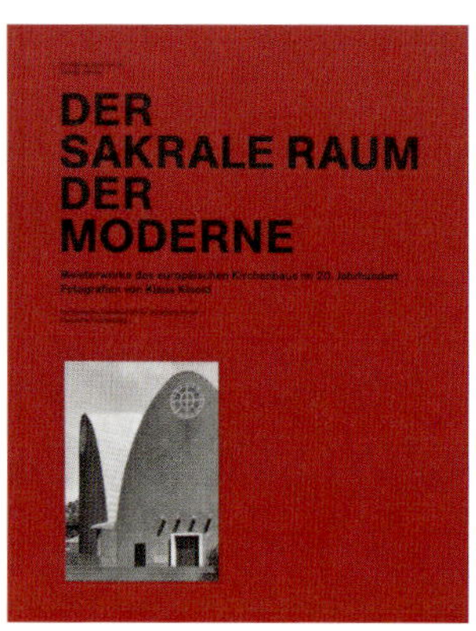
DER SAKRALE RAUM DER MODERNE

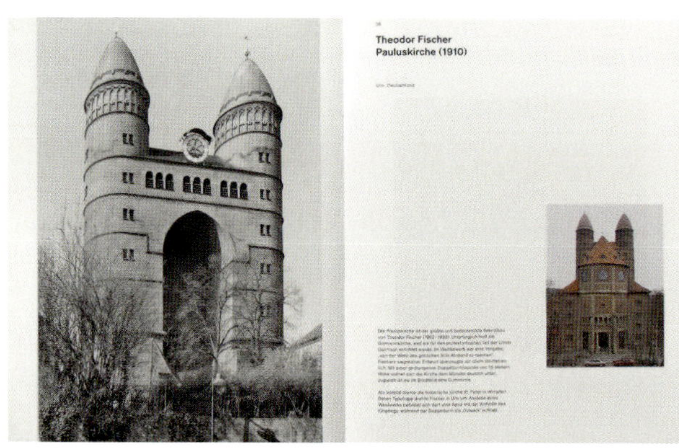
Theodor Fischer
Pauluskirche (1910)

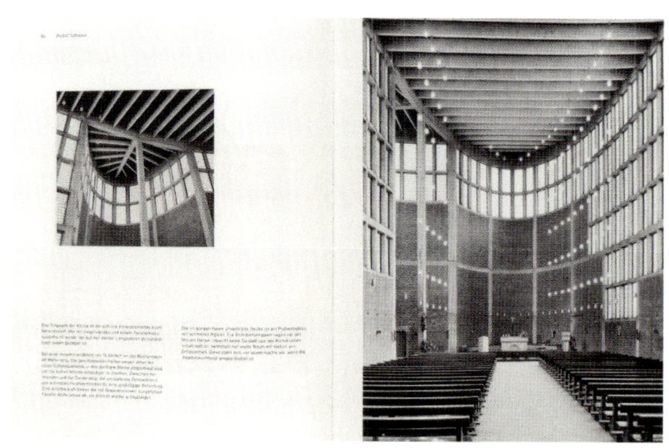

Publikationen mit Photographien von Klaus Kinold (Auswahl)
Publications with photographs by Klaus Kinold (selection)

Bücher | Books

Rudolf Kicken Galerie (Hg.), Panorama. Klaus Kinold, Bd. 1, Ausst.-Kat. Rudolf Kicken Galerie 1983, Köln 1983.

Wulf Schirmer (Hg.), Egon Eiermann 1904–1970. Bauten und Projekte, Stuttgart 1984.

Landeskreditbank Baden-Württemberg, Neubau. Dokumentation, Bd. 1. Das Ergebnis, Bd. 2. Die Architektur, Karlsruhe 1983.

Heinz Mohl, Landeskreditbank Baden-Württemberg, Karlsruhe, Heinrich-Hübsch-Gewerbeschule, Karlsruhe, in: **Deutsches Architekturmuseum**, Frankfurt am Main (Hg.), Bauen heute, Architektur der Gegenwart in der Bundesrepublik Deutschland, Ausst.-Kat. DAM 1985, Stuttgart 1985, S. 280–284.

Karljosef Schattner, Diözesanmuseum Eichstätt, Ulmer Hof, Univ. Eichstätt, Bischöfliches Seminar Eichstätt, in: **Deutsches Architekturmuseum**, Frankfurt am Main (Hg.), Bauen heute, Architektur der Gegenwart in der Bundesrepublik Deutschland, Ausst.-Kat. DAM 1985, Stuttgart 1985, S. 365–375.

Verena von Gagern, Dieter Hinrichs (Hg.), Das einzig Wirkliche in einer Fotografie ist der Zeitpunkt der Aufnahme. Über das fotografische Sehen, Ausst.-Kat. Kunstverein München 1985, München 1985.

Gerhard Merz, Tivoli. TRV, München, Barer Straße 9, Köln 1986.

Giulio Bizzari, Eleonora Bronzoni, Esplorazioni sulla via Emilia. Vedute nel paesaggio, Milano 1986.

Luigi Snozzi, Urban renewal at Monte Carasso, London 1986.

Figli del deserto, Traversate del deserto, Ravenna 1986.

Claus-Jürgen Roepke, Schloss und Akademie Tutzing, München 1986.

Arnulf Lüchinger, Herman Hertzberger. Bauten und Projekte 1959–1986, Den Haag 1987.

Georges Teyssot (Hg.), Beyond the city, the metropolis, (17. Triennale di Milano: World cities and the future of the metropoles), Milano 1988.

Winfried Nerdinger (Hg.), Theodor Fischer. Architekt und Städtebauer 1862–1938, Ausst.-Kat. Münchner Stadtmuseum 1988, Württembergischer Kunstverein 1989, Berlin 1988.

Wolfgang Pehnt, Karljosef Schattner. Ein Architekt aus Eichstätt, Stuttgart 1988, erweiterte Neuauflage 1999.

Finanzministerium Baden-Württemberg (Hg.), Staatliches Hochbauamt I, Wiederaufbau von Schloss Gottesaue für die Staatliche Musikhochschule Karlsruhe, Karlsruhe 1989.

Ulrich Weisner (Hg.), Neue Architektur im Detail. Heinz Bienefeld, Gottfried Böhm, Karljosef Schattner, Bielefeld 1989.

Bayerischer Bauindustrieverband (Hg.), Bauen, München 1989.

Jan Thorn-Prikker, Panorama, Bd. 2, Ausst.-Kat. Galerie Rudolf Kicken 1990, Köln 1990.

Jörg Krichbaum, Vittorio Magnago Lampugnani (Hg.), Baumeister im Profil, Stuttgart 1991.

Wessel Reinink (Hg.), Herman Hertzberger. Architekt, Berlin 1991.

Rossmann + Partner, Karlsruhe, Werkbericht 1952–1991, Stuttgart 1991.

Winfried Nerdinger (Hg.), Friedrich von Gärtner. Ein Architektenleben 1791–1841, Ausst.-Kat. Münchner Stadtmuseum 1992, München 1992.

Karljosef Schattner, Instituts de journalisme et de psychologie, in: **Denis Lenglart, Agnès Vince** (Hg.), Universités. Écoles supérieurs, Paris 1992, S. 12–19.

Winfried Nerdinger (Hg.), Architekturschule München 1868–1993. 125 Jahre Technische Universität München, München 1993.

Ulrich Weisner (Hg.), „Ich will Architektur zeigen, wie sie ist". Klaus Kinold, Fotograf, Ausst.-Kat. Kunsthalle Bielefeld 1993, Düsseldorf 1993.

Achille Bonito Oliva, Tutte le Strade portano a Roma?, Ausst.-Kat. Palazzo delle Esposizioni, Rom 1993.

Gerhard G. Feldmeyer, The New German Architecture, New York 1993.

Klaus Kinold (Hg.), 25 Jahre KS Neues. Neues Bauen in Kalksandstein, München 1994.

Klaus Kinold (Hg.), Architektur und Beton, Ostfildern 1994.

Florian Hufnagl, Winfried Nerdinger (Hg.), **Wolfgang Pehnt** (Text), Klaus Kinold. Architektur-Photographie, Ausst.-Kat. Neue Sammlung München, Architekturmuseum der Technischen Universität München 1995, München 1995.

Institut für Internationale Architektur-Dokumentation GmbH (Hg.), Beton Atlas, Düsseldorf 1995.

Inter Nationes (Hg.), Zeitgenössische Architektur in Deutschland 1970–1995, **Wilfried Wang, Gerd de Bruyn, Gerd Zimmermann** (Text), Bonn 1996.

Günter Matthes (Hg.), **Franz Bauer**, Verwaltungsbau heute. Das Kombibüro-Gebäude für die Vereinten Versicherungen, Architekten Lauber + Wöhr, München 1996.

Wolfgang Pehnt, Werkverzeichnis **Hilde Strohl**, Rudolf Schwarz 1897–1961. Architekt einer anderen Moderne, Ostfildern-Ruit 1997.

Vereinte Versicherungen, München (Hg.), **Manfred Sack** (Text), Klaus Kinold. Architekturfotografie, Ausst.-Kat., 9.4.–16.5.1997, Ausstellungsfoyer Vereinte Versicherungen, München 1997.

HypoVereinsbank München (Hg.), Freiräume. Häuser, die Geschichte machten. 1920 bis 1940, München 1998.

Institut für Internationale Architektur-Dokumentation GmbH (Hg.), Glasbau Atlas, München 1998.

Anton Graf, Einfamilienhäuser aus Backstein. Über 40 individuelle Bauten aus Backstein und Klinker, München 1998.

Wolfgang Voigt (Hg.), Heinz Bienefeld 1926–1995, Tübingen und Berlin 1999.

Oskar Spital-Frenking, Architektur und Denkmal. Entwicklungen, Positionen, Projekte, Leinfelden-Echterdingen 2000.

Kenneth Frampton, Wilfried Wang, Helga Kusolitsch (Hg.), World Architecture. A Critical Mosaic 1900–2000, Wien 2000.

Institut für Internationale Architektur-Dokumentation GmbH (Hg.), Mauerwerkatlas, München 2001.

Winfried Nerdinger (Hg.), Leo von Klenze. Architekt zwischen Kunst und Hof 1784–1864, Ausst.-Kat. Münchner Stadtmuseum 2000, München 2000, 2. Auflage: 2001.

Michael Koetzle, Das Lexikon der Fotografen. 1900 bis heute, München 2002.

Wolfgang Jean Stock (Hg.), Europäischer Kirchenbau 1950–2000, München u.a. 2002.

Gesine Weinmiller, Klaus Kinold, Bundesarbeitsgericht Erfurt, Düsseldorf 2002.

Karl J. Habermann, Treppen. Entwurf und Konstruktion, Basel u.a. 2002.

Marc Dubois, Nieuwe architectuur in Brugge. Contemporary architecture in Bruges, Brügge 2002.

Architektenkammer Baden-Württemberg (Hg.), Architektur im Wandel. Bilder aus fünf Jahrzehnten, Stuttgart 2002.

Ullrich Schwarz (Hg.), Neue Deutsche Architektur. Eine reflexive Moderne, Ostfildern-Ruit 2002.

Publikationen mit Photographien von Klaus Kinold (Auswahl)
Publications with photographs by Klaus Kinold (selection)

Bücher | Books

Bayerische Architektenkammer (Hg.), Architekturpolitik in Bayern, München 2002.

Winfried Nerdinger, Werner Oechslin (Hg.), Gottfried Semper, 1803–1879. Architektur und Wissenschaft, Ausst.-Kat. Architekturmuseum der TU München 2003, München u.a. 2003.

Wolfgang Jean Stock (Hg.), Karljosef Schattner, Klaus Kinold. Architektur und Fotografie, Basel u.a. 2003.

Wolfgang Jean Stock, Architekturführer. Christliche Sakralbauten in Europa seit 1950, München 2004.

Winfried Nerdinger (Hg.), Architektur der Wunderkinder. Aufbruch und Verdrängung in Bayern 1945–1960, Ausst.-Kat. Architekturmuseum der TU München 2005, Salzburg, München 2005.

Sabine Thiel-Siling (Hg.), Architektur. Das 20. Jahrhundert, München u.a. 2005.

Wolfgang Jean Stock, Europäischer Kirchenbau 1900–1950. Aufbruch zur Moderne, München 2006.

Peter Gössel (Hg.), Modern Architecture A–Z, 2 Bde., Köln 2007.

Annette Kicken, Rudolf Kicken, Simone Förster (Hg.), Points of View. Masterpieces of Photography and Their Stories, Göttingen 2007.

Wolfgang Jean Stock (Hg.), Gegen das Vergessen. Kunst und Geschichte, München 2008.

Winfried Nerdinger (Hg.), Klaus Kinold. Der Architekt photographiert Architektur, Ausst.-Kat. Architekturmuseum der TU München 2009, München 2009.

Wolfgang Jean Stock, Walter Zahner (Hg.), Bauherr Kirche. Der Architekt Karljosef Schattner, München u.a. 2009.

Rolf Sachsse (Hg.), Raumbilder–Bildräume. Architekten fotografieren, Berlin u.a. 2009.

Wolfgang Jean Stock, Walter Zahner, Der sakrale Raum der Moderne. Meisterwerke des europäischen Kirchenbaus im 20. Jahrhundert, München u.a. 2010.

Roger Mandl, Eingänge. Zeitgemäß, funktional, formvollendet, München 2010.

Winfried Nerdinger (Hg.), Fotografie für Architekten. Die Fotosammlung des Architekturmuseums München, Ausst.-Kat. Architekturmuseum der TU München 2011, Köln 2011.

Werner Oechslin (Hg.), Winfried Nerdinger, Geschichte Macht Architektur, München u.a. 2012.

Uwe Kiessler, Förderverein des Architekturmuseums der TU München (Hg.), Architektur im Museum. Eine Festschrift für Winfried Nerdinger, München 2012.

Architekturmuseum der TU München (Hg.), Architektur ausstellen 2007–2012, München 2012.

Architekturmuseum der TU München (Hg.), Der Architekt. Geschichte und Gegenwart eines Berufsstandes, Ausst.-Kat. Architekturmuseum der TU München 2012, München u.a. 2012.

Hans-Michael Koetzle (Hg.), Carlo Scarpa. La Tomba Brion San Vito d'Altivole, München 2016.

Periodika | Periodicals

Klaus Kinold (Hg.), KS Neues. Neues Bauen in Kalksandstein, 32 Jahrgänge von 1969–2000.

Klaus Kinold (Hg.), Bauen in Beton, Construire en béton, 1986–2005.

Klaus Kinold (Hg.), MODUL, Schriftenreihe zur Verwendung von MODUL-Betonsteinen in der neuen Architektur, 1983–2000.

Olivetti baut in Deutschland (Arch. Egon Eiermann), in: Deutsche Bauzeitung, 102, 1968, H. 6, S. 427–430.

Eberhard Schulz, Das Haus als Kelch (Verwaltungsbau Deutsche Olivetti, Frankfurt am Main, Arch. Egon Eiermann), in: Frankfurter Allgemeine Zeitung, 1968.

Waldschule in Walldorf, Baden (Arch. Werkgemeinschaft Freie Architekten Karlsruhe), in: architektur und wohnform, 76, 1968, H. 8.

Eberhard Schulz, Verdrossenheit lichten. Nachlaß Egon Eiermanns, in: Frankfurter Allgemeine Zeitung, 15.2.1971.

Peter M. Bode, Freiheit im Skelett. Bericht über eine ungewöhnliche Wohnanlage in Schwabing (Arch. Steidle und Partner), in: Süddeutsche Zeitung, 19.|20.2.1972, Feuilleton-Beilage.

Prefab a Monaco (Arch. Steidle und Partner), in: Domus, 1972, H. 515, S. 24–28.

Versuchsbau mit flexiblen Wohnbereichen in München, Genter Straße 13 (Arch. Steidle und Partner), in: Glasforum, 1972, H. 2, S. 33–36.

Vorfabrizierter Wohnungsbau in München. Sechs Wohnungen und eine Büroeinheit in München-Schwabing (Arch. Steidle und Partner), in: Baumeister, 1972, H. 5, S. 528–529.

Heizzentrale des Südwestdeutschen Rehabilitations-Krankenhauses Karlsbad-Langensteinbach, Kreis Karlsruhe (Arch. Rossmann + Partner), in: Bauen + Wohnen, 1977, H. 10, S. 390–396.

Beratungsstelle für Stahlverwendung (Hg.), Stahl und Form, Egon Eiermann, Verwaltungs- und Ausbildungszentrum der Deutschen Olivetti in Frankfurt am Main, Düsseldorf 1974.

Peter M. Bode, Wenn Wohnhäuser höher als Bäume wachsen, in: Frankfurter Allgemeine Zeitung, 13.5.1978.

Mathematics laboratory of Freiburg University (Arch. Rossmann + Partner), in: Architecture and Urbanism, 108, 1979, H. 9, S. 67–72.

Labor- und Unterrichtsgebäude Heidelberg (Arch. Rossmann + Partner), in: Bauen + Wohnen, 1980, H. 6, S. 55–60.

Heinz Mohl, Mobili e automobili, in: Domus, 1980, H. 605, S. 35–37.

Hans-Busso von Busse, Ein Architekturkonzept in historischem Umfeld. Pavillon der Evangelischen Akademie in Tutzing, in: Werk, Bauen und Wohnen, 37, 1982, H. 10, S. 4–8.

Heinz Mohl, Manifeste Grenzen zweier Innenräume. Eine Annäherung, in: Daidalos, 1982, H. 6, S. 22–32.

Peter M. Bode, Auch die Industrie braucht gute Architekten, in: Frankfurter Allgemeine Zeitung, 5.1.1980.

Nouvel immeuble de la Landeskreditbank Baden-Württemberg, Karlsruhe (Arch. Heinz Mohl), in: L'Architecture d'aujourd'hui, 53, 1983, H. 228, S. 74–77.

Pavillon der Evangelischen Akademie in Tutzing am Starnberger See (Arch. Hans Busso von Busse und Partner), in: Detail, 23, 1983, H. 1, S. 23–28.

Frank Werner, Landeskreditbank in Karlsruhe (Arch. Heinz Mohl), in: Bauwelt, 74, 1983, H. 13, S. 514–516.

Landeskreditbank in Karlsruhe (Arch. Heinz Mohl), in: Baumeister 1983, H. 6, S. 560–569.

Landeskreditbank at Karlsruhe (Arch. Heinz Mohl), in: Architecture and Urbanism, 1984, H. 161, S. 63–76.

Landeskreditbank in Karlsruhe (Arch. Heinz Mohl), in: DBZ Deutsche Bauzeitung, 1984, H. 6, S. 1.1–1.4.

Konstruktionen, Stadtbibliothek Reutlingen (Arch. Rossmann + Partner), in: Bauwelt, 75, 1984, H. 34, S. 1386–1387.

Heinrich-Hübsch-Gewerbeschule in Karlsruhe (Arch. Heinz Mohl), in: Bauwelt, 76, 1985, H. 47, S. 1844–1849.

Landeskreditbank in Karlsruhe (Arch. Heinz Mohl), in: Detail, 1985, H. 3, S. 249–256.

Stadtbibliothek Reutlingen (Arch. Rossmann + Partner), in: Bauwelt, 76, 1985, H. 46, S. 1808–1812.

Heinrich-Hübsch-Schule à Karlsruhe (Arch. Heinz Mohl), in: Domus, 1986, H. 669, S. 2–11.

Heinrich-Hübsch-Schule in Karlsruhe (Arch. Heinz Mohl), in: Baumeister, 1986, H. 2, S. 54–63.

Bischöfliches Seminar Eichstätt (Arch. Karljosef Schattner), in: Detail, 1986, H. 1, S. 36–38.

Heinrich-Hübsch-Schule in Karlsruhe (Arch. Heinz Mohl), in: Detail, 1986, H. 1, S. 63–74.

Stadtbibliothek Reutlingen (Arch. Rossmann + Partner), in: AIT 1986, H. 1, S. 10–15.

Werkbundhaus in Karlsruhe (Arch. Heinz Mohl), in: Bauwelt, 77, 1986, H. 10, S. 316–319.

Laszlo Glozer, Gerhard Merz. Tivoli, Barer Straße 9 TRV München, in: Parkett – Art Magazine, 1986, H. 7, S. 82–83.

Christoph Blase, Das Treppenhaus in München. Eine programmatische Arbeit von Gerhard Merz, in: artis, 1986, H. 3, S. 12–13.

Peter Wackerbauer, New York en passant, in: Muenchner Blaetter, 1986, H. 3, S. 14–17.

Bischöfliches Seminar Eichstätt (Arch. Karljosef Schattner), in: Detail, 1987, H. 3, S. 231–238.

Peter Rumpf, Die Gegenwart leugnen, hieße die Geschichte leugnen. Über drei Versuche in Eichstätt, mit dem Bestand umzugehen (Arch. Karljosef Schattner), in: Bauwelt, 79, 1988, H. 46, S. 1972–1985.

Wolfgang Jean Stock, Befreites Wohnen. Le Corbusiers Pariser Villen, in: Frankfurter Allgemeine Zeitung, 7.5.1988.

Universitätsbauten in Eichstätt, in: Baumeister, 1988, H. 8, S. 18–31.

Wolfgang Jean Stock, Karljosef Schattner. Baumeister in Eichstätt, in: Donau-Kurier, 3.3.1989.

Wolfgang Jean Stock, Glücksfall Eichstätt. Karljosef Schattners engagierte Auseinandersetzung mit historischer Bausubstanz, in: Süddeutsche Zeitung, 24.8.1989.

Die Gleichzeitigkeit von Geschichte und Gegenwart. Umnutzungen, Neubauten in der barocken Kleinstadt Eichstätt (Arch. Karljosef Schattner), in: Werk, Bauen und Wohnen, 44, 1989, H. 1|2, S. 32–45.

Wolfgang Jean Stock, Zurück in die Zukunft? Das Bauhaus Dessau wird ›Zentrum für Gestaltung‹ in der DDR, in: Frankfurter Allgemeine Zeitung, 7.10.1989.

Wolfgang Jean Stock, Eine Hochschule als Architekturereignis, in: Donau-Kurier, 15.11.1989, S. 18–21.

Sportanlage und Umkleidegebäude für die Katholische Universität Eichstätt (Arch. Karljosef Schattner mit Wilhelm Huber), in: Werk, Bauen + Wohnen, 1990, H. 9, S. 56–59.

Pierre-Alain Croset, Scuola elementare a Aerdenhout di Herman Hertzberger, in: Casabella, 54, 1990, H. 568, S. 4–11.

Karljosef Schattner. Restauro e transformazione dello storico orfanotrofio di Eichstätt, in: Domus, 1990, H. 715, S. 52–57.

Peter Rumpf, Schloßmusik. Hochschule für Musik Karlsruhe im rekonstruierten Schloß Gottesaue (Arch. Barbara Jakubeit), in: Bauwelt, 81, 1990, H. 18, S. 908–917.

Schloß Gottesaue in Karlsruhe. Wiederaufbau als Musikhochschule (Arch. Barbara Jakubeit), in: Baumeister, 87, 1990, H. 6, S. 30–39.

Algo poco corriente. Un museo de la vida cotidiana, in: Humboldt, 1991, H. 101, S. 76–79.

Hans van Dijk, De architect van de tot rust gekomen tijd. Het werk van Karljosef Schattner in Eichstätt, in: Archis, 1991, H. 1, S. 35–43.

Il Ministero dell'Assistenza sociale e dell'Occupazione all'Aia di Herman Hertzberger, in: Casabella, 55, 1991, H. 583, S. 4–11.

Restaurierung und Umbau des historischen Waisenhauses, Eichstätt, 1987 (Arch. Karljosef Schattner), in: **Vittorio Magnago Lampugnani, Deutsches Architekturmuseum**, Frankfurt am Main (Hg.), Jahrbuch für Architektur, 1991, S. 134–155.

Wolfgang Jean Stock, Sin pasado non hay futuro. El maestro de obras en Eichstätt, in: Humboldt, 1991, H. 101, S. 60–65.

Wohnhaus mit Ateliers. Zentnerstraße in München (Arch. Adam und Partner), in: Bauwelt, 82, 1991, H. 26, S. 1402–1407.

Wolfgang Jean Stock, Karljosef Schattner – Master Architect of Eichstaett, in: Inter Nationes, German cultural review, 1992, S. 4–9.

Gerhard Matzig, Neues im Altmühltal. Karljosef Schattners »Weiterbauen« auf Schloß Hirschberg, in: Bauwelt, 83, 1992, H. 16, S. 886–895.

Wolfgang Pehnt, Karljosef Schattner à Eichstätt, in: Le Moniteur Architecture, 1992, H. 30, S. 31–34.

Karl-Heinz Schmitz, Einfügen als Erneuerung. Schloß Hirschberg, Um- und Anbau, 1992 (Arch. Karljosef Schattner), in: Werk, Bauen und Wohnen, 1992, H. 11, S. 24–27.

Jan Thorn-Prikker, »Quiero mostrar la arquitectura tal como es«. Una exposición sobre fotografia arquitectonica de Klaus Kinold, in: Humboldt, 1993, H. 109, S. 17–27.

Friedhof Igualada bei Barcelona (Arch. Enric Miralles, Carme Pinós), in: Bauwelt, 84, 1993, H. 33, S. 1718–1722.

Wolfgang Jean Stock, Wasserkraftwerk Unzmarkt, Steiermark (Arch. Günther Domenig), in: Bauwelt, 84, 1993, H. 37, S. 1978–1983.

Wohnhaus in Kevelaer (Arch. Heinz Bienefeld), in: **Vittorio Magnago Lampugnani, Annette Becker, Deutsches Architekturmuseum**, Frankfurt am Main (Hg.), Jahrbuch für Architektur, 1993, S. 62–70.

BAC-Bankgebäude in Brügge (Arch. Stéphane Beel), in: **Ministerie van de Vlaamse Gemeenschap** (Hg.), Jaarboek Architectuur Vlaanderen 1990–1993, o.P.

Schloß Hirschberg, Altmühltal (Arch. Karljosef Schattner, Karl-Heinz Schmitz), in: **Vittorio Magnago Lampugnani, Annette Becker, Deutsches Architekturmuseum,** Frankfurt am Main (Hg.), Jahrbuch für Architektur, 1993, S. 132–135.

Wolfgang Jean Stock, Gebaute Revolution. Sowjetische Architektur-Avantgarde 1924–1937 in einer Gothaer Ausstellung, in: Süddeutsche Zeitung, 3.12.1993.

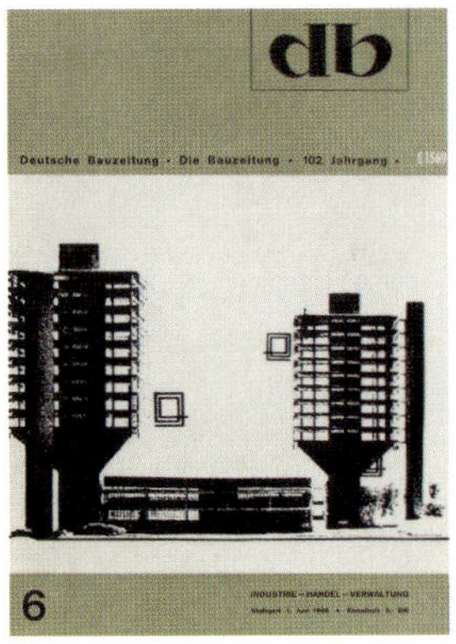
db
Deutsche Bauzeitung · Die Bauzeitung · 102. Jahrgang
6

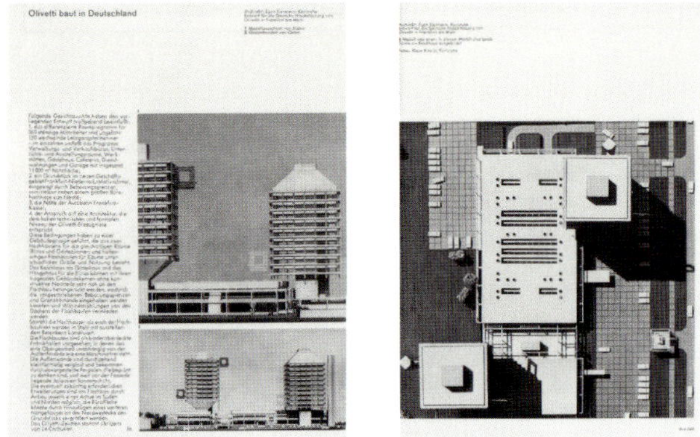
Olivetti baut in Deutschland

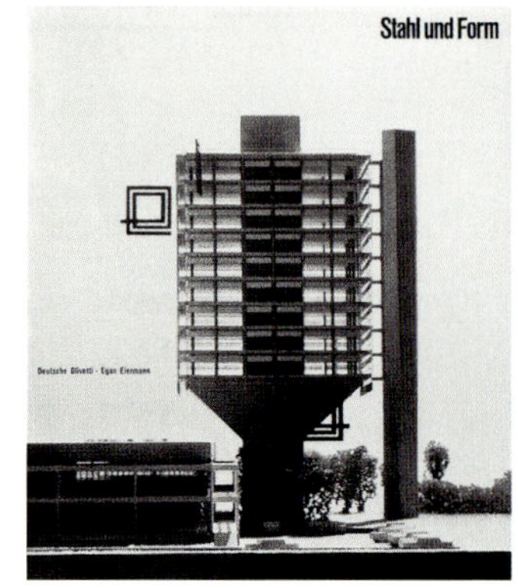
Stahl und Form

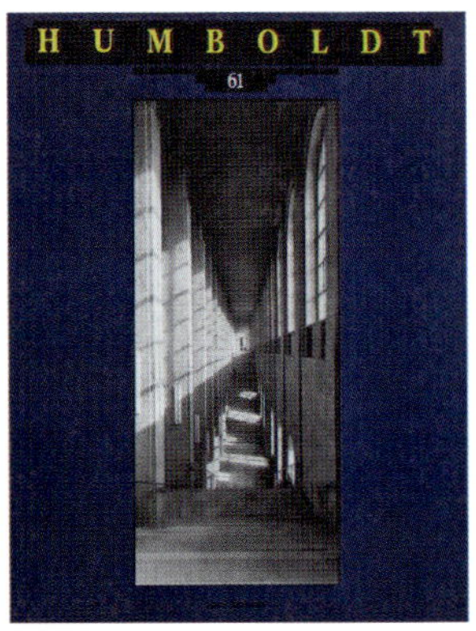
HUMBOLDT
61

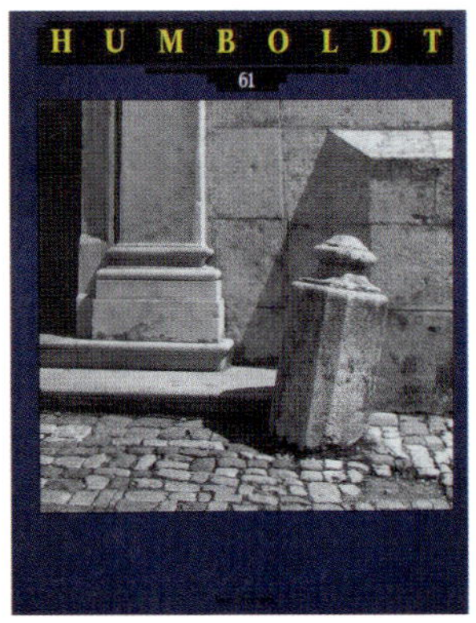
HUMBOLDT
61

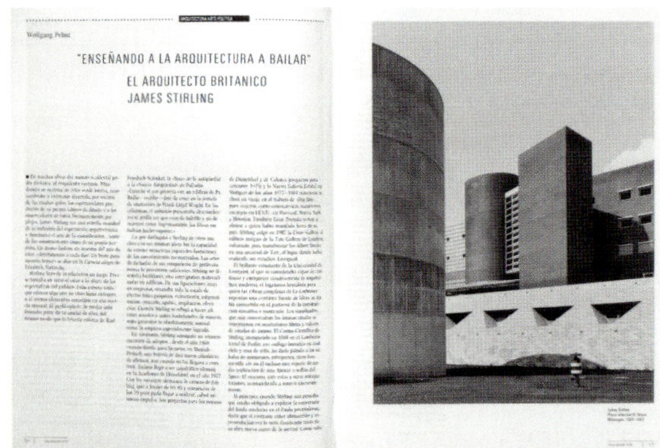
"ENSEÑANDO A LA ARQUITECTURA A BAILAR"
EL ARQUITECTO BRITANICO
JAMES STIRLING

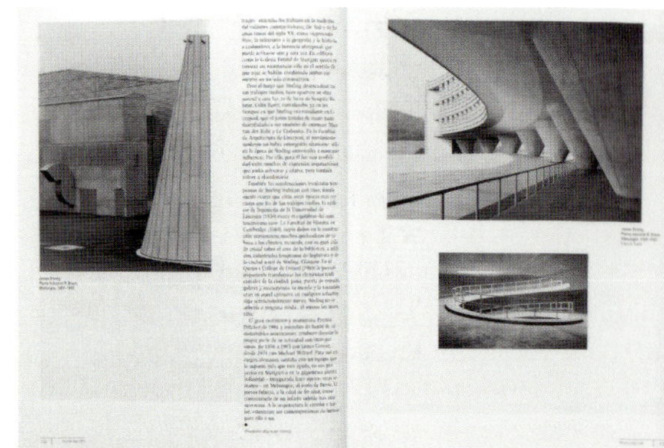

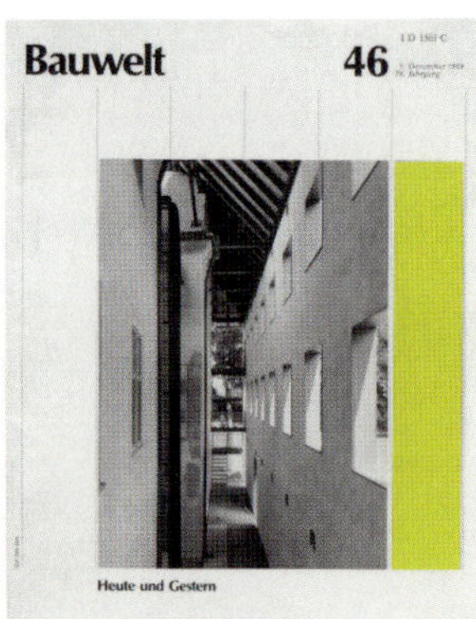
Bauwelt
46
Heute und Gestern

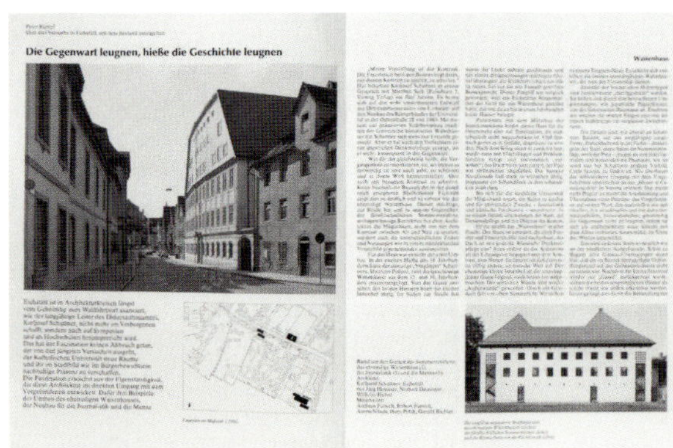
Die Gegenwart leugnen, hieße die Geschichte leugnen

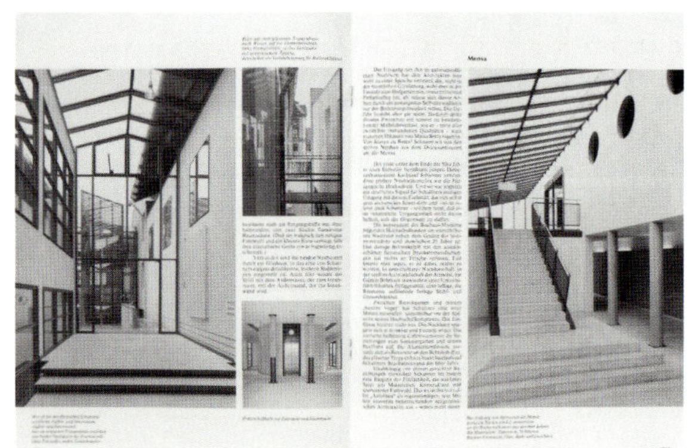

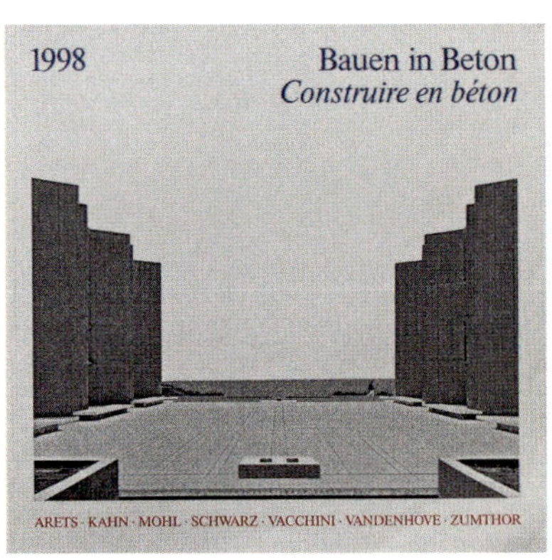
1998
Bauen in Beton
Construire en béton
ARETS · KAHN · MOHL · SCHWARZ · VACCHINI · VANDENHOVE · ZUMTHOR

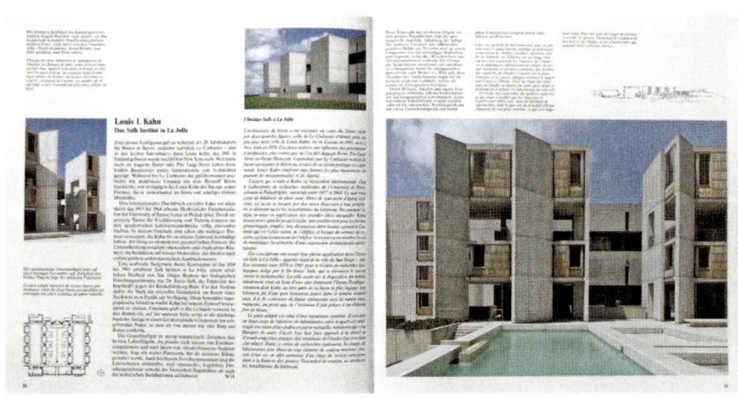
Louis I. Kahn

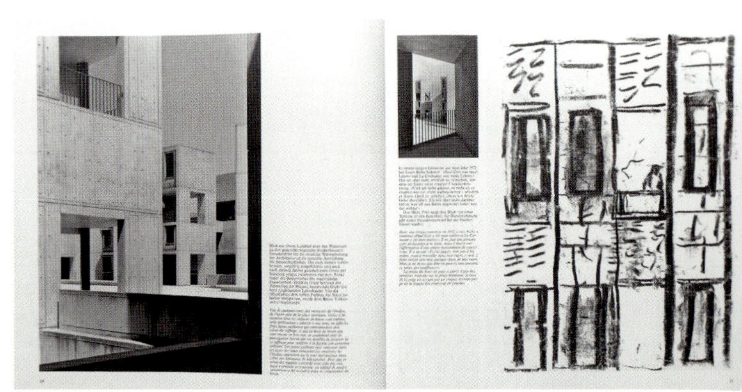

Publikationen mit Photographien von Klaus Kinold (Auswahl)
Publications with photographs by Klaus Kinold (selection)

Periodika | Periodicals

Michael Koetzle, Klaus Kinold. Architektur pur, in: Photo Technik International, 1994, H. 6, S. 50–57.

Wolfgang Pehnt, Karljosef Schattner. Edifici per Eichstätt, in: Casabella, 1994, H. 614, S. 4–10.

Gilberto Botti, Il Castello di Hirschberg e il nuovo archivio diocesano, in: Casabella, 1994, H. 614, S. 11–15.

Benedikt Loderer, Schule in Baden|CH (Arch. Dolf Schnebli), in: Baumeister, 1994, H. 7, S. 12–17.

Wolfgang Jean Stock, Erweiterung Schloß Hirschberg, Diözesanarchiv in Eichstätt, in: Baumeister, 1994, H. 8, S. 36–44.

Wolfgang Jean Stock, Ein radikaler Poet. Stéphane Beel in Belgien, in: Baumeister, 1994, H. 10, S. 13–32.

Marc Dubois, Der belgische Kontext, in: Baumeister, 1994, H. 10, S. 42–49.

Wohnhaus in Süddeutschland. Um- und Anbau (Arch. Karljosef Schattner und Wilhelm Huber), in: **Wilfried Wang, Vittorio Lampugnani, Annette Becker, Deutsches Architekturmuseum**, Frankfurt am Main (Hg.), Jahrbuch für Architektur, 1995, S. 131–139.

Klaus Kinold, Architektur zeigen, wie sie ist, in: Ingeborg Flagge, Jahrbuch für Licht und Architektur, 1994, Berlin 1995.

Wolfgang Jean Stock, Teppo Jokinen, Architektur in Finnland, in: Baumeister, 1995, H. 1, S. 12–45.

Winfried Nerdinger, Alvar Aalto – eine menschliche Moderne, in: Baumeister, 1995, H. 1, S. 45–49.

Windschutzanlagen im Hafen Rotterdam (Arch. Maarten Struijs), in: Topos, 1995, H. 5, S. 23–27.

Rainer Bromme, Riklef Rambow, Man sieht nur, was man weiß ..., in: Der Architekt, 1995, H. 8, S. 451, 457–458.

Christian Marquart, Das Wallmeisterhaus (Arch. Karljosef Schattner und Wilhelm Huber), in: Bauwelt, 87, 1996, H. 16, S. 953–957.

Wolfgang Jean Stock, Alles ist Architektur, in: Topos, 1996, H. 14, S. 59–65.

Haus Babanek. Brühl (Arch. Heinz Bienefeld), in: **Wilfried Wang, Annette Becker, Deutsches Architekturmuseum**, Frankfurt am Main (Hg.), Jahrbuch für Architektur, 1997, S. 36–43.

Alexander Reichel, Bauen mit Mauerwerk. Ein Kirchenzentrum in Nürnberg (Arch. Schunck und Partner), in: Das Mauerwerk, 1997, H. 1, S. 20–27.

Romana Kačič, Damjan Prelovšek, Gärten für die neue Demokratie, Prag, in: Topos, 1997, H. 19, S. 110–119.

Hans-Joachim Riechers, Norbert Weickenmeier, Walther Mann, Über die Bedeutung von Mauerwerk. Erfahrungen, Entwicklungstendenzen, Perspektiven (Haus Kühnen, Arch. Heinz Bienefeld), in: Das Mauerwerk, 1997, H. 4, S. 204–207.

Winfried Nerdinger, Die endlose Stadtbildpflege. Planen und Bauen in München seit 1945, in: Baumeister, 1997, H. 7, S. 18–25.

Wolfgang Bachmann, Einfamilienhaus in Brühl. Heinz Bienefeld, in: Baumeister, 1997, H. 11, S. 18–24.

Wolfgang Jean Stock, Der leergeräumte Himmel. Zum 100. Geburtstag des Architekten Rudolf Schwarz, in: Süddeutsche Zeitung, 15.5.1997, S. 14.

Babanek House, Bienefeld, in: 5th Mies van der Rohe Pavilion Award for European Architecture, Mailand 1997, S. 33–35.

La maison décomposée. Architecte Heinz Bienefeld, in: architecture intérieure cree, 1998, H. 281, S. 88–91.

Het werk van Hans Döllgast in München, in: Oase, 1998, H. 49|50, S. 115–133.

Mechthild Stuhlmacher, Drie projecten in Eichstätt van Karljosef Schattner, gefotografeerd door Klaus Kinold, in: Oase, 1998, H. 49|50, S. 134–143.

Giovanni Leoni, Vitangelo Ardito, Karljosef Schattner a Eichstätt, in: area, 1999, H. 45, S. 8–28.

Falk Jaeger, Tribunale federale del Lavoro (Arch. Gesine Weinmiller), Erfurt, Germania, in: domus, 2000, H. 3, S. 36–41.

Hubertus Adam, Rappel à l'ordre. Das Bundesarbeitsgericht in Erfurt, in: Bauwelt, 91, 2000, H. 5, S. 32–37.

Kühler Charme des Rechtecks. Das Bundesarbeitsgericht in Erfurt, in: DBZ Deutsche Bauzeitung, 2000, H. 3, S. 57–59.

Ingeborg Flagge, Licht am Ende der Tonne. Auch das Müllgeschäft hat schöne Hallen: Die neue Münchner Zentrale der Abfallwirtschaft (Arch. Ackermann + Partner), in: Frankfurter Allgemeine Zeitung, 22.3.2000, S. 54.

Tribunale del lavoro Erfurt, in: area, 2000, H. 49, S. 46–54.

Amt für Abfallwirtschaft in München. Ackermann und Partner, in: Baumeister, 2000, H. 4, S. 49–57.

Schulhaus in Paspels. Valerio Olgiati, in: Detail, 2001, H. 1, S. 65–69.

Heinz Bienefeld, House Babanek, in: a + u Architecture and Urbanism, 2001, H. 373, S. 42–51.

Wolfgang Jean Stock, Finland: The Modern Tradition, in: Architektur Aktuell, 2001, H. 12, S. 77–85.

Gottfried Knapp, Architekturfotografie vom Hohepriester der Schwarz-Weiß-Orthodoxie, in: Süddeutsche Zeitung, 19.|20.7.2003, S. 16.

Jürgen Tietz, Durchdringung. Klaus Kinolds Photographien der Bauten Karljosef Schattners, in: Neue Zürcher Zeitung, 16.4.2003, S. 38.

Wolfgang Jean Stock, Michele Arnaboldi, Bankfiliale in Intragna, Schweiz, in: architektur aktuell, 2003, H. 10, S. 112–121.

Arno Lederer, Auf viele Jahre, in: Material. Europäischer Kalksandstein Architekturpreis 2005, Ansichten zur Architektur, Heft 18.

Karljosef Schattner a Eichstätt, Stavba, 2007, H. 2, S. 68–72.

Hans-Michael Koetzle, Dokument und Erfindung. Architekturfotografie von Klaus Kinold in der Pinakothek der Moderne, in: werk, bauen + wohnen, 96/63, 2009, H. 5, S. 63–65.

Klaus F. Linscheid, Der Punkt, an dem ein Gebäude zum Klingen kommt. Interview mit Klaus Kinold, in: Bauwelt, 100, 2009, H. 13, S. 2–3.

Wolfgang Jean Stock, Ein Bild sagt mehr als tausend Orte. Das Werk des Architekturfotografen Klaus Kinold ist in der Pinakothek der Moderne zu sehen, in: Süddeutsche Zeitung, 12.3.2009.

Hans-Michael Koetzle, Klaus Kinold. Baumeister in Bildern, Photo International, 2009, H. 2|3, S. 56–65.

Roland Pawlitschko, Auf den zweiten Blick: Wohnanlage Genter Straße in München, in: Detail, 2011, H. 6, S. 680–682.

Wolfgang Jean Stock, Auf dem Weg zur Green City. Planen und Bauen in Helsinki seit der Jahrtausendwende, in: Bauwelt, 107, 2016, H. 18, S. 17–19.

Impressum | Imprint

Konzeption | Concept:
Klaus Kinold
Gestaltung | Design:
Klaus Kinold, Dagmar Zacher
Lektorat und Archiv | Copy-editing and archive:
Dagmar Zacher
Übersetzung | Translation:
Ilze Mueller, Minneapolis
Lithographie | Separations:
Serum Network GmbH, München | Munich
Druck und Bindung | Printing and binding:
Graspo, Zlín

ISBN 978-3-936681-93-2

Frontispiz | Frontispiece:
Leo von Klenze, Alte Pinakothek München | Munich, Photo 1981

Photo Seite | page 4:
Erich Rossmann, Montage Laborgebäude,
Mounting of Laboratory Building, Heidelberg, Photo 1978

Mit dieser Buchhandelsausgabe erscheinen 3 x 10 numerierte und signierte Vorzugsausgaben mit einem Originalphoto von Klaus Kinold (Silbergelatineprint, 24 x 30 cm).

Along with this trade edition, 3 x 10 numbered and signed special editions with an original photo by Klaus Kinold (silver gelatin print, 24 x 30 cm) are also being issued.

www.AxelMenges.de